한국의 경제질서와 재산권

한국의 경제질서와 재산권

초판 발행 2015년 8월 30일

지은이 이부하
펴낸이 노석균
펴낸곳 영남대학교출판부

출판등록 1975년 9월 5일 경산 제16-1호
주소 경북 경산시 대학로 280
전화 053) 810-1801~3
FAX 053) 810-4722
홈페이지 book.yu.ac.kr

ISBN 978-89-7581-510-2 93360

값은 표지 뒷면에 있습니다.
잘못 만들어진 책은 바꾸어 드립니다.

한국의 경제질서와 재산권

이부하 지음

영남대학교출판부

Korean Economic Order and Property Rights

Prof. Dr. Boo-Ha Lee

2015

KOREA

부족하지만, 「한국의 경제질서와 재산권」이라는 전문 학술서를 두려운 마음으로 내놓습니다. 이미 여러 학문적 스승과 동료에 의해 이 분야의 논문과 저술이 있어서 저술에 많은 도움을 받았습니다. 헌법이 추구하는 경제질서와 국민의 재산권 보장은 계속적으로 논의되고 발전해 나가야 할 것입니다.

매우 전문적인 내용이 많아서 읽는 분들에게 본서의 내용이 잘못 전달되지는 않을까하는 우려도 있습니다. 본 저서를 준비하면서 나름대로 연구하였지만, 부족한 부분이 많이 있습니다. 이러한 부분은 미완성성과 개방성으로 남겨두고 추후 계속하여 연구하여 체계적으로 정리할 여지를 남겨 두겠습니다. 개인적 학문 역량의 부족과 집중과 선택의 어려움으로 인하여 제대로 전달하지 못한 부분에 대해 이해와 양해를 부탁드립니다.

개인적으로는 절차탁마切磋琢磨의 정신으로 학문을 배우고 닦음으로서 헌법학의 발전과 국민의 기본권 보장에 조그마한 도움이 되었으면 하는 바람으로 저술하였습니다. 재산권 분야의 대가이신 저의 스승 독일 쾰른대학교의 Prof. Dr. Depenheuer님께 감사의 말씀을 드립니다. 늘 노력하는 자세를 견지하도록 채찍과 격려의 말씀을 해 주신 여러 학문적 스승님들과 이 책의 출판을 위해 도와주신 영남대 출판사에 감사의 말씀을 드립니다. 교정을 도와 준 로스쿨의 한수산, 고소현 예비변호사에게도 감사의 말을 전합니다.

2015. 8.
경산 연구실에서
저자

차례

제1장

서론

제1절 머리에

제2절 접근방법 및 범위

제1장

서론

제1절 머리에

본서에서는 우리나라 경제질서에 대한 헌법합치적 해석을 지향하고, 현행 헌법상 재산권조항, 특히 헌법 제23조와 관련하여 재산권에 대한 해석과 재산권이론에 대한 헌법적 해석을 통일적으로 하고자 함에 그 목적이 있다. 또한 헌법에 적합한 재산권이론을 모색하고 이론을 제시하여 우리가 추구해야 하는 재산권보장의 체계를 갖추고자 함에 그 목적이 있다.

우리나라 국민은 토지 및 주택과 관련하여 그 관심이 지대하고, 부동산 정책과 그에 따른 법 개정과 관련하여 정치권과 국민 사이에 논란이 종식될 날이 거의 없다고 해도 과언이 아니다. 그만큼 우리 국민은 재산권에 대해 민감한 반응을 보이고 있으며 재산에 대한 권리의식과 요구도 강렬하다. 최근 창조경제와 관련한 여러 정책이 쏟아지고 있는 시점에 즈음하여 우리나라 헌법상 재산권의 해석과 이론을 정리한 내용을 제공함으로써 재산권 정책에 대한 이론적 기반을 제공하고, 개별 법률의 개정 및 운영에 중요한 시사점을 줄 수 있다고 생각한다.

특히 독일의 재산권 연구의 성과는 우리의 재산권 질서에 대한 현실적 상황 파악 및 그에 부응하는 법규범에 대한 이론적인 연구에 발전적인 대안을 모색하는데 유용한 근거자료가 될 수 있다. 이에 이러한 연구성과를 적극적으로 활용

·제시함과 동시에, 재산권관련 법률 개정에 여러 가지 제안을 하고자 한다. 기존의 헌법이나 민법 등에서 다루는 재산권에 대한 국민의 실제와 그러한 법제도를 실증적으로 분석함으로써 실증적인 접근방법을 활용하고 이를 바탕으로 하여 기존의 재산권 이론과 정책을 재정립하는 것이 본 저서의 주요 취지이다.

재산권 문제는 우리 사회에서 갈등의 중심에 서 있기 때문에, 이를 최고법인 헌법적 차원에서 방향과 가이드라인guide-line을 제시함으로써 재산권 관련 문제 해결의 실마리를 제공해 줄 수 있다. 이러한 해결책 제시는 가진 자와 못가진 자 간의 간격을 줄일 수 있으며, 결국 사회통합에 조그마한 기여를 할 수 있다고 본다. 이러한 방향은 우리 사회가 지속가능한 발전을 취하기 위한 발전적인 방향으로 재산권에 관한 법규범적 틀을 형성하는데 맞추어야 한다. 따라서 본서는 이를 통해 현실적으로 발생하는 재산권 분쟁문제를 해결하기 위한 문제해결형 연구의 내용을 담고 있다.

제2절 접근방법 및 범위

I. 접근방법

1. 통합과학적 방법론 수용

재산권 보장이라는 관점에서 재산권 관련 법이론 및 관련 법제도 개선에 관한 연구는 이미 헌법학, 행정법학 및 민법학 등을 모두 아우르는 법학 내부의 학제간 연구인만큼 기본전제로서 「통합과학적 방법론」을 수용하고자 한다.[1] 이러한 방법론은 실정법 해석에만 치중한 기존의 헌법 도그마틱에서 벗어나, 통합과학이라는 새로운 헌법학 방법론을 통해 헌법 도그마틱 중심주의를 넘어서고자 한다. 헌법학을 통합과학으로 자리매김하기 위한 전제작업으로 헌법학 연구의 네 가지 기본자세가 필요하다. 「총체적 인식태도」, 「경험적·과학적 태도」, 「실천적 태도」 및 「역사적 태도」가 그것이다. 헌법학을 통합과학으로 규정하면 헌법학은 다음과 같은 특성을 갖게 된다. 먼저 헌법이론은 현실에 적합해야 하는데, 이를 「헌법이론의 현실적합성」이라고 한다. 즉, 헌법규범과 사회현실에

---

1. 정종섭, "우리 법학의 올바른 자리매김을 위하여 - 헌법학의 통합과학적 연구에로", 「법과 사회」제2호, 1990. 2, 221-254면; 정종섭, 「헌법연구(1)」, 철학과 현실사, 1994, 11-53면.

서 발생하는 헌법문제들을 정확히 인식·분석하고, 그 문제해결에 관한 올바른 방향과 처방을 제시해야 한다. 다음으로 헌법연구는 개방적이어야 하고, 더 나아가 헌법이론은「과학성」을 갖고 있어야 한다. 여기서 과학성은 '객관성'과 '잠정성'을 포함하는 개념이다. 바로 이러한 이유에서 헌법이론은 잠정성도 포함하고 있다고 말한다. 따라서 헌법이론도 그 시대, 그 사회의 헌법문제해결에 있어서 설득력을 다하게 되면 소멸할 수밖에 없다. 마지막으로 헌법학이 통합과학으로 작동하기 위해서는, 외국 헌법이론을 무작정 수용하려는 것을 경계해야 한다. 외국헌법이론은 단지 탐색적인 의미만을 가질 뿐이라는 것이다. 즉, 통합과학으로서의 헌법학은 가능한 한 많은 이론적 자원들을 활용하므로 외국이론들에 대한 연구와 활용은 기존의 어떠한 경우보다도 더 활발하고 적극적이겠지만 외국의 이론틀이나 시각을 우리 문제에 그대로 대입·적용하지 않는다. 결국, 통합과학으로서의 헌법학은「헌법이론의 현실적합성」,「헌법연구의 개방성」,「헌법이론의 과학성」,「헌법이론의 잠정성」및「외국헌법이론연구의 탐색성」을 갖추어야 한다.

2. 구체적인 접근방법

(1) 체계적 해석방법

"체계적 해석"은 해석하려는 헌법 규정이나 법률 규정의 개별적 해명이라는 내적 관련성 innerer Zusammenhang에 중점을 두는 것이 아니라, 모든 법제도와 법규율의 체계에 중점을 두는 것이다. 즉, 전체 법체계에서 해당 헌법 조항이 또는 법률 조항이 상호간 어떠한 관계에 있는지 그리고 해당 헌법이나 법률 조항이 전체 법체계에 어떻게 영향을 미쳐야 하는지를 명확히 설정하는 데에 그 중점을 둔다.

(2) 실정법 및 판례 분석

본 연구는 헌법 및 재산권법 등을 중점에 두고 있다는 점에서, 실정법 분석을 연구방법으로 수용하려 한다. 실정법 분석은 실정법 도그마틱이 전통적으로 사용하는 방법이자, 모든 실정법 도그마틱의 출발점이라는 점에서 중요하다. 재산권의 기본권성 및 제도보장성을 담보하는 국가기관의 법적 정당성은 쉽게 획득되지 않기에, 법적으로 절차적 정당성을 확보하는 이론 구성은 실정법 개정에 참고가 될 수 있다. 또한 독일 연방헌법재판소 판례 및 우리나라 헌법재판소 판례를 분석하는데 그 초점을 둔다. 판례 분석은 단순히 독일 연방헌법재판소 판례의 태도를 우리가 그대로 답습하려는 것이 아니라, 현재 법적 분쟁이 발생하고 있는 지점을 파악하며 인식하고, 우리에게 적합한 "현재 살아있는 법"을 발견하고 적용하기 위한 분석방법이다.

(3) 비교법적 방법

"외국과 우리나라의 입법례를 입체적·종횡으로 비교하는 연구방법"[2]을 통해서 우리의 재산권보장의 현 위치를 더 잘 이해하고 그 문제점을 발견할 수 있게 된다. 비교법적 연구는 법적 사고구조의 상대성을 통찰함으로써 각국 법제간의 공통점과 차이점을 인식하게 한다.[3]

재산권 규정의 제정시 존재하는 법관계를 발견하기 위해 현재 존재하는 법률의 특정한 상태를 연구대상으로 하여 역사적 해석을 가미한다. 재산권에 관한 법률은 특정한 상태에 대해 특정한 방법으로 영향력을 미치고 있다. 따라서 이러한 여러 상태간의 변화를 관찰하는 방법을 사용하여 연구한다. 또한 변화된 상태간에 비교하는 방법으로 그 재산권 조항의 의미를 설명하기 위한 근거를 찾는 것을 목표로 한다.

Ⅱ. 내용과 범위

『우리나라의 경제질서와 국민의 재산권 보장』이라는 본 저서는 다음과 같은 내용을 포함하고 있으며 서술하고 있다. 우선 제2장은 "우리 헌법상 경제질서"에 대한 논의를 주로 담고 있다. 경제질서를 유형별로 분류하고 그 특징적 내용을 살펴본다. 경제헌법 개념이 등장함에 따라, 그 개념의 범위를 어떻게 이해하는 것이 타당할지 판단해 본다. 특히 우리의 경제질서를 어떻게 보아야 하는지를 헌법재판소 판례를 분석하며 판단하도록 한다.

제3장 "재산권조항에 대한 해석"에서는 각국 헌법상 재산권 규정에 대한 이해를 각국의 판례를 설명하며 고찰해 본다. 또한 우리 헌법상 재산권 규정에 대한 개정의 연혁 및 재산권의 의미와 그 범위를 해석하도록 한다.

---

2. 신우철, 헌법과학 - 새로운 방법론의 탐색 -, 동현출판사, 2002, 192면.

3. *Chr. Starck*, Rechtsvergleichung im öffentlichen Recht, JZ 1997, S. 1023.

제4장 "재산권에 관한 법이론 고찰"에서는 우리나라에서도 대립되어 있는 재산권에 관한 양자의 법이론, 즉 경계이론과 분리이론에 대한 문제를 다룬다. 재산권의 내용 및 한계 규정과 우리헌법에서도 불가분조항을 인정할 수 있는가를 살펴본다.

제5장 사법私法과 재산권보장에서는 합헌적 법률해석과 재산권보호대상으로서의 사법私法에 대해 고찰해 본다. 합헌적 법률해석이 재산권분야에 필요하기에, 합헌적 법률해석의 이론적 근거와 합헌적 법률해석의 정당성 및 한계에 대해 살펴본다. 합헌적 법률해석과 구체적 규범통제의 관계 및 상호간 효과를 고찰해 본다. 또한 헌법상 재산권이 사법에 어떻게 효력을 미치는지를 법이론적으로 살펴본다. 마지막으로 재산권보장의 보호법익으로서 사권을 구체적으로 어떻게 포섭하고 있는지를 판례를 들어 실증적으로 제시한다.

제6장 헌법상 토지재산권의 보장과 제한에서는 토지재산권에 대한 보장과 제한을 개괄하고 우리 헌법재판소의 토지재산권과 관련한 판결에 대한 소개와 평가를 하도록 한다.

제2장

우리 헌법상 경제질서

제2장

우리 헌법상 경제질서

제1절 국가와 경제질서

I. 서론

우리 한국헌법이 풀어야 할 과제 중 하나는 우리 경제의 방향과 지표를 명확히 하여야 한다는 점이다. 이러한 기준하에서 총체적으로 어려움에 빠진 우리 경제를 성장시키고 안정화시키야 하며, 반면에 경제적 약자를 위한 배려 차원의 국가정책도 마련되어야 한다. 그러나 우리 헌법은 어떠한 경제질서를 지향한다는 정확한 표현을 쓰고 있지 않다. 경제질서에 관해서 이론상 여러 견해의 차이를 보이고 있는데, 이에 관한 해결의 방향은 결국 헌법해석의 문제로 귀결된다.

국민의 경제회복을 위한 국가의 경제정책이 바람직한지 여부는 헌법을 기준으로 하여 판단할 수밖에 없다. 따라서 우리는 경제에 대한 규제와 조정의 입법이 헌법 제119조 및 헌법 제37조 제2항에 적합한지를 판단하기 위한 실마리를 푸는 작업을 시작해야 한다.

Ⅱ. 국가와 경제질서의 유형

1. 국가와 경제

국가와 경제간의 관계는 시대와 사회에 따라 그 정도와 양상을 달리한다.[1] 그러나 오늘날에 있어서는 경제질서의 모습이 그 국가의 정치질서의 모습과 직결된다는 의미에서 국가와 경제간의 관계는 불가분의 관계에 있다고 할 수 있다. 특히 국가가 직접 경제의 주체로 등장하지 않는 경우, 즉 경제가 국가와 분리되어 사회의 고유한 영역으로 간주되는 경우에는 국가적 조직의 유지는 전적으로 조세에 의존할 수밖에 없고, 따라서 이러한 특징을 가지는 현대국가는 원칙적으로 조세국가(租稅國家; Steuerstaat)[2]를 의미한다고 할 수 있다. 이러한 조세국가에서는 국가와 사회의 구별을 전제로 한 국가적 조세권과 개인의 사적인 경제적 자유의 이원주의가 성립된다.[3] 그렇지만 이 경우에도 반드시 조세가 국가적 조직의 유지를 위한 재정적 기초만을 의미하는 것이 아니라, 사회적·경제적 정책의 동기에 의해 활용되기도 한다. 이때 국가와 경제를 연결시킬 수 있는 새로운 경제원리로 등장한 것이 경제활동의 자율에서 초래될 수 있는 사회적 불평등과 부의 일방적 편재로 인한 자유주의적 경제질서의 파괴를 방지하고 국민경제의

---

1. 국가와 경제와의 관계는 고대에는 국가의 정치적 기능과 경제적 기능이 혼합되어 군주에게 집중되었고, 중세봉건사회에서도 토지와 자본설비는 지방영주의 지배와 정신적 영역을 주관한 교회에 의한 경제활동의 광범한 규제가 이루어졌다. 그리고 15세기경 강력한 민족국가가 지배하는 사회로 바뀌면서 중세의 지방적 통제를 대신하는 중앙정부의 강력한 통제로 특징지워지는 중상주의의 등장과 이에 대한 반발로 인체나 인간의 경제생활 모두 자기적응력이 존재하기 때문에 국가가 경제에 간섭해서는 안된다고 하는 근대적 산업자본주의 사상적 배경이 된 중농주의를 거쳐 산업혁명으로 인한 공업화를 기초로 하는 자유주의와 현대의 복지주의에 이르기까지 여러 가지 모양으로 나타났다고 한다(경제에 대한 국가간섭의 역사적 배경에 관한 자세한 내용은 정순훈, 경제헌법, 법문사, 1993, 13면 이하 참조).
2. "조세가 국가재정수입의 주원천으로서 특히 중요한 의미를 갖기 시작한 것은 정치적으로는 중세의 전제군주국가가 몰락하고 근대시민사회의 형성에 따라 민주주의, 법치주의체제의 통치기구가 수립되고, 경제적으로는 사유재산제도와 자유경쟁 및 시장경제의 원리가 지배하는 자본주의 경제체제가 대두되면서 부터이다. 그런데 현대의 이른바 문화국가(文化國家)시대에 이르러 국가의 활동영역이나 기능이 방대하여짐에 따라 그에 소요되는 재정수요도 막대하게 팽창되었으며, 그 재정자금의 대종인 조세의 문제야말로 국민과 가장 밀접하게 이해관계가 상충되는 문제로서, 조세정책의 향방에 따라 국민의 재산권에 미치는 영향은 지대하게 되었으니, 그러한 의미에서 현대국가는 조세국가라고 할 수 있고 우리나라도 그 예외는 아니라고 할 것이다"(헌재 1990. 9. 3. 89헌가95, 판례집 2, 251면)
3. *Josef Isensee*, Steuerstaat als Staatsform, in: Festschrift für Hans Peter Ipsen, 1977, S. 410 f. 417.

입장에서 그 건전한 발전을 위한 조건으로서의 사회적 정의의 관념이라고 할 수 있다.[4]

이와 같이 국가와 경제와의 관계는 국가와 사회의 구별을 전제로 한 관계이지만, 오늘날의 국가에 있어서 경제가 차지하는 중요성에 비추어 볼 때 양자의 일체성이 강조될 수밖에 없다고 하겠다.

그 이유는 **첫째**, 근대국가가 조세국가라고 하는 점 이외에도 경제는 국가의 실체를 이루고 있는 국민생활의 기본적 수요를 충족시키기 위한 물질적인 기초를 이루기 때문에 과거 제국주의열강들의 식민지정책을 통한 국내 사회문제해결의 돌파구를 모색했던 것이나 오늘날 국가권한을 확대하여 국민의 기본적 수요를 충족시키는 복지국가적 경향을 보이는 것도 바로 국가의 경제정책의 문제가 동시에 사회정책의 문제로서 불가분의 관계를 가진다[5]고 하는 점을 보여주는 것이다.

둘째, 경제정책이 국내에서 사회정책의 문제를 의미한다면 타국과의 관계에서는 대외정책의 문제가 된다. 즉 서로 다른 경제체제간의 대외무역정책으로서 경제전쟁을 의미한다는 점이다.[6]

셋째, 오늘날 민주주의국가는 국민주권론에 근거해 국민의 국가경제정책에의 참여로 인해 국가와 사회가 밀접한 관계가 되었으며 이는 사회로 대표되는 경제가 국가와 밀접한 관계가 있음을 말해 주는 것이다.[7]

2. 경제질서의 기본형태

경제질서Wirtschaftsordnung[8]란 어떤 사회에서 실제로 기능하고 있는 경제운용방식[9] 또는 일국의 기본적인 경제구조[10]를 의미한다. 한 국가의 경제질서의 성격

---

4. *Heinz Peter Christen*, Die Wirtschaftsverfassung des Interventionismus, 1970, S. 212.

5. *Heinz Peter Christen*, Die Wirtschaftsverfassung des Interventionismus, S. 212.

6. 한태연, 헌법학, 법문사, 1985, 1009면.

7. 권영설, 헌법상의 경제질서와 기업규제, 한국경제법학회편 기업규제법연구, 삼영사, 1984, 30면.

8. 경제질서라는 개념은 오이켄(Walter Eucken)을 비롯한 독일의 프라이부르그 학파(Freiburger Schule)가 자신들의 신자유주의 경제사조에 입각한 경제체제의 모델을 설명하기 위해 처음 사용하였다. 신자유주의는 이른바 질서자유주의(Ordo-Liberalismus)라고도 부른다(김성수, 경제질서와 재산권보장에 관한 헌재결정의 평가와 전망, 공법연구 제33집 제4호, 2005. 6, 142면).

9. 권오승, 경제법, 법문사, 2005, 28면.

10. 권영성, 헌법학원론, 2010, 160면.

은 쉽게 판단할 수 있는 문제는 아니고 경제활동을 규율하는 제반 법규의 내용적 측면에서의 면밀한 분석이 선행되어져야 한다고 생각한다. 따라서 그 전제로서 경제질서의 기본형태에 관한 분류를 살펴볼 필요가 있다.[11]

(1) 자유시장경제freie Marktwirtschaft질서

자유시장경제는 경제재의 생산과 분배를 완전히 또는 대부분 자유경쟁에 위임함으로써 경제재경제력 및 경제기구가 자주적으로 조정되는 경제체계라고 할 수 있다. 즉, 경제재의 생·산과 분배가 수요자와 공급자의 자유로운 시장참여와 경쟁에 의해 성립하고 국가의 관여는 최소한의 질서유지만을 하는 경제질서를 말한다.

(2) 계획경제Planwirtschaft질서

계획경제는 경제재의 생산과 분배를 전반적으로 또는 대부분 개인인 기업가에게 맡겨 두지만, 경제과정을 중앙적인 계획과 조정에 의하여 결정하며 그렇게 함으로써 자유시장의 법칙에서 이탈하는 경제헌법체제를 의미한다. 이 유형도 ① 동등한 모든 근사한 경제분야의 사기업들이 공법적인 또는 사법적인 결사로 강제적으로 결합되어지며 그 구성원들이 다소간에 강한 영향력을 가지고 규율하고 통제하는 경제헌법체제인 협동적 관리경제, ② 개별기업을 공법적 공동소유로 이전하거나 또는 개인경제적 근거 하에 존속하고 있는 개별기업이나 그러한 기업결사에서 노동자의 경제적인 경영참여권에 의하여 관리되는 경제헌법적 종속체제인 공동경제, ③ 국가가 중앙집권적인 행정기구로서 경제과정을 완전하게나 또는 전반적으로 총체계획에 따라 개별기업에까지도 규율하는 경제헌법적 계획경제체제인 중앙관리경제Zentral verwaltungswirtschaft로 나누어 볼 수 있다.

---

11. 경제질서의 유형에 관한 문헌으로는 *H. C. Nipperdey*, Die Grundprinzipien des Wirtschaftsverfassungsrechts, in: Recht, Staat, Wirtschaft, Bd. 3, 1951, S. 223 ff.; *E. R. Huber*, Wirtschaftsverfassungsrecht, 2. Aufl. 1953, S. 31 ff.; 권영성, 헌법학원론, 법문사, 2006, 163면 이하; 정순훈, 경제질서의 기본원칙과 우리나라 헌법상의 경제질서, 연세법학연구 창간호 1990. 2, 182-198면; 홍성방, 헌법학 (下), 2010, 379-381면 참조.

(3) 혼합경제mixed economy질서

혼합경제의 유형은 여러 가지가 있다. ① 경제재의 생산과 분배를 원칙적으로 자유경쟁의 원칙에 따르게 하지만, 경제 내적인 독점이나 경쟁의 제한이 수반되는 경제체제인 경제내적 구속을 수반하는 경제질서, ② 자유경제의 법칙하에서 경제재를 생산·분배하는 것을 원칙으로 하되 국가가 공익을 위하여 개입권을 행사함으로써 경제과정을 촉진·감시하고 교정하는 경제제도인 국가에 의한 통제경제, ③ 경제재의 생산과 분배가 원칙적으로 자유경쟁의 원칙하에서 행해지되 경제에 대한 국가의 통제가 정당한 권한일 뿐만 아니라, 사회적 정의를 실현하고 건강한 사회질서와 경제적 약자를 보호한다는 한도 내에서는 국가의 의무로 되어 있는 경제헌법체제인 사회적 시장경제 등과 같은 다양한 유형이 있다.

제2절 경제헌법의 문제

I. 경제헌법의 태동과 경제헌법의 개념

우리나라 헌법은 경제에 대한 명확한 지향점을 규정하고 있지는 않다. 그러한 이유에서 우리나라 헌법재판소 판례에서 우리나라 경제질서 및 경제원칙을 설명하고 있다. 우리 헌법은 어떠한 경제질서를 지향한다는 정확한 표현을 쓰고 있지 않다. 이에 따라 우리나라 경제질서에 관한 다양한 견해 차이가 나타내고 있다.

국가의 경제회복을 위한 국가의 경제정책이 바람직한지 여부는 헌법을 기준으로 하여 판단할 수밖에 없다. 요즈음 화두인 경제 민주화도 이러한 헌법이 제시하는 기준에 적합하여야 한다. 경제에 대한 규제와 조정의 입법이 헌법 제119조 및 헌법 제37조 제2항에 적합한지를 판단해야 한다. 그러나 이러한 헌법 규정들에 대한 탐색도 아직 구체적이지 못하다. 따라서 본고에서는 경제헌법이 어떠한 논의속에서 발생하였고, 경제헌법이란 무엇이고 어느 범위까지를 말하는가를 설명한다. 다음으로 우리 헌법이 개정되면서 헌법상 경제질서가 어떻게 변화되었는가를 살피고 우리 헌법상 경제질서의 기본원칙을 설명한다. 또한 우리 헌법 제119조 제1항과 제2항을 통해 경제에 대한 국가의 개입의 내용을 설명한다. 그리고 헌법 제119조 제2항과 헌법 제37조 제2항의 관계를 통해 경제에 대한 국가의 개입의 한계를 설정해 본다. 마지막으로 경제의 민주화를 어떻게 바라보고 해석하는 것이 좋을지 판단해 본다.

1. 경제헌법의 태동

근대 자본주의 국가에서 나타나는 자본의 집중, 실업과 빈곤의 증대, 주기적 공황 등의 병폐들은 경제문제를 헌법에 수용하는 하나의 원인을 제공하였다. 보다 구체적으로 경제문제가 헌법에 수용된 계기나 이유를 살펴본다.

첫째, 제1차 대전 이후 경제적 위기를 그 이유로 들 수 있다.[12] 전전戰前의 경제는 개인의 생존을 위한 물질적 기초로서의 의미만을 지니고 있었으나, 전후戰後 경제의 파국적 위기는 개별적 경제의 전체적 의존성을 강조하였고, 마침내 경제는 개개인의 이기적 행위에서 전체의 생존과 연대 또는 사회공동체에 있어서의 하나의 조직으로까지 고양되게 되었다. 이렇게 경제의 전체성과 조직성이 문제될 때 이는 경제정책에 관한 입법사항으로 볼 것이 아니라, 국가적 기본원리와 직결되는 헌법적 사항으로 상승되는 것이다.[13]

둘째, 근대국가에 있어서 '사회적 정의'의 요청을 들 수 있다. 물론 근대 헌법은 "재산 없으면 자유 없다"는 논리에 따라 재산이 중요한 권리로 등장하였지만, 당시 시장관계의 외형인 영리의 자유, 계약의 자유, 경쟁의 자유는 "강한 자는 더욱 강해지고 약한 자는 더욱 약해진다"는 자본주의의 속성에 따라 재산에 의한 인간의 지배를 통하여 자신의 근거인 시장 자체를 파괴하게 되었다.[14] 따라서 진정한 의미의 경제적 자유의 획득과 재산의 확보를 위해서는 국가적인 배려 내지 간섭이 요청되었고 이러한 요청이 경제문제의 헌법화를 야기시켰다고 할 수 있다.

셋째, 근대 자본주의 국가의 경제구조가 공업경제적 구조로 발전함에 따라 노동자의 경제적 조직에의 참여와 그 사회적 생산에 대한 정당한 분배를 요구하게 되었다.[15] 즉, 프랑스 혁명 이후의 근대국가의 헌법은 교양과 재산을 가진 제3계급 중심으로 주체가 되었고, 이러한 근대국가 헌법의 수익자는 오로지 제3

---

12. 한태연, 헌법학, 995면.
13. *K. Ballerstedt*, Wirtschaftsverfassungsrechts, in: Bettermann/Nipperdey/Scheuner, Die Grundrechte, Bd. Ⅲ/1, 1958, S. 17-18.
14. 권영설, 헌법상의 경제질서와 기업규제, 23면.
15. *K. Ballerstedt*, Wirtschaftsverfassungsrechts, S. 195.

계급에 국한되었다.[16] 근대 자본주의 발전과정에서 등장한 공업노동자를 그 대표로 하는 제4계급은 그 근대국가 헌법의 고려대상에서 제외되었다. 그런데 헌법에서 그 수익자의 범위가 적어질수록 그 타당성이 감소하여 헌법질서 파괴의 위험에 직면하게 되기 때문에, 경제의 헌법화는 수익자 내지 주체의 범위를 재산권을 제대로 향유하지 못하는 제4계급에까지 확대시킴으로써 헌법의 사회적 타당성의 범위를 신장하여 혁명에 의한 헌법의 파괴破壞를 방지하려는 것이다.[17]

넷째, 제1차 대전 후 경제공황經濟恐慌이 또한 경제문제를 헌법에 수용하는 계기가 되었다.[18] 자본주의 경제의 부산물인 공황crisis이 발생하면 자유시장에 의한 자동조절기능, 즉 보이지 않는 손에 의한 수요와 공급의 조절기능이 상실됨으로써 국가가 규범제정자Rule-Maker로서 기능하게 되고, 따라서 국가의 경제에의 적극적인 관여의 기본틀을 만들기 위한 근거로서 경제문제가 헌법에 수용되어야만 했다.

이러한 이유에서 세계 최초로 경제문제를 헌법에 명문으로 수용한 것이 바로 바이마르 헌법이라고 할 수 있다.[19] 바이마르 헌법 "제5절 경제생활"제151조 이하에서는 경제질서, 노동 및 사회질서에 대해 규정을 두었다. 바이마르 헌법에 있어서 국가의 경제에 대한 태도는 원칙적으로는 사법적 기초에 입각한 자유경제질서이나, 경제에 대한 헌법규정과 아울러 경제에 대한 국가의 관여를 확대한 사회주의적 색채가 가미되어 있었다.[20] 그리고 바이마르헌법에서 경제문제

---

16. *Karl Loewenstein*, Verfassung und Verfassungsrealität, AöR Bd. 77 (1953), S. 395.

17. 한태연, 헌법학, 997면.

18. 권영설, 헌법상의 경제질서와 기업규제, 24면.

19. 바이마르헌법에서의 경제의 헌법화는 그 제헌 당시의 특수한 역사적 상황, 즉 패전국가로서의 전쟁에 의하여 파괴된 경제의 재건, 제헌의회의 중심적 세력으로서의 사회민주당, 그리고 정부형태에 있어서 직능적 지배냐 의회적 민주정이냐 하는 논쟁을 배경으로 하고 있다고 한다(한태연, 헌법학, 994-995면).

20. *U. Schueuner*, Wirtschaftlenkung in Verfassungsrecht des modernen Staats, in: ders. (Hrsg.), Die staatliche Einwirkung auf die Wirtschaft, Frankfurt, 1971, S. 175(즉, 바이마르헌법 제151조는 경제의 목적으로 "경제생활의 질서는 각인으로 하여금 인간다운 생활을 할 수 있게 함을 목적으로 하며, 정의의 원칙에 적합하지 않으면 안된다. 각인의 경제상의 자유는 이 한계 내에서 보장된다."고 규정하고, 법률에 의한 기업의 사회화(§156), 근로의 권리의 보장(§157, §161, §163), 중산층의 육성(§164), 직능대표의 사상에 입각한 산업노동자회의 및 지방노동자회의에 관한 규정을 두고 있다).

를 헌법에 수용한 것을 계기로 제2차 대전 이후 세계 각국 헌법 및 우리나라 제헌헌법[21]도 경제에 관한 규정을 두게 되었다.[22]

2. 경제헌법의 개념

경제헌법Wirtschaftsverfassung의 개념과 관련하여, 뵘F. Böhm은 공동체의 경제적·사회적 협력과정의 종류와 형태에 관한 총체적 결단으로 정의하고,[23] 발러슈테트K. Ballerstedt는 사회적 법치국가를 전제로 경제공동체의 기본질서로 이해한다.[24] 이에 반해 라이저L. Raiser는 정치적 결단을 통하여 확정된 경제질서의 총체적 개념이며, 그 자체로서 법규범성을 지닌 것이 아니라 경제질서를 실현시키고 보장하기 위한 총체 개념에 속하는 법규범을 창출해야 한다고 주장한다.[25]

경제헌법Wirtschaftsverfassung은 크게 광의와 협의, 2가지 견해로 나뉜다. 하나는 헌법적 차원이든 법률적 차원이든 경제생활과 관련되어 규정된 법규범의 총체로 이해하는 견해이다(광의의 경제헌법). 다른 하나는 경제정책과 경제행정 등 헌법에 규정된 경제에 관한 규범의 총체를 이해하는 견해이다(협의의 경제헌법).[26]

광의의 경제헌법 개념은 공사법을 막론하고 규범에서 경제적 질서를 규정하는 법규범은 모두 경제헌법이라는 것이며, 헌법의 효력이나 기속력에 관한 규범적 측면이 아니라 사회적 행위관계 및 효력관계의 측면을 착안한 개념이다. 광의의 경제헌법 개념은 사실적·현상적 질서체계를 경제헌법으로 이해하는 것이다. 반면, 협의의 경제헌법 개념은 경제흐름에 영향을 주는 헌법적 규범들을

---

21. 제헌헌법상 바이마르헌법의 영향을 받은 규정으로 노동삼권, 사기업에 있어서 근로자의 이익균점권, 생활무능력자의 보호, 혼인의 순결과 가족의 건강보호 등과 같은 사회적 기본권과 재산권의 상대화·경제질서의 농밀한 사회국가적 경향, 즉 자연자원의 원칙적인 국·공유화와 농지개혁·무역에 대한 국가통제, 사회화규정들이 있다고 한다(김효전, 외국법의 계수와 한국의 법률문화, 동아법학 제3호, 1986. 11. 375면 이하 참조).

22. 이부하, 헌법상 경제질서와 재산권보장, 공법학연구 제7권 제3호, 2006. 8, 27-28면.

23. *F. Böhm*, Bedeutung der Wirtschaftsordnung für die politische Verfassung, in: U. Scheuner (Hrsg.), Die staatliche Einwirkung auf die Wirtschaft, 1971, S. 89.

24. *K. Ballerstedt*, Wirtschaftsverfassungsrechts, S. 11.

25. *L. Raiser*, Wirtschaftsverfassung als Rechtsproblem, in: U. Scheuner (Hrsg.), Die staatliche Einwirkung auf die Wirtschaft, 1971, S. 117.

26. *P. Badura*, Grundprobleme des Wirtschaftsverfassungsrechts, JuS 1976, S. 205, 207; *W. Bohling*, Wirtschaftsordnung und Grundgesetz, 1981, S. 1.

말한다. 즉, 경제와 경제정책 그리고 경제행정, 경제정책적 입법 등의 헌법규정들을 의미한다. 협의의 경제헌법 개념에서는 경제헌법을 헌법에 규정된 경제질서의 기초 또는 경제에 대한 헌법적 체계나 틀로 이해한다.[27]

생각건대, 모든 경제적 질서를 규율하는 법규범을 포함하는 광의의 개념은 '경제헌법'이라기보다는 '경제에 관한 총체적 법규범'을 의미하는 개념이기 때문에, 그러한 광의의 개념은 경제헌법의 내용을 정확히 담아내지 못한다고 볼 수 있다. 광의의 개념은 우리 헌법 제9장과 같은 '경제'에 관한 헌법규정들이 없는 독일 기본법에서 간접적으로 경제관련조항을 통하여 경제헌법을 도출하려는 시도라고 볼 수 있다.[28] 따라서 우리의 경우 협의의 경제헌법 개념을 토대로 경제헌법의 구체적 내용을 논의하는 것이 적절하다고 본다.

Ⅱ. 우리 헌법상 경제질서의 변천과 경제질서의 기본원칙

1. 헌법상 경제질서의 변천

(1) 제헌헌법

1948년의 제헌헌법은 바이마르헌법을 본받아 헌법에 경제조항을 두고 있었다. 그 내용은 과도한 경제독점의 억제 및 균형있는 국민경제를 확립하기 위하여 국유화와 사회화를 광범하게 규정함으로써 경제적 자유보다는 경제적 평등을 중시하고 국민의 경제적 자유의 한계를 설정하여 균등한 국민생활의 향상을 꾀하였다.[29] 제헌헌법 제84조 제1항[30]을 살펴보면, 자유시장경제질서라고 볼 수 있으나, 제헌헌법 제85조, 제86조 제87조, 제88조 등은 경제에 대한 국가의 통제를 강조하는 조항으로 규정되어 있다. 이러한 점을 종합해 볼 때 제헌헌법시의 경제질서는 '사회적 시장경제질서'라고 볼 수 있다.[31] 그러나 제헌헌법

27. 김형성, 경제헌법과 경제정책의 헌법적 한계, 헌법과 경제정책, 2004. 6. 15. 심포지엄, 한국법학원, 5면.

28. 길준규, 경제행정법의 전제로서의 경제질서, 공법연구 제28집 제2호, 2000, 457면.

29. 황산덕, 헌법과 경제통제, 법률과 경제, 제1권 제2호, 1954. 3; 정순훈, 경제적 자유를 보장하기 위한 헌법개정방향, 한국의 제도개혁 과제와 방향, 제도연구 2, 한국경제연구원, 2001. 2, 230면.

30. 제헌헌법 제84조 "대한민국의 경제질서는 모든 국민에게 생활의 기본적 수요를 충족할 수 있게 하는 사회정의의 실현과 균형있는 국민경제의 발전을 기함을 기본으로 삼는다. 각인의 경제상 자유는 이 한계 내에서 보장된다."

31. 강경근, 헌법학, 228면.

의 경제조항들은 자본주의의 폐해를 시정하고 경제적 약자를 보호하려는 취지였으나, 봉건적 농경경제의 전통과 시장경제에 대한 무경험과 평준화된 빈곤[32] 때문에 당시의 상황과는 동떨어진 것이었다. 오히려 과도한 통제경제로 인하여 창의적인 기업의욕을 저해하고 외자도입의 곤란만 초래하였다.

(2) 제2차 개헌

1954년의 제2차 개헌에서는 제헌헌법의 경제조항을 자유화하여 전반적으로 경제적 평등보다 경제적 자유를 우월시하는 자유주의적 시장경제질서로 전환하였다. 이는 우리나라를 농업국가에서 공업국가로 전환시키기 위한 조치로서 그 이후 경제질서는 가격경쟁과 시장기능을 자율에 맡기는 자유시장경제질서를 유지하였다. 그러나 헌법조항에는 그러한 의도가 명확히 나타나지는 않았다. 여전히 통제경제의 색채가 남아있었다. 제2차 개헌 제87조에는 "대외무역은 법률이 정하는 바에 의하여 국가의 통제하에 둔다"로 규정하였고, 다만, 제88조에서 "국방상 또는 국민생활상 긴절한 필요로 인하여 법률로써 특히 규정한 경우를 제외하고는 사영기업을 국유 또는 공유로 이전하거나 그 경영을 통제 또는 관리할 수 없다."고 규정하였다. 이는 원칙적으로 사영기업을 국유 또는 공유로 할 수 없음을 천명한 것으로서 통제경제의 완화 정도로 이해할 수 있다.

(3) 제5차 개헌

1962년의 제5차 개헌에서는 실질적 법치주의의 실현과 복지국가의 건설을 위해 사회적 법치국가를 건설하기 위하여 국가의 경제적 지원과 보조를 할 수 있는 사회적 기본권들을 대폭 삽입하였다. 제27조의 의무교육의 무상, 제28조의 근로의 권리 보장 및 근로자의 고용 증진, 제29조의 근로 3권 보장, 제30조의 인간다운 생활을 할 권리 보장 및 생활무능력자에 대한 국가의 보호 등이다.

(4) 제7차 개헌

1972년의 제7차 개헌에서 경제에 대한 국가적 간섭의 범위는 더욱 확대되었는데, 경제제일주의 또는 관주도형경제로 불려진 유신헌법하의 경제질서는 국가가 직접 경제에 개입하여 지원·보호·육성하는 등 모든 경제적 변수를 국가가

---

32. 권영성, 헌법학원론, 2010, 165면.

조정하였다. 제117조의 국가의 국토와 자원의 개발과 이용을 위한 계획 수립, 제119조의 국가의 농지, 산지 기타 국토의 효율적 이용·개발과 보전에 필요한 제한과 의무 부과, 제121조의 국가의 대외무역에 대한 규제와 조정 등이다.

(5) 제8차 개헌

1980년의 제8차 개헌에서는 경제조항에 대폭적인 수정 및 보완을 가하였다. 즉 경제성장에 수반된 부정적 측면의 배제, 새로운 시대의 경제적 상황에 적합한 경제질서의 확립과 복지국가·사회정의의 실현[33]을 위하여 경제의 운용을 관주도에서 민간주도형으로 전환하였다. 이를 위하여 제120조 제3항의 독과점의 규제·조정, 제124조 제2항의 중소기업의 보호·육성, 제125조의 소비자보호운동의 보장, 제124조 제3항의 농·어민자조조직의 정치적 중립성 보장, 제122조의 농지의 임대와 위탁경영의 허용 등 새로운 규정을 두었다. 그러나 1980년대 후반에 와서 국민은 정치의 민주화·경제의 민주화를 강력히 요구하게 되었다.[34]

(6) 제9차 개헌

현행 헌법은 이러한 요구에 부응하여 1980년 헌법의 경제질서의 골격을 유지하면서 균형 있는 국민경제의 성장과 안정, 적정한 소득의 분배, 시장의 지배와 경제력의 남용방지, 경제주체간의 조화를 통한 경제의 민주화를 실현하기 위하여 경제에 관한 규제와 조정을 하도록 규정하였다. 또한 농·어업과 중소기업의 보호·육성 및 농수산물의 수급균형과 유통구조의 개선을 도모하여 가격안정과 산업간의 불균형을 시정하고 지역간의 균형있는 발전을 위하여 지역경제를 육성할 것을 선언하고 있다. 또 국가에 과학기술의 혁신과 정보 및 인력의 개발을 통하여 국민경제의 발전을 도모할 것을 의무지우고 있다. 이는 경제의 자율화를 보장하되 시장의 지배와 경제력의 남용을 방지함으로써 시장경제질서를 확립하고 산업간, 도·농간, 대·중소기업간의 불균형을 시정하여 적정한 소득분배를 실현함으로써 궁극적으로 균형있는 국민경제의 성장 및 안정을 유지하기 위함이다.

---

33. 정순훈, 우리 헌법상의 경제질서와 경제규제의 한계, 공법연구 제16집, 1988. 6, 163면.

34. 안용교, 한국헌법, 고시연구사, 1992, 179면.

2. 우리 헌법상 경제질서의 기본원칙

(1) 사유재산제의 보장

우리 헌법은 제헌헌법 이래 재산권을 보장함으로써 헌법상 경제질서가 전통적인 사유재산제에 입각하고 있음을 천명하고 있다. 사유재산권의 보장은 재산권의 단순한 법적 보장만을 의미하는 것이 아니라, 우리 헌법의 전체적 성격을 규정하는 '가치결단Wertentscheidung'을 의미하며,[35] 자유시장경제의 근간을 이루는 제도이다.[36] 국가에 의한 경제의 독점은 경제적 자유의 고사枯死를 의미한다는 점에서 사유재산제는 경제적 자유의 기초만을 의미하는 것이 아니라, 더 나아가 그 영리의 자유와 함께 경제질서에 있어서 분권적 기능을 담당함으로써 경제적 민주주의에 있어서의 불가결한 경제적 원칙을 의미하는 것이다.[37]

그러나 우리 헌법상 사유재산제의 보장은 프랑스 인권선언처럼 소유권의 신성불가침이 아니라, 사회적 정의의 요청에 따른 재산권의 사회적 기속성을 인정하고 있다. 즉 헌법 제23조 제1항 후단에서는 재산권의 내용과 한계를 법률로 정하고 있고, 헌법 제23조 제2항에서 재산권행사의 공공복리 적합성을 규정하고 있다.

(2) 시장경제질서

우리나라 경제질서는 시장경제를 원칙으로 하고 있다.[38] 현행 헌법은 개인과 기업의 경제상의 자유와 창의를 존중함을 기본으로 하고(제119조 1항), 개별적인 경제 주체 상호간의 활동은 시장기구에 의해 자율적으로 조정되도록 하고 있는데, 이는 제3공화국 이래 일관되게 유지해 온 우리 헌법상 경제질서의 기본원칙이다.

헌법 제119조 제1항에서 "경제상의 자유"와 함께 "경제상의 창의"도 존중하는 것은 "창의를 바탕으로 하는 자유경쟁" 즉 공정한 자유경쟁을 존중한다는 의

---

35. 한태연, 헌법학, 1035면.

36. 정순훈, 경제헌법, 222면.

37. 한태연, 헌법학, 1037면.

38. 헌재 1989. 12. 22. 88헌가13, 판례집 1, 367면(우리 헌법은 사유재산제도와 경제활동에 대한 사적자치의 원칙을 기초로 하는 자본주의 시장경제질서를 기본으로 하고 있음을 선언하고 있는 것이다. 이는 국민 개개인에게 자유스러운 경제활동을 통하여 생활의 기본적 수요를 스스로 충족시킬 수 있도록 하고 사유재산과 그 처분 및 상속을 보장해주는 것이 인간의 자유와 창의를 보장하는 지름길이고 궁극에는 인간의 존엄과 가치를 증대시키는 최선의 방법이라는 이상을 배경으로 하고 있는 것이다).

미인 것이다. 그런데 헌법 제119조 제1항에서 개인과 기업의 자유 및 경제상의 창의는 자율적 책임이 추가적으로 요구되는지 여부가 문제된다. 이 문제는 우리 헌법 전문前文에서 "자유와 권리에 따르는 책임과 의무를 완수하게 하여" 국가의 이념과 목표를 실현한다고 선언하고 있고, 우리 헌법 전문前文의 내용으로 보아 법규범적 효력을 인정해야 하기 때문에 경제상의 자유와 창의에는 자율적 책임이라는 한계가 있다.

우리나라 헌법상 경제질서의 기본원칙으로서 '시장경제'를 채택한 이유는 그 어떠한 유형의 경제질서도 따라올 수 없는 유연성Flexibilität과 적확성Treffsicherheit[39] 즉, 시장경제는 개인의 경제적 자유를 그 전제로 하기 때문에 소비에 있어서 선택의 자유, 취업에 있어서 자유로운 직업선택, 생산에 있어서 가격의 평준화와 비용의 절감과 같은 경제적 이점이 내재[40]하고 있을 뿐만 아니라, 그때 그때의 정세변화에 따른 민감하고도 탄력성있는 적응성을 지녔기 때문이다.[41]

그러나 시장경제의 경우에도 자유경쟁의 자율성이 끝까지 고수될 때에는 오히려 시장경제 그 자체를 파괴하는 부정적 요소로 작용할 수 있기 때문에 국가의 규제와 조정이 불가피하게 요청된다. 이를 위하여 우리 헌법도 원칙적으로 시장경제를 취함으로써 경쟁을 인정하면서도 "시장의 지배와 경제력의 남용을 방지하며"제119조 2항라고 규정하여 경제적 폐해에 대한 규제를 할 수 있도록 규정하고 있다.[42] 이러한 이념에 기초하여 제정된 '독점규제 및 공정거래에 관한 법률'이 바로 경제헌법의 내용을 구체화하는 헌법의 구체화법으로서의 성격을 가지는 것이라고 할 수 있다.

3. 우리 헌법상 경제질서에 대한 논의

경제질서의 기본원칙에 근거하여 판단해 볼 때, 우리나라의 경제질서는 어떠한 유형의 경제질서인가가 논의되어야 한다. 우리나라의 경제질서가 자본주의

---

39. *Christoph Engel*, Die soziale Funktion des Eigentums, in: Danwitz/Depenheuer/Engel (Hrsg.), Bericht zur Lage des Eigentums, 2002, S. 38 f.

40. 한태연, 헌법학, 1038면.

41. *Otto Schlecht*, Soziale Marktwirtschaft als permanente Herausforderung, in: Marktwirtschaft und soziale Verantwortung, S. 50.

42. 그러나 이 규제는 시장경제를 유지하기 위한 규제이지, 이를 제한하기 위한 규제는 아니다(권오승, 경제법, 57면).

틀 속에 포함된다는 점에는 의문의 여지가 없으나,[43] 이에 관하여 사회적 시장경제질서설, 혼합경제체제설, 목표설정규정설 등이 논의되고 있다.

(1) 학설

1) 사회적 시장경제질서설

학설상 다수견해[44]는 우리 헌법상 경제질서를 '사회적 시장경제질서'로 이해하고 있다. 즉 사회적 시장경제질서의 개념에 관해서는 "자유와 사회정의라는 두 개의 커다란 도덕적 목적의 추구를 위한 경제질서"[45]라든가 "경제재의 생산과 분배가 원칙적으로 자유경쟁원칙 아래서 행하여지되, 사회적 정의를 실현하고 건강한 사회질서와 사회적 약자의 보호를 위한 한도에서는 경제에 대한 국가의 통제가 정당한 권리일 뿐 아니라 국가의 의무로 되어 있는 경제헌법체제",[46] "사유재산제를 바탕으로 하고, 경제활동의 자유와 자유경쟁을 존중하는 자본주의적 자유시장경제를 골간으로 하고 있으며, 자유시장경제에 수반되는 모순들을 제거하고 사회정의와 경제민주화를 실현하기 위하여 국가적 규제와 조정을 광범하게 인정하고 있다",[47] "자유경쟁의 원칙과 경제의 자율성, 국가간섭의 의무규정, 가격통제의 허용과 사회정책의 수행 등의 요소를 갖춘 경제질서"[48] 라고 정의하면서 우리 헌법상의 경제질서를 설명하고 있다.

2) 혼합경제질서체제설

현행 헌법상 경제질서를 혼합경제질서[49] 내지 혼합경제체제[50]라고 보는 견

---

43. 권오승, 경제법, 법문사, 2005, 35면.
44. 김철수, 헌법학개론, 2010, 228면; 권영성, 헌법학원론, 2010, 165면; 김계환, 헌법학정해, 1997, 180면; 허 영, 한국헌법론, 2011, 168면; 성낙인, 헌법학, 2006, 189면; 홍성방, 헌법학 (下), 2010, 393면; 강경근, 헌법, 2004, 232면 등 참조.
45. 한태연, 헌법학, 1040면.
46. 김철수, 헌법학개론, 230면.
47. 권영성, 헌법학원론, 167면.
48. 권영설, 경제에 대한 헌법의 가치정향, 법학논문집, 중앙대학교 법학연구소, 1984, 48면.
49. 김문현, 현행헌법상의 경제질서의 성격, 고시계 97. 9, 95면; 전광석, 한국헌법론, 법문사, 2006, 678면.
50. 김형성, 헌법상의 경제질서와 독점규제, 한국헌법학회, 1996. 11. 15면; 홍정선, 한국헌법의 경제체계에 관한 연구, 사회과학논집 제59집 제2호, 이화여대 한국문화연구원, 1991, 182면(혼합경제체계를 택하고 있으나, 보다 구체적인 경제체계에 관해서는 중립적인 입장을 택하고 있다는 입장이다).

해이다. 혼합경제질서란 '시장'과 '계획'의 원리가 혼용되는 질서를 의미한다.[51] 헌법이 어떤 특정 경제질서를 택하고 있는가는 헌법규정들의 상호의존성 속에서 도출되어야 하는바, 헌법적 기본원칙은 물론 헌법 속의 특별규정들도 고려되어야 하고, 이런 관점에서 볼 때 우리의 경제헌법은 사회적 시장경제질서라는 표현만으로는 수용하기 어려운 계획적·조정적 요소를 포함하고 있기 때문에 사회적 시장경제질서라는 설명은 정확한 표현이 아니라고 한다.[52]

3) 목표설정규정설

헌법 제119조는 제1항과 제2항을 분리하여 제1항에서 '시장경제질서'를, 제2항에서 '사회적'이라는 명제를 도출해낼 수 있는 것이 아니라, 두 항을 서로 내적 연관관계에서 파악하여, 개인의 경제적 자유를 보장하면서 사회정의를 실현하는 경제질서라는 의미의 '경제헌법상의 근본적인 목표설정규정'으로 해석한다.[53]

(2) 헌법재판소의 입장

우리 헌법재판소는 **첫째**, 노동조합의 제3자개입금지조항의 헌법소원결정에서 "헌법이 근로3권을 보장하는 취지는 원칙적으로 개인과 기업의 경제상의 자유와 창의를 존중함을 기본으로 하는 시장경제의 원리를 경제의 기본질서로 채택하면서…"로 판시하고 있다.[54]

둘째, 영화법 제26조의 국산영화의무상영제에 대한 헌법소원심판에서 "헌법 제15조에 의한 직업선택의 자유라 함은 자신이 원하는 직업 내지 직종을 자유롭게 선택하는 직업의 선택의 자유뿐만 아니라 그가 선택한 직업을 자기가 결정한 방식으로 자유롭게 수행할 수 있는 직업의 수행의 자유를 포함한다고 할 것인바, 이 자유는 각자의 생활의 기본적 수요를 충족시키는 방편이 되고 개성신장의 바탕이 된다는 점에서 주관적 공권의 성격을 가지면서도 국민 개개인이 선택

---

51. 정순훈, 경제질서의 기본원칙과 우리나라 헌법상의 경제질서, 연세법학연구, 1990, 208면.
52. 김형성, 경제헌법과 경제질서의 개혁, 고시계 1998. 2, 94면.
53. 한수웅, 한국헌법상의 경제질서, 공법학의 현대적 지평 - 심천 계희열박사 화갑기념논문집, 1995, 190면; 이덕연, 한국헌법의 경제적 좌표, 국가경제와 공법질서, 한국공법학회 제119회 학술발표회, 2004. 12. 18, 40면.
54. 헌재 1990. 1. 15. 89헌가103, 판례집 2, 13면.

한 직업의 수행에 의하여 국가의 사회질서와 경제질서가 형성된다는 점에서 사회적 시장경제질서라고 하는 객관적 법질서의 구성요소이기도 하다"[55]고 입장을 표명하였다.

셋째, 축산업협동조합법 제99조 제2항의 위헌소원사건에서 "우리나라 헌법상의 경제질서는 사유재산제를 바탕으로 하고 자유경쟁을 존중하는 자유시장경제질서를 기본으로 하면서도 이에 수반되는 갖가지 모순을 제거하고 사회복지·사회정의를 실현하기 위하여 국가적 규제와 조정을 용인하는 사회적 시장경제질서로서의 성격을 띠고 있다"고 판시하였다.[56]

넷째, 국민연금법 제75조 등 위헌확인사건에서 "우리 헌법의 경제질서는 사유재산제를 바탕으로 하고 자유경쟁을 존중하는 자유시장 경제질서를 기본으로 하면서도 이에 수반되는 갖가지 모순을 제거하고 사회복지·사회정의를 실현하기 위하여 국가적 규제와 조정을 용인하는 사회적 시장경제질서로서의 성격을 띠고 있다"고 판시하고 있다.[57]

이와 같은 우리 헌법재판소의 결정례에 비추어 볼 때, 재산권보장에 관한 헌법 제23조와 경제질서에 관한 헌법 제119조의 각 조항으로부터 도출되는 우리 헌법의 경제체제는 사유재산제를 바탕으로 하면서 법치주의에 입각한 재산권의 사회성, 공공성을 강조하는 "사회적 시장경제질서"임을 알 수 있다.[58]

(3) 소결

혼합경제체제라고 보는 견해는 그 경제질서의 범위가 너무 광범위하다는데 문제가 있다. 사회적 시장경제질서도 다양한 혼합경제질서의 일부이기 때문에, 광범위한 경제질서의 유형 중 특정할 필요성이 있다.

현행 헌법은 헌법전문과 헌법 제10조 및 제119조 제1항, 제23조 제1항에서 '시장경제'를 기본원칙으로 천명하고, 복지와 사회정의원리를 도입한 '사회적 시장경제질서'[59]에 입각하고 있다고 보아야 할 것이다. 구체적으로 우리 헌법前

55. 헌재 1995. 7. 21. 94헌마125, 판례집 7-2, 162면.

56. 헌재 1996. 4. 25. 92헌바47, 판례집 8-1, 380-381면.

57. 헌재 2001. 2. 22. 99헌마365, 판례집 13-1, 316면. 헌법재판소 결정에 관한 자세한 것은 강경근, 경제질서에 관한 헌재의 최근 결정, 고시연구 2005. 10, 99면 이하.

58. 헌재 1991. 6. 3. 89헌마204 판례집 3, 283면.

59. 허 영 교수(한국헌법론, 2011, 166면 각주 2번)는 개념구별을 명확히 설명하고 있다('수정자본주의

文에는 "정치·경제·사회·문화의 모든 영역에 있어서 각인의 기회를 균등히 하고, 능력을 최고도로 발휘하게 하며"라고 규정하고 있고, 헌법 제119조 제1항에서는 대한민국의 경제질서가 "개인과 기업의 경제상의 자유와 창의를 존중함"을 기본으로 함을 천명하고 있다. 이는 우리의 경제질서가 개인과 기업의 "자유롭고 공정한 경쟁"을 바탕으로 형성되고 기능하는 시장경제체제를 기본으로 한다는 의미로 해석된다.

우리 경제질서는 기본적으로 시장경제질서이지만, 헌법 제119조 제2항에서 일정한 목적을 위하여 국가의 규제와 조정을 할 수 있다는 규정으로 미루어 보아 전체적으로 우리의 경제질서는 시장경제가 기본인 '사회적 시장경제질서'를 취하고 있다고 볼 수 있다.

Ⅲ. 경제에 대한 국가의 개입과 그 한계

1. 경제에 대한 국가의 개입

(1) 헌법 제119조 제1항과 제2항

헌법 제119조 제2항은 "국가는 균형 있는 국민경제의 성장 및 안정과 적정한 소득의 분배를 유지하고,…경제의 민주화를 위하여 경제에 관한 규제와 조정을 할 수 있다"라고 하여, 우리나라의 경제질서가 경제의 민주화를 지향하고 있음을 강조하고 있다.[60] 따라서 헌법 제119조의 구조는 제1항에서 경제적 '자유'를 기본으로 경제영역에서의 사회적·인위적 규제, 특히 그 중에서도 국가에 의한 규제를 배제하여 개인의 경제상의 자유를 보장하고 있다. 그리고 헌법 제119조 제2항에서는 '평등'과 '효율'을 위한 국가의 규제와 조정을 허용하고 있다. 여기서 '평등'은 경제생활조건의 평등을 의미하고, '효율'은 장기간에 걸친 자원

원리'와 '사회적 시장경제질서'는 엄격한 의미에서 동의어는 아니다. 왜냐하면 '수정자본주의'는 자본주의와 마찬가지로 '사회주의' 내지 '공산주의'와 대립되는 개념이고, '사회적 시장경제질서'는 '시장경제'와 마찬가지로 '계획경제' 내지 '통제경제'와 대립되는 개념이기 때문이다. 그러나 '자본주의'는 자유시장경제를 그 근간으로 하고 '사회주의' 내지 '공산주의'는 '계획경제' 내지 '통제경제'를 그 근간으로 한다는 이유 때문에 자본주의원리와 자유시장경제질서가 같은 뜻으로 사용되는 것과 마찬가지로 수정자본주의원리도 사회적 시장경제질서와 혼용되는 경우가 많다. 그렇지만 엄밀히 따진다면 수정자본주의원리를 구체화한 경제질서가 바로 사회적 시장경제질서이기 때문에 원리(Prinzip)와 질서(Ordnung)는 구별하는 것이 옳다).

60. 권영성, 헌법학원론, 169면.

배분의 효율과 경제재뿐만 아니라 자유재도 효율의 대상으로 본 균형 있는 국민경제의 발전으로 이해된다.[61] 이렇게 볼 때 우리 헌법은 자유의 가치를 가장 기본적인 가치로 설정하고 이에 평등과 효율의 가치를 부가한 것이라고 할 수 있다.[62] 경제 민주화에 대해 우리 헌법재판소는 "헌법 제119조 제2항에 규정된 '경제주체간의 조화를 통한 경제민주화'의 이념은 경제영역에서 정의로운 사회질서를 형성하기 위하여 추구할 수 있는 국가목표로서 개인의 기본권을 제한하는 국가행위를 정당화하는 헌법규범이다."라고 판시하고 있다.[63]

우리 헌법 제119조 제2항에서는 특정한 목적을 위해서는 국가가 경제에 관한 "규제와 조정을 할 수 있다"고 규정하고 있다. 국가가 경제를 규제 · 조정할 수 있는 경우란, ① 국민경제의 성장 및 안정과 적정한 소득분배를 유지하고, ② 시장지배와 경제력남용을 방지하며, ③ 경제주체간의 조화를 통한 경제민주화를 위한 경우이다. 여기서 말하는 "경제의 민주화"란 경제활동에 관한 의사결정권이 한 곳에 집중되지 아니하고 분산됨으로써 경제주체간에 견제와 균형이 이루어지고, 시장기구가 정상적으로 작동되는 상태를 말한다.[64]

헌법 제119조 제2항의 조항은 우리 경제질서의 기본원칙이 개인과 기업의 "자유와 창의의 존중"이므로, 이러한 기본원칙하에서 개인과 기업의 이익이 극대화됨으로써 사회공동체 및 국민경제의 공익이 증대될 경우에는 국가 규제가 불필요함을 의미한다.[65] 즉 헌법 제119조 제2항의 국가 개입과 규제는 국가만이 할 수 있는 국가의 고유기능으로 이해하기 보다는, 개인과 기업의 자율적 책임에 의해서 불가능한 상황에서 불가피하게 예외적으로 투입해야 하는 것이다. 따라서 개인이나 기업이 공동체 구성원으로서의 자율적 책임 내지 경제에 대한 자율기능이 강하게 실현되는 경우에는 국가 규제나 개입은 불필요하다는 것이다.

---

61. 정순훈, 경제헌법, 225면.
62. 김기범, 신헌법상의 경제질서, 고시계 1963. 9, 49면 이하; 서주실, 헌법상 경제질서의 기본원칙, 고시계 1967. 9, 79면 이하 참조.
63. 헌재 2003. 11. 27. 2001헌바35, 판례집 15-2하, 222, 224.
64. 변형윤, 경제민주화의 길, 비봉출판사, 1992, 11면 이하(한국에서 경제민주화의 주요내용으로는 ① 민주적인 노조·농민조직·소비자조직의 결성, ② 실질적인 기업공개와 주식분산, ③ 독과점 및 경제력집중의 규제, ④ 금융자율화, ⑤ 경제계획의 신축성과 유연성 등을 들고 있다).
65. J. M. Keynes도 시장이 자율적으로 완전고용이 보장하지 못하는 불완전시장의 경우 고도의 정부의 자본투자를 주장했다(*J. M. Keynes*, General Theory of Employment, Interest and Money, 1936; *R. T. Gill*, Economics and the Public Interest, Goodyear Publishing Co., 1972, pp. 96-97).

우리 헌법은 제119조 제2항에 의한 일반적 목적을 위한 규제 이외에 헌법 제120조 이하에서는 규제의 대상을 특정하여 개별적으로 국가 규제를 예정하고 있다. 즉 ① 자연자원의 특허(이는 국유(國有)를 전제로 한다) 제120조 제1항, ② 국토와 자원의 국가적 보호와 개발·이용을 위한 계획(제120조 제2항), ③ 농지의 소작금지 제121조 제1항, ④ 국토에 대한 제한과 의무의 부과 제122조, ⑤ 농업과 어업의 보호·육성을 위한 계획(제123조 제1항), ⑥ 지역경제의 육성과 중소기업의 보호·육성(제123조 제2항, 제3항), ⑦ 대외무역의 육성·규제·조정(제125조), ⑧ 사영기업의 예외적인 국공유화·경영통제(제126조) 등이다.

(2) 학설

1) 제1설

이러한 헌법규정들과 관련하여 학설상 이견이 있다. 첫 번째 견해는 헌법 제119조 제2항, 제120조 제2항, 제121조 제1항, 제123조, 제125조, 제127조의 규정에서 '국가'가 규제와 조정, 계획을 할 수 있도록 하고 있고, 보호·육성의 의무를 독립적으로 또는 동시에 규정하고 있다. 그러나 다른 경제조항(헌법 제120조 제1항, 제121조 제2항, 제122조, 제124조, 제126조)에서는 '법률'을 통해서 규제와 조정을 할 수 있도록 하고 있다. 즉, 헌법은 경제 통제의 주체를 "국가"와 "법률이 정하는 바에 의하여"라는 표현으로 구분하여 사용하고 있다는 것이다. 후자後者의 대해서는 국가의 입법권에 의한 통제를 말하고, 전자前者는 규제의 주체로 국회와 더불어 행정부를 포함하는 것으로 보아야 한다는 견해이다.[66] 이는 헌법 제119조 제2항에 그 중점을 두어 헌법 제119조 제2항을 본질적 조항으로 생각하여 국가의 개입을 정당화하는 입장이다.

2) 제2설

그에 반해 다른 견해는 헌법 제119조 제2항에 근거한 경제에 관한 국가의 각종 제도와 정책은 사유재산권 보장, 기업활동의 자유, 계약의 자유 등 자유시장경제의 근간을 훼손하지 않는 범위 내에서 법치국가원리에 따른 최소한에 그쳐야 한다는 견해가 있다. 이는 헌법 제119조 제1항을 기본이념으로 헌법 제119조

66. 김형성, 경제헌법과 경제정책의 헌법적 한계, 헌법과 경제정책, 2004. 6. 15. 심포지엄, 한국법학원, 8면.

제2항을 보충원리로 보는 입장이다.[67]

3) 사견私見

생각건대, 헌법 제119조 제1항은 "… 기본으로 한다."고 규정함으로써 시장경제원리를 원칙으로 하고 있으며, 헌법 제119조 제2항의 국가의 경제에 관한 규제와 조정은 제119조 제1항의 기본원칙에 대한 예외적 규정으로 해석하여야 한다. 이 경우도 "… 할 수 있다."는 표현으로 가능적can · 재량적discretionary 조항으로 규정되어 있으므로, 국가는 예외적으로 엄격한 요건을 충족하는 경우에 한하여 경제에 대한 개입을 할 수 있다고 보아야 한다.

2. 경제에 대한 국가 개입의 한계

우리 헌법상의 경제조항(헌법 제9장)에 따른 경제규제 법률들은 제119조 이하의 헌법규정들의 적용 이외에도 헌법 제37조 제2항에 따라 기본권의 제한시 준수해야 되는 비례의 원칙 적용도 받는가가 문제된다. 이에 관해 헌법 제37조 제2항의 비례의 원칙과는 다르게 해석 · 적용해야 한다는 견해[68]와 경제조항(헌법 제9장)에 따른 경제규제 법률들에도 헌법 제37조 제2항의 비례의 원칙이 적용되어야 한다고 보는 견해[69]로 나뉜다.

(1) 비적용설

전자前者의 견해는 ① 헌법 제37조 제2항에 규정된 국가안전보장 · 질서유지 · 공공복리의 개념과 경제조항의 유보필요성留保必要性이 반드시 일치하지 않을 뿐만 아니라 경제정책은 복리증진이나 새로운 질서를 적극적으로 형성해 나간다는 점, ② 사회적 시장경제질서에 의한 기본권제한의 경우, 헌법 제37조 제2항의 비례성 원칙이 적용될 여지가 없고 당해 경제관련입법이 헌법규정이 정하는 여러 목적을 실현하기 위한 수단으로서의 적합성 여부만 문제된다는 점,[70] ③ 본질적 내용의 침해금지와의 관계에서 헌법 제120조의 천연자원 등의 사회화나 헌

---

67. 이석연, 헌법합치적 경제, 사회정책의 방향, 헌법과 경제정책, 2004. 6. 15. 심포지엄, 한국법학원, 27면.
68. 장석권, "우리 헌법상 경제질서의 기본원칙과 그 법적 성격", 월간고시, 84. 9, 91면.
69. 김형성, "헌법상의 경제질서와 독점규제", 「헌법학연구」 제3집, 한국헌법학회, 1997. 10, 63면.
70. 정지승, 경제법과 헌법, 경제법의 제문제 (판례자료집 제87집), 법원도서관, 2000, 185면; 정극원, 현정부의 부동산정책에 대한 헌법적 검토, 한국공법학회 제126회 학술발표회, 2005. 12. 10, 12면.

법 제126조에서의 사기업의 국·공유화를 가능케 한 헌법의 취지로 보아 본질내용침해금지의 원칙이 경제조항에는 타당하지 않다는 점을 그 근거로 든다.

(2) 적용설

반면 후자後者의 견해는 전자의 견해에 대하여, ① 헌법의 통일적 해석이라는 측면에서 경제조항과 관련한 기본권 침해법률이 헌법 제37조 제2항에 근거하여 위헌적 침해여부가 가려지는 것이 아니고, 단지 경제조항과 무관한 기본권 침해법률이 헌법 제37조 제2항의 적용을 받게 되고, ② 모든 기본권침해를 전제로 한 헌법의 일반적 법률유보의 취지에 어긋난다는 점, ③ 경제조항의 목적에만 부합되면 관련된 기본권의 본질적 침해까지도 가능하게 되는데, 이는 헌법의 통일적 해석과는 거리가 멀 뿐만 아니라 오늘날 경제적 자유와 경제적 능력이 다른 기본권을 실현시키는 결정적 전제가 된다는 점을 고려할 때 경제규제조항을 통해서 기본권보장의 공동화空洞化 현상이 초래될 위험이 있다[71]는 것을 근거로 경제규제 법률에도 헌법 제37조 제2항의 비례의 원칙이 적용되어야 한다고 한다.

(3) 사견私見

이 문제는 법률에 의하지 않고 헌법적 수권을 통해 행정부에 의해 직접 행해질 수 있는 경제규제의 경우나 대외무역을 규제할 경우에도 법률에 의한 제한을 전제로 해서 규정된 본질적 내용 침해금지의 원칙이 적용될 수 있는가 하는 문제와도 관련된다. 헌법은 특정 법률이 기본권 침해시 헌법 제37조 제2항에 의거한 과잉금지원칙을 준수하라는 의미이다. 경제적 영역에서는 일반적으로 경제원리나 경제정책이 실현될 경우가 많은데, 경제 정책에 있어서도 헌법 제37조 제2항의 과잉금지원칙을 준수하라는 것은 무리가 있다. 다만 이러한 경제 정책이 기본권을 침해하게 되면 이에는 비례의 원칙이 적용될 것이다. 입법에 의한 기본권제한의 경우에는 헌법 제37조 제2항의 비례의 원칙이 적용되지만, 행정에 의한 경제 정책의 집행의 경우에는 비례의 원칙을 적용하기에 적절하지 않다. 또한 입법에 의한 경제정책을 실행할 경우에도 입법자의 광범위한 입법형성권이 인정되기에, 헌법 제37조 제2항의 비례의 원칙이 엄격하게 적용될 수 없

71. 김형성, 경제헌법과 경제정책의 헌법적 한계, 헌법과 경제정책, 2004. 6. 15. 심포지엄, 한국법학원, 16면.

는 한계에 부딪힌다. 따라서 헌법상 경제의 장(헌법 제9장)에 규정된 헌법상 경제조항과 관련하여 직접적으로 헌법 제37조 제2항을 적용하는 것은 무리가 있다.

3. 소결

헌법 제119조 제1항과 제2항의 관계는 "원칙과 예외의 형식"을 띠고 있다고 말할 수 있다. 헌법 제119조 제1항과 제2항이 서로 상충되는 관계가 아니라, 적용영역의 문제로 보아야 한다. 즉, '성장'과 '분배'라는 두 개념에 있어서 선택개념이나 시간적 선후개념으로 해석하기보다는 경제정책의 적용영역의 문제로 보아야 할 것이다. 헌법 제119조 제1항에 의거하여 국가는 개인과 기업의 자유와 창의를 존중함으로써 최대한 개인의 자유와 활동이 보장되도록 하여야 하는데, 이는 '성장'을 위한 것이다. 그리고 헌법 제119조 제2항에 의거하여 국가에 의한 경제활동의 개입과 제한을 가능하게 하는데, 이는 '분배'를 위한 것으로 이해해야 한다. 헌법 제119조 제1항과 제2항의 해석상 우리 헌법에서 경제에 관한 원칙은 성장에 있으므로, 예외적인 조건하에서만 국가의 개입이 허용되어야 한다.

Ⅳ. 경제의 민주화 논의

1. 경제 영역에서의 민주주의

헌법 제119조 제2항에는 "경제의 민주화"라는 용어를 사용하고 있다. 이는 '경제'와 '민주'라는 두 용어를 합성한 것으로서 상호간에 모순성을 내재한 합성물로 생각할 수 있다. 이와 관련하여 국민의 정치적 결단으로서의 헌법은 정치적 부분과 비정치적 부분으로 나누고, 정치적 부분에는 동일성의 원리(치자=피치자)가 작용되는 민주주의 원리가, 비정치적 부분에는 국민의 기본권 보장을 내용으로 하는 법치국가원리가 적용되어, 국가권력과 기본권간의 관계는 배분의 원리와 조직의 원리에 의해 규율된다는 견해가 있다.[72] 이에 따르면, 정치와 경제는 서로 다른 영역으로 구분되어져, 정치에는 민주주의 원리가 적용되고 경제에는 법치국가원리가 적용되게 된다. 결국 이 견해에서는 경제 영역에는 민주주의 원리가 적용되지 않고 개인과 기업의 경제상의 자유와 창의가 무엇보다 우선하게 된다. 이를 조절하기 위해 법치국가원리가 적용될 뿐이다.

---

72. *Carl Schmitt*, Verfassungslehre, 6. Aufl., S. 125 ff.

이러한 견해는 정치와 경제의 완전한 양분이 가능하다는 것을 전제로 한다. 또한 현대 국가처럼 경제에 대한 개입과 간섭이 필요한 경제의 현실하에서도 국가는 손을 놓고 완전히 자유로운 개인과 기업의 경제적 자유를 허용해야 한다는 것이다. 그러나 현실에서는 우리나라 경제뿐만 아니라 세계 경제에서도 국가 개입의 논리가 더욱 설득력을 얻고 있다.[73] 즉, 경제 영역에 일정한 경제주체가 존재하고 있으며, 일방적인 독점과 경제력 남용 억제와 경제적 약자를 위한 재분배가 필요하다면 국가는 적극적으로 개입하여 이를 조정할 수 있어야 한다. 따라서 경제의 민주화와 관련하여, 단순히 민주주의에 입각한 평등한 주체로서 절대적 평등을 요구할 수는 없지만, 일정한 정도의 상대적 평등은 경제 영역에도 적용될 수 있음을 의미한다.

2. 경제의 민주화의 의미와 내용

헌법 제119조 제2항에서 규정하고 있는 "경제의 민주화"의 의미와 내용이 구체화될 필요가 있다.

이에 대해서 일설은 "정치적 민주주의가 그의 안정을 위하여 경제의 민주화를 보충적으로 필요로 한다는 의미에서 경제의 민주화, 즉 민주적 국가형성의 이상적인 '경제적 전제조건'으로서 경제의 민주화와 헌법적 문제로서 경제의 민주화는 서로 엄격히 구분되어야 한다. … 어느 정도로 경제의 민주화를 도입할 수 있는지의 문제는 입법자가 정의로운 경제질서를 실현해야 할 사회국가적 의무를 이행하는 범주 내에서 입법자에게 부여된 광범위한 형성의 자유를 근거로 결정해야 할 문제이다. … 경제의 민주화는 민주주의 실현이라는 헌법적 위임을 이행하는 것이 아니라, 헌법 아래 차원에서 사회국가원리를 실현하고자 하는 입법자의 형성행위라는 것이"[74]라고 한다. 이러한 견해를 정리하면, 경제의 민주화를 실현하는 임무는 입법자에게 광범위하게 부여하고 있는데, 정치적 민주주의에 대해 보충적인 성격을 지닌다는 것이다. 또한 경제의 민주화는 사회국가원리의 실현 차원이라는 것이다.

그러나 이러한 방향으로 해석하게 되면 "경제주체간의 조화를 통한 경제의 민주화"는 의미가 무색하게 되고, 사회국가원리에 의한 국가의 입법정책에 의

---

73. 유승익, 헌법 제119조 제2항 "경제의 민주화" 해석론, 법학연구 제47집, 2012. 8, 10면.

74. 한수웅, 헌법학, 2012, 142면.

해서만 사회정의를 실현해야 한다는 취지를 담게 된다. 또한 우리 헌법을 살펴보면, 경제의 민주화를 위해 입법자만이 권한과 의무를 가진다고 보기 어렵기 때문에 이러한 주장은 납득하기 어렵다. 헌법 제119조 제2항에서 법률유보 조항을 둔 것도 아니고, 경제의 민주화 주체를 국가로 정하고 있는바, 이는 입법자뿐만 아니라, 행정부 내지 사법부도 경제에 관한 규제와 조정을 할 수 있다는 취지로 보아야 한다. 더욱이 국가는 ㉠ 균형있는 국민경제의 성장 및 안정과 적정한 소득의 분배를 유지하고, ㉡ 시장의 지배와 경제력의 남용을 방지하며, ㉢ 경제주체간의 조화를 통한 경제의 민주화를 위하여 경제에 관한 규제와 조정을 할 수 있다. 이러한 3가지 목적이 모두 사회국가원리의 실현을 위한 것이라고 보기는 어렵기 때문에 위의 주장은 타당하다고 생각되지 않는다.

3. 소결

헌법상 경제의 민주화 규정은 그 목적에 맞는 해석과 적용을 해야 한다. 경제의 민주화가 궁극적으로 추구하는 바는 경제상 분배의 공정성을 통해 경제의 정상적 작동 및 경제의 자유로운 성장을 위함이다. 즉, 경제의 민주화의 요구는 그 자체가 목적이 아니라, 경제의 분배를 위한 수단적 개념이다. 경제의 민주화란 이름으로 국가가 경제를 규제·조정할 수 있는 경우는 예외적이어야 한다는 것이다. 국민경제의 성장 및 안정과 적정한 소득분배를 유지하고, 시장지배와 경제력남용을 방지 등을 위한 절실한 필요성이 있는 상황에서만 국가는 경제에 관여해야 한다. 국가의 경제에의 과도한 개입과 간섭은 '규제의 실패'에 도달할 가능성이 크다. 경제 영역에 원칙과 예외가 없는 국가의 개입 그리고 예외가 원칙보다 더 적극적으로 활용되는 국가의 개입은 우리 헌법상 바람직한 것이라 할 수 없다.

제3장

재산권조항에 대한 해석

제1절 각국 헌법상 재산권에 대한 이해

제2절 우리나라 재산권 규정의 해석

제3장

재산권조항에 대한 해석

제1절 각국 헌법상 재산권에 대한 이해

Ⅰ. 서론

헌법 제23조는 재산권보장에 관하여 규정하고 있고, 재산권의 내용과 한계는 법률로 정하도록 규정하고 있다. 또한 재산권 행사의 공공복리적합의무를 규정하고 있으며, 공용침해의 경우 보상을 법률로써 하며, 그것도 정당한 보상을 지급하도록 의무화하고 있다. "과연 재산권보장의 의미와 본질은 무엇인가?"라는 물음과 관련하여, 재산권에 관한 헌법재판소의 결정은 다양한 공법적 평가를 불러일으키고, 우리에게 재산권보장에 대한 시사점을 주고 있다. 특히 헌법재판소는 "그린벨트greenbelt 판결"이라 불리는 구舊 도시계획법 제21조에 대한 위헌소원[1]에서 헌법불합치결정을 내렸으며, 도시계획법 제6조에 대한 위헌소원[2]에서도 헌법불합치결정을 내렸다. 이러한 헌법재판소의 재산권보장에 관한 체계에 대한 해석은 학계에서도 독일의 분리이론과 경계이론에 대한 수용 및 그에 대한 비판에 대한 논의를 불러일으키고 있다. 독일연방헌법재판소가 1981년 7

1. 헌재 1998. 12. 24. 89헌마214, 90헌바16, 97헌바78 (병합).
2. 헌재 1999. 10. 21. 97헌바26.

월 15일 "자갈채취판결"[3]에서 "분리이론Trennungstheorie"을 채택하게 됨으로써, 독일에서 이 판결이 내려지기 전까지 지배적인 견해였던 "경계이론Schwellentheorie"에 대한 입장을 변경하는 계기가 되었다. 따라서 "분리이론"과 "경계이론"이 주장하는 내용에 대한 진지한 이해와 검토가 전제되어야 우리 헌법상 재산권 보장에 대한 적절한 해석이 이루어지리라 보며, 이를 바탕으로 우리 헌법상 재산권 보장에 대한 해석과 판단이 가능하리라 본다.

Ⅱ. 외국 헌법상 재산권 규정과 이론

1. 미국의 경우

(1) 미국 연방헌법상 수용조항

미국연방헌법에는 우리나라의 헌법 제23조 제1항, 제2항에 해당하는 규정은 없고, 우리 헌법 제23조 제3항에 해당하는 규정이 있다. 즉, 미국 수정헌법 제5조는 "… 누구든지 정당한 보상 없이는 공용을 위해 그 사유재산을 침해당하지 아니한다."[4]고 규정하여 국가의 사유재산에 대한 수용 및 그 보상의 근거를 마련하고 있다. 또한 주州의 수용에 대해서는 수정헌법 제14조가 "어떠한 주도 적법절차에 의하지 아니하고는 어떠한 사람으로부터 생명·자유 또는 재산을 박탈할 수 없으며"[5]라고 하여 수용 및 보상의 근거를 규정하고 있다. 수정헌법 제5조의 수용조항Takings clause은 수정헌법 제14조를 통하여 주州에도 적용된다.[6] 통상 수용조항과 관련한 사건에서 법원은 다음의 4가지 점을 살핀다. 즉, ① 공권력에 의한 조치가 수용에 해당하는가("Is there a 'taking'?") ② 그 대상이 재산에 해당하는가?("Is it 'property'?") ③ 공공목적이 존재하는가?("Is the taking for 'public use'?") ④ 정당한 보상이 있는가?("Is 'just compensation' paid?") 하는 문제가 그것이다.[7]

(2) 미국 연방대법원 판례가 제시하는 공용제한과 손실보상

미국 연방대법원은 재산권에 대한 "규제"와 "수용"을 구별한다. 재산권에 대

3. BVerfGE 58, 300 ff.

4. "… nor shall private property be taken for public use, without just compensation."

5. "… nor shall any state deprive any person of life, liberty, or property, without due process of law."

6. Chicago, Burlington & Quincy Railroad v. City of Chicago, 166 U.S. 226 (1897).

7. *Erwin Chemerinsky*, Constitutional Law, New York: Aspen Law & Business, 2002, 615-616면 참조.

한 손실을 야기하는 모든 공권력의 행사에 대하여 보상을 요구할 수 없다. 미국 연방대법원은 이를 "규제권Police Power"으로 설명한다. 반면, "수용Taking"권을 행사하는 경우에는 수정헌법 제5조에 의하여 보상을 인정하고 있다.

미국 수정헌법 제5조에서 의미하는 수용은 공용수용, 공용사용, 공용제한을 포함하는 광범위한 개념이다. 다만, 공용제한은 주州의 규제권 대상인지 아니면 수용에 해당되는지는 이론이 있다. 문제는 일반 법원들이 어떠한 유형의 행위가 "수용"에 해당되는가를 쉽게 판단하지 못하고 있다는 것이다. 또한 주州의 규제권Police Power이란 공익을 위해 사인의 재산권에 제한과 강제를 가하는 권한인 반면, 수용Taking은 수정헌법 제5조에 의거하여 보상을 해 주어야 한다.

일반적으로 "규제적 수용Regulatory Takings"을 포함하여 보상을 요하는 수용의 기준으로 미국 연방대법원이 제시한 가이드라인은 다음과 같다.[8]

1) 재산의 모든 경제적 가치가 박탈되는 경우 보상을 요한다.

개인이 준설작업 등을 통해서 바다에 통하는 水路를 만든 것에 대하여 국가가 일반공중이 접근할 수 있도록 요구하는 것,[9] 임대용아파트 소유자로 하여금 케이블TV를 위한 시설이 들어설 수 있는 공간을 내어주도록 요구하는 시조례,[10] 재산의 상속이나 증여를 금지하는 법률[11]은 보상을 요하는 수용이다.

그러나 수용이 전쟁시 등 비상의 상황에서 이루어졌다면 개인재산의 파괴나 실제적인 점유가 있었더라도 보상을 요하지 않는다. 그리하여 연방대법원은, 전염성이 높은 삼목부식병cedar rust이 돌자 인근의 많은 사과 과수원을 보호하기 위하여 수많은 붉은 삼목cedar trees의 파기를 명한 버지니아주의 조치,[12] 제2차 세계대전 당시 정유시설이 적군의 손에 넘어가는 것을 막기 위하여 그 시설을 파괴한 정부의 행위[13]는 보상을 요하지 않는다고 판결하였다.

---

8. Constitutional Law, BAR/BRI, 2002, 56-58면.
9. Kaiser Aetna v. United States, 444 U. S. 164 (1980).
10. Loretto v. Telepromter Manhatten CATV Corp., 458 U.S. 419 (1982).
11. Hodel v. Irving, 481 U.S. 704 (1987).
12. Miller v. Schoene, 276 U.S. 272 (1928).
13. United States v. Caltex, Inc., 344 U.S. 149 (1952).

2) 사용제한Use Restrictions의 경우

Lucas 판결에서 미국 연방대법원은 "만약 정부의 규제조치가 토지소유자의 토지를 경제적으로 가치있게 사용하는 것을 완전히 박탈하는 결과가 된다면, 그 규제 당시 토지 소유자에게 보상을 해 주어야 한다."[14]고 판시하였다. 이 사건에서 연방대법원은, 정부의 규제조치로 인하여 재산이 경제적으로 가치있게 전혀 사용할 수 없게 되었을 경우에는 그 침해가 아무리 적고 공공목적이 아무리 크다고 하더라도 보상을 요한다고 판시하였다.[15]

그러나 예컨대, 최상의 이익을 얻을 수 있는 경제적 사용을 금지하는 경우와 같이 정부의 규제가 재산의 가치를 감소시키는 데 불과한 경우에는, 경제적 사용의 여지가 남아 있는 한 반드시 보상이 필요한 수용으로 귀결되는 것은 아니다. 이 때 연방대법원은 '이익형량' 심사Balancing Test를 한다. 법원이 고려할 사항으로는 ① 그 규제로 추구하고자 하는 사회적 목적의 달성이 가능한지, ② 소유자의 재산가치의 감소의 크기, ③ 소유자가 그 재산의 사용과 관련하여 합리적으로 기대할 수 있는 여지가 남아 있는지 여부 등이다.

3) 구제적救濟的 조치

재산의 소유자가 정부의 규제를 다투면서 손실보상청구 소송을 제기하고 법원이 그에 대하여 "수용"임을 인정하는 경우 정부가 선택할 수 있는 방법은 2가지다. 즉, 첫째, 그와 같은 수용에 대하여 정당한 보상을 지급하거나, 둘째 그 규제를 중단하고 규제가 시작되었을 때부터 중단시점까지의 손해를 보상해 주는 것이다.[16] 후자를 "일시적 수용에 대한 보상temporary taking damages"이라 한다.

(3) 소결

미국의 경우는 보상을 요하는 "수용"에 해당하는지 여부가 쟁점이고, 그에 대한 판단은 법원이 한다. 즉, 보상법률이 반드시 필요한 것이 아니다. 그리고 보상이 필요한 수용인지 여부에 대하여 법원은 비교적 재산권자의 입장을 존중하는 경향이 있다. 미국 연방대법원은 자신의 판례에서 일관되게 "본질상 수용원

---

14. Lucas v. South Carolina Coastal Council, 505 U.S. 1003 (1992).

15. Lucas v. South Carolina Coastal Council, 505 U.S. 1003 (1992), 112 S.Ct. 2900.

16. First English Evangelical Lutheran Church of Glendale v. County of Los Angeles, 482 U.S. 304 (1987).

칙per se Takings Rule"을 채택해 왔다. 이는 규제적 수용에 의해 사인의 재산에 물리적 침해가 가해진 경우 이를 "수용"으로 보고, 이에 대한 정당한 보상을 하도록 요구한 것이다.

그러나 미국 연방대법원은 2002년 Tahoe 판결에서 재산의 경제적 가치 전체를 박탈하는 경우에도 그대로 수용이 되는 것이 아니라, 이익형량 심사를 거쳐야 한다고 판시하면서 이익형량 심사를 판단의 기준으로 제시하고 있다.[17]

2. 프랑스의 경우

(1) 헌법규정

1958년에 제정된 프랑스의 현행 제5공화국 헌법은 본문의 몇몇 단편적인 개별 기본권조항을 제외하고는 체계적인 권리장전을 포함하지 않고 있고, 단지 前文에서 "프랑스국민은 1789년의 인권선언에 의하여 확인되고, 1946년 헌법의 前文에 의하여 확인·보충된 인권 및 국민주권의 원리들에 대한 프랑스국민의 집념을 엄숙히 선언한다."고 규정하고 있을 뿐이다. 한편, 1789년의 인권선언 제2조는 "소유권은 인간의 자연적인 불멸의 권리"라고 하였고, 제17조는 "불가침적이고 신성한 권리인 소유권은 합법적으로 확인된 공공의 필요가 명백히 요구하고, 또한 정당한 사전의 보상에 의하지 않는 한 침해될 수 없다."고 규정하여 개인의 소유권, 특히 부동산소유권을 헌법상 보장하고 있다.[18] 이 조항을 포함한 프랑스 인권선언은 현재도 살아있는 헌법임이 헌법평의회의 판결에 의하여 확인되고 있다.[19]

(2) 수용의 실제

오늘날 재산권은 상당히 광범위한 제약을 받고 있다. 재산의 이용을 제한할 수 있을 뿐만 아니라 공공필요에 따라 수용도 가능하다.[20] 그리하여 행정주체가 사적 재산의 소유권 또는 사용권을 강제로 이전시키는 절차수용·징용 등를 정하는

17. 김동건, 공용제한의 법리와 손실보상, 공법학연구 제7권 제3호, 2006. 8, 77면 이하(특히 99면) 참조.
18. 권형준, "프랑스헌법상의 부동산소유권보장", 「부동산법학의 제문제 (석하김기수교수 화갑기념논문집)」, 박영사, 1992, 89·90면.
19. 전학선, "프랑스 공용수용에 있어서 보상액 산정", 「토지공법연구 제9집」한국토지공법학회, 2000. 2, 134면 참조.
20. 성낙인, 「프랑스헌법학」, 법문사, 1995, 812면.

법률은 재산을 침탈당하는 소유자에게 지불할 보상금결정 및 수용시의 소유권 이전의 실행에 대하여 일반법원의 권한을 인정하고 있다. 이 행정주체에 의한 사소유권침해 중에서도 가장 중요한 것은 "부동산수용"의 경우이다. 부동산수용이란 행정주체에 의하여 일시적 또는 항구적으로 이루어지는 사적 부동산에 대한 일체의 점유침탈을 말한다. 이러한 점유침탈이 법률에 기하여 행해진 경우에는 적법한 것이 되며, 이 경우에 법률은 보상금결정에 관하여 일반법원의 관할을 인정하는 것이 보통이다. 그러나 법률이 보상금결정에 관하여 명문규정을 두지 않는 경우에는 사소유권에 대한 위법한 침해가 없는 한 보상에 관한 사항은 행정법원의 관할에 속하게 된다. 한편, 행정주체에 의한 점유침탈이 법률의 근거없이 행해진 경우에는 위법한 부동산수용이 되고, 이에 대한 "손해배상"은 법률의 규정이 없더라도 일반법원이 당연히 관할권을 갖게 된다.[21]

프랑스의 경우, 법률에 근거한 토지수용의 경우에 보상에 관한 규정이 있으면 일반법원이, 보상에 관한 규정이 없으면 행정법원이 보상금을 결정하게 되므로 보상규정이 없는 법률에 대한 위헌 여부의 문제는 없다. 이는 프랑스의 경우 1789년의 인권선언 이래 법률을 "국민총의"의 표현이라고 간주해 왔기 때문에 전통적으로 법률에 대한 사법심사가 배제되어 왔고, 다만 법률의 공포 전에 헌법평의회Conseil constitutionnel에서 이루어지는 소위 "예방적 규범통제" 제도를 채택하고 있는 점과도 연관이 있다.

3. 독일의 경우

(1) "소정원"(小庭園; Kleingarten) 판결[22]

연방헌법재판소 제2재판부는 1979. 6. 12. 선고한 소위 '소정원小庭園' 판결[23]에

---

21. 권형준, 전게논문, 1992, 94면.

22. BVerfGE 52, 1.「독일연방헌법재판소 판례번역집」, 헌법재판소, 2003, 3. "소형정원" 결정, 79면 이하 참조.

23. 위헌제청신청법원절차의 당해사건 원고들은 뮌히베르그(Munchberg) 시에 소재하고 있는 10,000 평방미터에 달하는 대형 토지의 소유권자들인데, 이 토지는 1929년부터 '쉬레버정원연합' 뮌히베르그 지부의 회원들에 의해서 소정원으로 사용되고 있었다. 그리고 위 토지는 1972. 7. 27.자 지구정비건축계획의 적용영역내에 위치하고 있고 "장기 정원토지"로 지정되어 있었다. 위 토지에 인접하고 있는 토지는 순수한 주거지역으로 사용하게끔 지정되어 있었다. 원고들이 1953. 1. 위 쉬레버정원연합과 체결한 임대차계약에 근거하여 위 토지는 이 재판 당시에도 사용되고 있었다. 위 임대차계약관계는 우선 1961. 9. 30.까지 유효하고 그 이후에는 계약당사자 중 일방이 1년의 기간을 두고 해지하지

서 독일 기본법 제14조 제1항 제2문에서 규정하는 재산권의 내용과 한계를 정하는 규정과 기본법 제14조 제3항에서 규정하는 공용침해와의 구별에 관한 헌법상 법리를 전개하였다. 이 판결에서 "1944. 12. 15. 공포된(제국법령관보 I, 347) '해지보호 및 소정원의 기타 권리에 관한 법규명령'(위 법규명령)과 1969. 7. 28. 공포된(연방법령관보 I, 1013)'소정원의 권리에 관한 규정들을 변경하고 보충하기 위한 법률'소정원법은, 사적인 임대자가 소정원에 관한 법규정에 의거하여 임차료 가액구속을 받고 무기한으로 임차되어 있는 소정원 임대차관계를 오로지 1944. 12. 15.자 위 법규명령 제1조와 1969. 7. 28.자 소정원법 제2조가 정하는 바에 따라서 해지할 수 있다고 하는 범위내에서 기본법에 합치되지 아니한다."고 판결하였다(주문 제1항).[24]

독일 연방헌법재판소는 기본법 제14조 제3항의 '공용침해공용수용'와 기본법 제14조 제1항 제2문에서 말하는 '재산권의 내용과 한계를 정하는 법률'[25] 내지는 '내용규정'을 구분하고, 이 사건 심판대상규정은 전자前者의 문제가 아니라 후자後者의 문제라고 하였다. 즉, 독일 기본법 제14조 제3항에서 의미하는 공용수용Enteignung은 개인의 재산권에 대한 국가의 침해를 말한다. 그 목적에 따르면, 공용수용은 "기본법 제14조 제1항 제1문에 의거하여 보장된 구체적인 주관

않는 한 1년마다 연장되도록 되어 있었다. 임차료는 500 마르크에 달한다. 1957. 2. 원고들은 1961. 9. 30. 이후로는 임대차계약의 연장이 불가능하다는 점을 임차인인 쉬레버정원연합에 통보하였다. 쉬레버정원연합은 이 사건 '해지보호법' 규정을 근거로 하여 위 토지에서의 철수를 거절하였다. 관할 행정청은 원고들이 임대차계약의 해지를 승인해 주도록 요청하는 신청을 법률이 허용하는 해제사유가 존재하지 않는다는 이유를 들어 거부하였다. 원고들이 행정청의 거부처분에 대해서 제기한 소송은 제1심법원에서 기각되었다. 바이에른 행정최고법원은 항소심 재판에서 재판을 정지시키고, 1969. 7. 28. 공포된(연방법령관보 I, 1013) "소정원(小庭園)의 권리에 관한 규정들을 변경하고 보충하기 위한 법률" 제2조와 1944. 12. 15. 공포된(제국법령관보 I, 347) "해지보호 및 소정원의 기타 권리에 관한 법규명령" 제1조가 기본법 제14조와 합치되는지 여부에 대해서 연방헌법재판소에 위헌심판제청 신청을 하였다(BVerfGE 52, 1 (12)).

24. 그 밖에 주문 제2항은 다음과 같다: "1944. 12. 15. 공포된(제국법령관보 I, 347) '해지보호 및 소형정원의 기타 권리에 관한 법규명령' 제1조 제1항과 1969. 7. 28. 공포된(연방법령관보 I, 1013) '소정원의 권리에 관한 규정들을 변경하고 보충하기 위한 법률' 제2조 제2항은 기본법에 위반되므로 무효이다."

25. 재산권의 내용 - 및 한계규정은 '내용규정'과 '한계규정'으로 나눌 수 있다. 전자는 기본권적 재산권 보장의 보호를 받는 새로운 재산권을 제정하는(기본권형성유보) 반면에, 후자는 종전에 이미 존재하고 있는 재산권에 그 한계를 설정한다(기본권침해유보). 이와 같은 내용상의 차이점을 가진 "내용 - 및 한계규정"은 양자의 종합을 의미하는 "내용규정"으로 약칭하여 불려지기도 한다(최갑선, 전게 논문, 1995, 277-278면).

적 법적 지위를 완전히 또는 부분적으로 박탈하는 것"을 목적으로 하고 있다. 그런데 소정원법에 의거하여 체결한 임대차계약의 해지를 법률로 제한하는 것은 "법률을 근거로 행정처분에 의하여 공용수용을 하는 것행정수용"이라고 볼 수 없다. 그리고 여기서는 법률에 의한 공용수용입법수용도 배제되는데, 그 이유는 입법수용은 "법률 자체가 지금까지 적용되는 법률에 의거하여 특정 개인들이나 특정 개인 집단들에게 귀속된 사적인 권리를 법률의 효력발생과 함께 추가적인 집행행위 없이 직접적으로 박탈하거나 축소시키는 것"을 의미하기 때문이다. 이와 달리 기본법 제14조 제1항 제2문에서 의미하는 내용규정Inhaltsbestimmung은, "헌법상 재산권으로 이해되는 법적 재화들에 대한 권리와 의무를 입법자가 추상적이고 일반적으로 확정하는 것"을 말한다. 즉, 기본법 제14조 제1항 제2문에 의거한 내용규정은, 법률의 효력발생시점부터 미래로 재산권의 '내용'을 규정하는 객관법적인 법규정의 제정을 지향하고 있다. 이러한 법규정은 형식적인 법률로 제정되기 때문에 헌법상 존재근거를 가질 뿐만 아니라, 실질적인 관점에서도 기본법과 합치되어야 한다. 재산권의 내용을 규율하는 위와 같은 법규정이 헌법상 주어진 한계를 일탈하는 경우에는 '무효위헌'가 되며, 기본법 제14조 제3항에서 의미하는 공용수용이 되는 것이 아니다. 기본법 제14조 제1항 제2문에서 의미하는 내용규정과 기본법 제14조 제3항에서 의미하는 공용수용은, 각각 주어진 헌법규범의 조건을 충족하는 경우에만 유효하다. 즉, 위헌적인 내용규정은 공용수용으로 전환될 수 없으며,[26] 헌법위반은 법률상 규정되지 아니한 보상을 부여함으로써 치유되는 것이 아니다.[27]

독일 연방헌법재판소는 소정원법의 입법취지·연혁과 세월이 흐르면서 달라진 소정원의 운영실태 등을 설명하면서 "비례의 원칙"을 심사기준으로 하여 위헌 여부를 논증한 끝에, 소정원법은 한편으로는 계약기간의 기한설정을 허용하지 아니하고 다른 한편으로는 해지의 가능성을 매우 좁게 제한하고 동시에 통상적인 것보다 매우 낮은 임차료를 책정하도록 규정하고 있는데, 이와 같은 소정원법의 규율체계는 독일 기본법 제14조 제1항 및 제2항에서 허용하고 있는 재산권의 내용규정의 한계범위를 벗어나고 있기 때문에 위헌이다. 그러나 위와 같이 제기되는 헌법상의 문제점들을 어떻게 해결할 것인지는 입법자 스스로가 결

---

26. 이는 민사법원의 '경계이론'을 배척하는 판시이다.

27. BVerfGE 52, 1 (27 f.).

정해야 하는 문제이고, 시간적으로 무기한적인 계약에 있어서 토지재산권자가 자기수요 외에 소정원용 토지를 다른 형식으로 이용하려는 이익을 해지의 사유로 인정할 것인지 여부와 어느 정도와 어떠한 조건하에서 이를 인정할 것인지 여부에 대한 결정도 입법자가 스스로 내려야 할 사항이라는 이유로 '헌법불합치' 선언에 이르고 있다.[28] 하지만 이 판결까지만 해도 기본법 제14조 제1항 제2문에 따른 '내용규정'의 경우에도 헌법적 한계를 넘는 때에는 "조절적 보상의무Ausgleichpflicht"[29]가 있을 수 있다는 판시는 아직 없었고, 이는 '출판물 의무납본' 판결에 이르러 비로소 나타난다.

(2) "출판물 의무납본" 판결[30]

헤센 州는 1958. 11. 20. 개정된 '출판의 자유와 권리에 관한 법률'(LPrG, GVBl. S. 183) 제9조 및 문화부장관이 1977. 3. 21.자로 발령한 '출판물의 납본에 관한 명령'(PflEVO, GVBl. S. 146)에서 의무납본에 관해 다음과 같이 규율하고 있었다.

> "LPrG 제9조: 문화부장관은 문화부장관의 명령으로 이 법률의 적용을 받는 모든 출판물에 대해 무상으로kostenlos 1부씩 지정하는 도서관에 제출하도록 규정할 수 있다."[31]

자갈채취 판결의 바로 전날인 1981. 7. 14. 선고된 이 판결에서 독일 연방헌법재판소 제1재판부는 "1958. 11. 20. 개정된 헤센 州의 '출판의 자유와 권리에 관한 법률' 제9조가 헤센 주 문화부장관에게 위임한 '출판의 자유와 권리에 관한

---

28. BVerfGE 52, 1 (40).

29. 여기서의 보상(Ausgleich)이란 '정책적·조절적 보상'의 의미이므로 공용침해의 경우에 있어서의 보상(Entschadigung)과는 다소 차이가 있다(박상희, "보상의무 있는 내용규정에 대한 법적 검토", 「공법학연구 창간호」(영남공법학회 1999. 3), 8면의 각주 10). 그리하여 이를 '보상의무'라는 표현보다 '조정의무'라고 표현하는 견해도 있다(김문현, 전게논문, 2004, 28면).

30. BVerfGE 58, 137. 「독일연방헌법재판소 판례번역집」, 헌법재판소, 2003, 7. "의무납본" 결정, 163면 이하 참조.

31. 이 조항에 근거하여 발령된 위 PflEVO 제1조 제1항은 "헤센 주 안에서 출간되는 모든 출판물에 대하여 출판업자는 - 제3조에 의해 면제되지 않는 한 - 1부를 보상없이 그리고 자기비용으로(auf eigne Kosten) 출판장소에서 가까운 도서관들에 제출하여야 한다."고 규정하였고, 제5조의 규정에 의하면 이와 같은 의무납본은 특별한 조건없이 배포시작과 동시에 즉시 제출되어야 한다.

법률'의 적용을 받는 모든 출판물에 대해 예외없이 무상으로[32] 납본제출의 의무를 부과한 것은 기본법 제14조 제1항 제1문에 합치하지 아니한다."는 주문을 선고하였다.

독일 연방헌법재판소는 LPrG 제9조에 의거하여 보상없는 납본제출을 명하는 것은 출판업자가 발간한 출판물에 대한 재산권을 제한한 것이고, 이 규정은 따라서 기본법 제14조의 보호영역에 편입되며 그 내용에 관하여는 기본법 제14조 제1항 제2문에서 말하는 규율을 하도록 수권하고 있다고 보았다. 독일 연방헌법재판소는 "제출의무는 비록 개개의 납본에 대한 것이기는 하지만, 기본법 제14조 제3항에서 말하는 공용침해Enteignung가 문제되지는 않는다. 위 조항은 개별처분을 통하여 필요로 하는 특정한 재산객체를 취득하도록 행정부에 위임하고 있는 것이 아니라, 일반적 · 추상적 방법으로 '기부'라는 형식으로 당연제출의무를 부과하고 있다. … 출판업자가 동일한 발행기회에 출간된 것 중 하나의 특정한 출판물을 제출하는 것은 일반적이며 처음부터 부담하는 의무일 뿐이다. 따라서 의무납본 규율은 출판물에 대한 재산권의 내용을 모든 출판물에 대한 전체적 규율로서 일반적 형태로 정하는 객관적·법적인 규정이다." 라고 하면서,[33] 결론적으로 LPrG 제9조는 일반적 납본제출의무에 많은 비용이 소요되고 또한 소량만 발행되는 출판물에 대해서도 일률적으로 무상으로 납본제출의무를 요구하는 것이 포함되어 있다는 점에서 규율의 결함이 있고, 부담의 정도와 부담의 정당화에 동원되는 근거의 중요성을 형량할 때, 소량 발행되는 고가의 출판물의 경우에 무상의 제출의무를 부과하는 것은 출판업자의 재산권에 대한 비례적이고 감내할 수 있는 내용의 한계를 벗어나는 것이며, 나아가 일반적으로 무보상의 일률적인 납본제출의무는 그 실제적 작용에 있어서는 같은 출판업자라 할지라도 부담의 정도에 있어 대단히 다른 결과를 초래할 수 있다는 점에서 독일 기본법 제14조 제1항 제2문의 범위에서 준수하여야 하는 평등원칙에도 저촉된다고 판시하였다.[34]

독일 연방헌법재판소는 이 의무납본 판결문에서, "연방헌법재판소는 많은 판결을 통하여, 입법자는 기본법 제14조 제1항 제2문에서 의미하는 규율을 함

32. 연방헌법재판소는 기본법 제14조 제3항의 "보상(Entschadigung)"이라는 용어를 사용하지 않았다.

33. BVerfGE 58, 137 (144 f.).

34. BVerfGE 58, 137 (149 ff.).

에 있어서 기본법 제14조 제1항 제1문에 규정된 사적 재산권에 대한 근본적 보장뿐만 아니라 동조 제2항의 사회적 요청 또한 동등하게 고려하여야 한다."고 판시하였다.[35] 비록 그 이전에도 유사한 판례가 존재하지만, "여기에서 입법자는 이해당사자의 보호가치 있는 이익들을 정당하게 조정하고 형평성 있게 고려하여야 한다. 재산권자에게 헌법이 부과하고 입법자에 의해 실현되는 기속의 정도와 범위는 본질적으로, 재산권의 객체가 사회적 관련성과 사회적 기능성을 가지는지 또한 어느 정도 가지는지에 달려 있다. 그에 상응하려면 재산권의 기속은 항상 비례적이어야 한다. 재산권 객체의 사회적 관련성과 사회적 기능을 고려하고 규율의 목적에 비추어 볼 때, 재산권의 기속은 특히 과중한 부담이 되어서는 않되고 재산법 영역에서 재산권자로 하여금 감내하기 어렵도록 취급되어서는 안된다. 나아가 일반적인 법치국가적 원리로서 평등원칙이 준수되어야 한다."고 판시함으로써,[36] '보상의무 있는' 내용규정의 출생시점으로 일반적으로 인정되고 있다.[37] 즉, 당시 독일 연방헌법재판소가 이 판결을 통하여 새로운 법리를 창설하고자 의도했는가에 관해서는 의문이 없지 않으나, 그동안 전문법원의 판례와 학설에 의해 받아들여짐으로써 결국 새로운 법리가 형성되었다고 볼 수 있다. 연방헌법재판소는 이러한 손실보상청구권의 가능성을 '자갈채취판결' 등 극소수의 예에서만 재확인하였으나, 이후 상당수의 연방행정법원과 연방민사법원의 판례가 이를 수용하였다.[38]

(3) "자갈채취" 판결[39]

재산권해석에 있어서 재산권의 "가치보장"에 최우선적인 가치를 두고 있던 독일민사법원의 판례는 재산권의 "존속보장"을 우선시킨 연방헌법재판소에 의하여 근본적인 수정을 받게 된다. 연방헌법재판소는 1960년대 중반부터 몇

35. BVerfGE 58, 137 (147).

36. BVerfGE 58, 137 (147 f.).

37. 박상희, 전게논문, 1999, 9면; 한수웅, 전게논문, 1999, 34면의 각주) 15; 홍준형, 「행정구제법 제4판」, 한울아카데미, 2001, 314면; 정남철, "재산권의 사회적 구속과 수용의 구별에 관한 독일과 한국의 비교법적 고찰",「공법연구」제32집 제3호, 한국공법학회, 2004. 2, 379면.

38. *Maurer*, Allgemeines Verwaltungsrecht, 12. Aufl., 1999, § 26 Rn. 80.

39. BVerfGE 58, 300. 「독일연방헌법재판소 판례번역집」, 헌법재판소, 2002, 3. "자갈채취" 결정, 43면 이하 참조.

개의 판례를 통하여 재산권해석에 관하여 자신의 입장을 밝혀 나가기 시작하였으며 특히 제1재판부의 1981. 7. 15. 소위 "자갈채취판결"을 통하여[40] 분리이론을 궁극적으로 관철시켰다.[41]

이 사건은 연방최고법원의 재판정지 및 위헌법률심판제청 결정에 따른 사건으로서 1976. 10. 16. 개정·공포된(BGBl. I S. 3017) '수자원관리규정을 위한 법률수자원관리법' 제1조a 제3항 제1호, 제2조 제1항, 제3조 제1항 제6호, 제6조 및 제17조가,[42] 지하수채굴에 대한 수자원법상의 허가나 인가 거부를 보상없이 허용하고 있는 한, 기본법 제14조 제3항 제2문과 불합치하는지 여부가 쟁점이었다.[43] 결

40. 예컨대 '소정원판결'(BVerfGE 52, 1) 등.

41. 불가분조항에 따라 입법자는 공용수용을 위하여 근거법률에 보상규율을 마련하여야 하며 보상규율이 없는 경우 또는 보상이 있더라도 불충분한 경우에 그 근거법률은 위헌이며 이에 근거한 침해행위는 위법하게 된다. 보상규율이 없기 때문에 위법한 재산권침해에 대하여 민사법원은 "수용유사적 침해"의 법리하에 기본법 제14조 제3항을 유추적용하여 보상을 하여 왔다. 또한 민사법원은 입법자가 사전에 보상규율을 마련하는 것이 매우 어려운 비의도적 침해의 경우에는 "수용적 침해"라는 명칭하에 보상을 부여하여 왔다. 이러한 민사법원의 수용유사적 침해 및 수용적 침해제도가 연방헌법재판소의 자갈채취 판결에서 심판대에 오르게 된 것이다(정하중, 전게논문, 2003, 69면).

42. 다만, 제3조 제1항 제6호 및 제17조는 연방헌법재판소가 직권으로 심판대상으로 추가하였다(BVerfGE 58, 300 (318, 327)).

43. BVerfGE 58, 300 (327 f.). 당해사건의 원고는 뮌스터란트(Munsterland) 북부에서 자갈채취업을 운영하고 있었다. 자갈채취시설이 위치하고 있는 토지는 그의 재산이다. 1936년 이래로 이 공장은, 원고가 한 농부로부터 이를 목적으로 하여 임차한, 인접한 두 필지를 지하수영역까지 굴착하여 모래와 자갈을 채취하고 있었다. 그 채취장은 라이네(Rheine) 市가 설치한 상수도시설의 보호구역의 III A에 위치하고 있었다. 이 지역은 1968. 2. 6. 우선 임시적으로 보호구역으로 지정된 뒤, 1973. 10. 24.의 시행령을 통해 수질보호구역으로 확정되었다. 1965. 2. 원고는 자갈채취를 계속할 수 있도록 자신에게 수자원관리법에 따른 허가를 내달라고 신청하였다. 1973. 10. 관할행정청은 자갈채취 장소와 상수도시설의 우물시설간의 거리가 부분적으로는 120m밖에 되지 않기 때문에 자갈채취로 인한 웅덩이의 오염이 우물에까지 이를 수 있고, 또 공용음용수 공급을 위협할 수 있다는 이유로 이 신청을 거부하였다. 원고의 이의제기는 성공하지 못했다. 원고는 허가처분발급이행의 소를 제기하지 않고 보상금(Entschadigung) 지급신청을 하였는데 이 신청도 거부되었다. 이에 대해서 원고는 노르트라인-베스트팔렌 州를 상대로 - 금액산정은 법원의 재량에 맡겨져 있는 - 보상금지급의 소를 제기하였다(원고는 사전에 토지소유자, 즉 자신의 임대인으로부터 만일의 경우에 발생할 수 있는 보상청구권을 양도받았다). 원고는 자갈채취에 대한 허가 거부는 자신이 설치해서 운영하는 영업과 토지소유권에 대한 수용침해라고 주장하였다. 州법원은 이 소송이 근본적으로 정당하다고 하여 원고승소 판결을 선고하였다. 이에 대하여 제기된 피고의 항소는 기각되었고, 이에 대하여 피고가 상고를 제기하자 연방최고법원(BGH)은 재판을 정지하고 연방헌법재판소에 위헌제청을 하였다(BVerfGE 58, 300 (309)).

론적으로 위 심판대상조항들은 재판관 전원일치의 의견으로 모두 기본법과 합치한다는 판결이 선고되었지만, 이 판결은 결론보다는 그 판시를 통하여 소위 '분리이론'을 확립하였다는데 그 의미가 있다.

이 판결에서 연방헌법재판소는, "기본법 제14조 제3항 제4문은 기본법 제14조 제3항 제2문에 규정된 보상Entschadigung의 합법률성 원칙을 소송법적으로 보충하는 것이다. 당사자가 소구할 수 있는 보상청구권Entschadigungsanspruch의 내용과 범위를 결정하는 것은 법률이다. 일반법원은 피수용자에게 법률상의 규정들에 부합하는 보상이 지급되었는지 여부를 판단한다. 일반법원의 권한은 이 점에 국한된다. 일반법원은 입법자가 청구권의 근거를 제정하지 않은 경우 수용보상을 인정할 수 없다. 따라서 규범통제의 관점에서 볼 때 중요한 것은 기본법 제14조 제3항 제2문에 부합하는 수용법률이 소송의 기초를 이루고 있는지 여부이다. 이 규정은 보상의 종류와 범위를 규정한 법률을 근거로 한 수용만을 허용한다. 이러한 요청들을 충족시키지 못하는 법률은 위헌이다불가분조항. 따라서 제청절차에서 제기될 수 있는 법적 문제들은 다음과 같은 두 가지이다. 첫째, 행정청의 처분과 보상청구의 근거가 되는 법률이 기본법 제14조 제3항 제2문에서 의미하는 수용규범Enteignungsnorm인지 여부의 문제와, 둘째, 그 수용법률이 동시에 보상을 규정하고 있는지불가분조항 여부의 문제이다. 우선 확실히 해야 할 것은 심판대상규정이 어떠한 요건하에서 지하수이용이 허용될 수 있는지를 규정하고 있다는 점이다. 또한 기본법 제14조 제3항 제4문에 따른 소송의 해결은, 기본법 제14조 제1항 제2문에 따라 재산권의 내용과 한계를 규정하는 법률이 헌법과 합치하는지 여부에 의해 좌우될 수 없다. 그러한 문제제기는 어떠한 경우에도 - 그 규정들이 유효한 경우이든 무효인 경우이든 - 보상의무를 발생시키는 수용을 인정하는 결과로 이를 수 없기 때문에 수용법상 아무런 의미가 없을 것이다. 사회적 구속성을 넘어서면 보상청구권Entschädigungsanspruch을 발생시킨다는, 제청결정에 인용된 항소법원의 견해는 기본법과 합치하지 않는다." 라고 하여 종전 민사법원의 '경계이론'을 명백히 거부하고, "내용을 정하는 규정은 그것이 위헌인 경우에도 기본법 제14조 제1항 제2문에서 의미하는 규정으로서의 법적 성격을 계속 유지하고, 기본법 제14조 제3항의 요청하에 있는 수용규범으로 변하지 않는다. 법률규정이 위헌인 동시에 합헌이 될 수는 없다. 따라서 행정청이 그러한 규정을 적용하는 것은 보상의무를 지는 행정수용이 될 수 없고, 언제나 법적 수단을 통해 다툴 수 있는 단순한 법률집행이 된다. 무효인 규범의 수범자에게 어떠한 결과제거청구권Folgenbeseitigungsanspruch[44]이 인정되는지 여부는 기본법 제14조 제3항 제4문에 따른보상청구 절차에서는 판단되지 않는다."고 하여[45] 소위 '분리이론'을 제시하였다.

그리하여 연방헌법재판소는

> "수용·침해의 당사자인 시민에게는 기본법 제19조 제4항 제1문과 행정소송법 제40조에 의해 행정법원에 제소할 수 있는 가능성이 열려 있다. 행정법원은 … 그 침해가 기본법 제14조 제3항 제1문의 헌법적 요건들과 비례의 원칙을 충족시키는지 여부를 심사해야 한다는 점을 제외할 때, 특히 그 처분이 합헌적 근거에서 취해진 것인지 여부를 조사해야 한다. 침해의 근거가 되는 법률이 지급할 보상의 종류와 범위에 관한 규정을 두고 있는지 여부를 확인하는 것도 여기에 포함된다. 이 요청을 충족시키지 못하는 법률은 위헌이므로, 행정법원은 그러한 법률을 적용해서는 안된다. 행정법원은 오히려 기본법 제100조 제1항에 따라 연방헌법재판소에 그 규범의 효력에 대한 심판을 제청하여야 한다. 그 규범이 위헌으로 선언되면, 그에 입각한 행정행위는 기본법 제14조 제1항 제1문으로부터 나오는 당사자의 기본권재산권을 침해하는 것이므로 취소되어야 한다."고 하였다.[46]

즉, 위헌적인 '공용수용'의 효과는 보상이 아니라 침해행위의 취소라는 것이다(가치보장보다 존속보장의 우위). 나아가 연방헌법재판소는 기본법 제14조 제3항 제4문에 따른 보상청구 절차에서 일반민사법원이 갖는 재판권한과 관련하여 다음과 같이 판시하였다.

---

44. 결과제거청구권이란 행정청의 공권력 작용으로 인하여 조성된 위법한 결과의 제거를 청구하는 일종의 '원상회복청구권'이다. 결과제거청구권이 의도하는 권리구제의 형태는 공권력행사 이전의 상태를 복구하여 침해가 없었던 것과 같은 원상을 회복하는 것이다. 자갈채취 판결에서 나타난 연방헌법재판소의 "권리구제수단의 단계구조"는, 우선 권리가 침해된 자는 행정쟁송을 통하여 그 위법을 시정하여 원상회복을 구하고, 그것이 여의치 못한 경우 그 결과의 제거를 청구하며, 만약 이러한 방법도 권리보호의 이익이 없는 경우에는 최후로 손해의 전보를 구하게 되는 것이다(김성수,「일반행정법」, 법문사, 2004, 697-698면).
45. BVerfGE 58, 300 (319 f.).
46. BVerfGE 58, 300 (322 f.).

"시민이 자신에게 취해진 처분을 '수용'으로 본다면, 그는 법률에 청구권의 근거가 있을 때에만 보상을 청구할 수 있다보상청구권의 근거가 없다면, 그는 행정법원에 그 침해행위의 취소를 청구하여야 한다. 그러나 그가 침해행위의 취소청구를 포기하고 법률이 자신에게 인정하지도 않은 보상을 요구할 수는 없다. 법률에 근거가 없다면 민사법원도 보상을 인정할 수 없기 때문이다. 따라서 당사자는 법률상 보상규정의 결여로 인하여 위법한 '수용'으로부터 자신을 방어할 것인지, 아니면 직접 보상을 청구할 것인지 여부를 선택할 수 없다. 그가 침해행위의 취소를 청구하지 않는다면, 그의 보상청구소송은 기각된다. 기본법이 자신에게 부여한, 합헌적 상태 회복청구권을 행사할 수 있는 가능성을 활용하지 않은 자는 자기 스스로에 의해 초래된 법적 손실을 이유로 공공기관에 대해 금전배상을 청구할 수 없다."47

연방헌법재판소에 의하면 입법자는 기본법 제14조의 범위 안에서 세 가지 방식으로 재산권 관련 규정들을 제정할 수 있다고 한다.

첫째, 재산권은 일정한 법익을 일정한 권리주체에게 귀속시키는 것으로서 그것이 법적 생활에서 실용가능성을 띠기 위해서는 반드시 법적인 구체적 형성을 필요로 한다. 따라서 기본법 제14조 제1항 제2문은 재산권의 내용과 한계를 규정할 과제를 입법자에게 위임하였다. 그러한 규범들은 일반적 · 추상적으로 재산권자의 권리와 의무, 즉 재산권의 '내용'을 규정한다. 따라서 입법자는 객관적 법의 차원에서 재산권자의 법적 지위를 창설하고 구체화하는 법규범들을 제정한다(내용규정: Inhaltsbestimmung). 그 법규범들은 사법私法의 성격을 띨 수도 있고 공법公法의 성격을 띨 수도 있다.

---

47. BVerfGE 58, 300 (324). 그러므로 자갈채취허가신청을 거부한 행정행위의 취소를 청구하지 않고 바로 민사법원에 보상청구소송을 제기한 당해사건은 부적법한 청구여서 이 사건 심판제청이 재판의 전제성이 없다는 주장이 있을 수 있다. 이에 대하여 연방헌법재판소는, "위 거부처분 당시에 이미 연방최고법원이 다른 비슷한 사안에서 - 수자원관리법 제19조 제3항의 규정을 근거로 - 자갈채취가 금지된 토지소유자의 수용보상 지급청구권을 인정한 상태였고, 당해사건에서 비로소 그 견해를 바꾸어 이 사건 심판제청을 한 것이기 때문에, 이러한 상황에서 원고가 헌법이 요구하는 보상규정이 없다는 것을 이유로 위 허가거부처분의 취소를 행정법원에 청구할 이유가 없었다."는 이유로 이 사건 심판제청의 적법성을 인정하였다(BVerfGE 58, 300 (324 f.)).

둘째, 입법자는 기본법 제14조 제3항 제2문전단에 따라 법률을 통해서 일정한 또는 특정 가능한 인적 집단으로부터, 기본법 제14조 제1항 제2문에서 의미하는 일반적 효력을 갖는 법률에 근거하여 적법하게 취득한 구체적 재산권을 박탈할 수도 있다(입법수용: Legalenteignung).

셋째, 입법자는 마찬가지로 기본법 제14조 제3항 제2문후단에 따라 개인의 구체적 재산권을 박탈하도록 행정부에 위임할 수도 있다(행정수용: Administrativenteignung). 이러한 법률에 근거한 행정수용은, 입법수용과는 달리 법적 수단을 통해 다툴 수 있는 행정청의 집행행위를 필요로 한다.[48] 연방헌법재판소는, "입법수용과 행정수용은 상호 배타적이다. 이미 입법자에 의해 박탈된 법적 지위가 다시 행정행위를 통해 폐지될 수는 없다. 하나의 동일한 규정이 입법수용을 초래하는 동시에 행정부에 수용조치를 위임할 수는 없다. … 내용규정, 입법수용 그리고 행정수용은 기본법이 명확하게 서로 구별하고 있는 각각 독자적인 법제도들이다. 그러나 기본법 제14조 제1항 제2문에서 의미하는 앞으로 적용될 새로운 객관법적 규정이 개인이 구법에 근거하여 행사한 주관적 권리를 박탈하는 한, 그것내용규정은 동시에 입법수용을 초래할 수도[49] 있다."[50]고 한다.[51]

연방헌법재판소는 이 판결에서 다음과 같이 판시하였다.

---

48. BVerfGE 58, 300 (330 f.).

49. 이 경우에도 재산권에 대한 사회적 제약의 범위내라면 보상이 없더라도 합헌판단을 받을 수 있고(한국 헌법재판소의 1998. 3. 26. 선고 93헌바12 결정 및 2003. 8. 21. 선고 2000헌가11등 결정 참조), 보상 내지는 비용변상이 필요한 경우도 있을 수 있다(독일연방헌법재판소 1981. 7. 14. 선고 '출판물의무납본' 판결 참조). 그러나 후자의 경우라도 이는 기본법 제14조 제3항에 해당하는 공용수용이 아니라 "보상을 통하여 합헌성이 다시 회복될 수 있는" 내용규정이다.

50. 이러한 취지의 판시는 이미 전에도 있었다(BVerfGE 45, 297 (332); 52, 1 (28)). 즉, 하나의 규율이 내용제한규정인지 아니면 입법수용에 해당하는지가 문제될 경우에 그 판단은 관련된 규범의 수범자에게 달려 있다. 예컨대 구(舊) 소유권자에게는 입법수용인데 반해 新소유권자에게는 내용규정일 수 있다는 것이다. 그러나 연방헌법재판소는 1991년 판례에서 토지개혁법의 이중적 성격과 작별을 고하고, 재산권을 새로이 정의하고 있는 개혁법을 예외없이 내용제한규정으로 파악하였다(BVerfGE 83, 201 (211 f.); 정남철, 전게논문, 2004, 380면).

51. BVerfGE 58, 300 (331 f.). 이 같은 체계에 의하면 심판대상규정들은 수용규범이 아니다. 그 규정들은 자갈채취를 원하는 재산권자의 토지소유권에 대한 제한을 행정부에 위임하고 있지도 않으며(행정수용 아님), 법률에 의한 수용도 존재하지 않기 때문이다(입법수용 아님). 이 규정들은 오히려 기본법 제14조 제1항 제2문에서 의미하는 재산권의 내용과 한계를 규정하고 있다(내용규정임).

"어떤 법적 사건이 보상을 요하는 공용수용에 해당하는지 여부를 판단하기 위해서는 우선 그 제한의 시점에 당사자가 收用가능한 법적 지위를 갖고 있는지 여부를 확인해 보아야 한다."고 하면서,[52] "수자원관리법이 시행될 당시 원고의 법적 지위[53]를 결정한 것은 1913년의 프로이센 수자원법이고 동법은 제196조 이하에서 지하수에 관한 법률관계를 규정하고 있었는바, 토지소유자에게 지하수이용권을 원칙적으로 인정하였다. 즉, 토지소유자에게는 자갈채취의 경우 지하수영역을 채굴할 권리가 인정되었다. … 그러나 이 사건 수자원관리법은 지하수이용을 원칙적으로 토지소유권의 내용에서 제외시키고 있다. 이 때 그 이용이 지하수이용 그 자체를 목적으로 하는 것인지, 아니면 다른 목적을 위한 작업수행에 부수적으로 동반되는 부담적 현상일 뿐인지 여부는 중요하지 않다. 토지소유권은, 허가를 받아 행하는 지하수이용의 범위 안에서만 실현될 수 있는 토지이용권은 포함하지 않는다. 자갈이 지하수 속에 있는 한, 그것을 채취할 수 있는 권리는 수자원법상의 허가가 있을 때에만 소유자에게 인정된다. 따라서 이러한 점에서 보더라도 수자원법상의 허가 거부는 권리박탈이 될 수 없다."[54]

이 사건 심판대상 규정들이 기본법 제14조 제3항의 입법수용도 행정수용도 아닌 제14조 제1항 제2문에서 의미하는 '내용규정'임을 확인한 후에, '비례의 원칙'과 '평등원칙'을 심사기준으로 동 규정들의 기본권 합치 여부를 판단한 후, 합헌으로 판단하였다.

(4) 보상(조정)조치의 내용: "문화재보호법" 판결[55]

연방헌법재판소제1재판부는 1999. 3. 2. 선고한 문화재보호법 판결에서, 재산권의 내용과 한계를 정하는 법률에서 재산권자에게 수인불가능한 부담을 주는 경우에 이러한 규정의 합헌성을 담보할 수 있는 이른바 보상조정조치의 내용에 대하여 모범적인 지침을 밝혔다.

---

52. BVerfGE 58, 300 (332).

53. 1936년 이래 지하수영역에서 모래와 자갈을 채취해 왔음.

54. BVerfGE 58, 300 (348).

55. BVerfGE 100, 226; *Otto Depenheuer*, Interessenabwägung im Schutz des Eigentums (재산권보장에서의 이익형량: 김명용 옮김), 「공법연구」제29집 제3호, 한국공법학회, 2001. 5, 1면 이하 참조.

이 사건의 청구인은 19세기의 고귀한 별장유형, 즉 기업가정신Unternehmergeist과 예술보호Mazenatentum를 대표하는 궁정양식의 건물의 소유자였다. 이 건물은 관할관청으로부터 문화재로서 보호대상으로 지정되었다. 관련 법규정에 의하면 보호받고 있는 문화재의 철거 또는 개조는 관청의 허가를 통해서만 허용되었다. 청구인은 수년 동안 이 건물을 임대하려고 하였으나 실패하였고, 또한 매년 30만 마르크에 달하는 고액의 에너지비용과 유지비용을 국가가 떠맡는 것을 조건으로 하여 국가에 대하여 이 건물을 박물관으로 사용하도록 제의하였으나 역시 성공하지 못했다. 이에 청구인은 이 건물에 대한 영업적 또는 사적 이용이 불가능하다는 이유로 철거허가를 신청하였으나 관할관청은 이 건축문화재의 철거허가를 거부하였다. 이에 대한 행정소송에서 행정법원과 고등행정법원은 청구인에 대하여 패소판결을 내렸고 이에 청구인은 헌법소원을 제기하였는바, 이에 대하여 연방헌법재판소는 이와 같이 보호받고 있는 문화재에 대한 개조 등에 관할관청의 허가를 요한 라인란트-팔쯔 란트의 문화재보호및관리법(1978. 3. 23.자 DSchPflG, GVBl. S. 159) 제13조 제1항 제2호는 기본법 제14조 제1항과 합치하지 않는다는 판결을 선고하였다.[56]

연방헌법재판소는, 위와 같은 문화재보호는 정당한 입법목적임을 확인하고 보호받고 있는 문화재의 개조 또는 철거에 대한 허가의무는 법률의 목적을 실현하기 위하여 적합하고 필요한 수단이라는 점도 인정하였다. 즉, 재산권보장은 재산의 최대한의 수익적 사용을 보호하는 것이 아니기 때문에 소유자는 자신의 재산을 최대한 수익적으로 사용하는 것을 포기해야 함을 원칙적으로는 수인해야 한다고 하였다. 그러나 보호받고 있는 건축문화재가 철거 및 개조 금지를 통하여 더 이상 의미있는 사용가능성이 존재하지 않는다면, 즉 소유자가 사적 사용이익을 향유할 수 있는 가능성 없이 공익만을 위하여 존재해야 한다면 사정은 다르다고 한다. 이러한 경우에는 재산권의 핵심 즉 본질적인 부분이 침해된다는 것이다.[57]

연방헌법재판소에 의하면, 재산권의 내용과 한계를 정하는 법률이라도 위와 같은 제한의 경우에 그 자체로서는 수인불가능하지만 입법자가 조절적 보상조치를 마련하고 있다면 그러한 재산권제한규정들은 예외적으로 재산권보장과

56. BVerfGE 100, 226 (229 f.).

57. BVerfGE 100, 226 (242 f.).

합치될 수 있다.[58] 그런데 이러한 보상조치 내지 조정조치가 반드시 금전지급일 필요는 없다. 오히려 반대로 재산권의 존속보장으로부터 볼 때, 재산권자의 과도한 부담을 실질적으로 방지하고 가능한 한 그의 사적 이용을 유지하게 하는 방안이 먼저 강구되어야 한다. 이러한 조정조치의 예로서 연방헌법재판소가 들고 있는 것은 경과규정, 예외 및 면제규정, 행정적 또는 기술적 예방조치의 마련이다. 다만, 구체적인 사안에서 이와 같은 물권적 보상 혹은 현물보상이 불가능하거나 과도한 비용으로써만 가능하다면 금전보상이 고려될 수 있다고 한다. 이 경우에 재산권자는 거래가격으로 국가나 지방자치단체 등에 그 건물을 매수할 것을 요구할 수 있는 권리매수청구권가 인정될 수 있다는 것이다.[59]

결론적으로, 국가는 보상조정조치라는 유연한 수단을 통해서 개인적 이익과 공익을 형량함에 있어서 구체적 사안에서 발생하는 재산권자에 대한 과도한 부담을 피하고 그럼으로써 재산권의 내용규정의 합헌성을 전체적으로 보장할 수 있는 수단을 지니게 된다는 것이다.[60]

(5) 평가

야라스Jarass 교수는 종래 연방민사법원 및 연방행정법원이 채택한 '경계이론'에 비하여 연방헌법재판소가 "자갈채취" 판결을 통해 정립한 '분리이론'을 다음과 같이 요약하고 있다.[61]

첫째, 기본법 제14조 제3항은 단지좁은 의미의 공용수용에 대해서만 적용된다. 유사한 효력을 갖는 행위, 특히 수용유사적 침해 및 수용적 침해에 대한 유추해석에 의한 동 조항의 적용은 배제된다. [62]둘째, '하나의 행위'에 이중적 기능을 부여하는 것은 배제된다. 따라서 하나의 규율은 모든 적용사례에 있어서 "내용규정"이나 "공용수용" 중 어느 하나에 해당한다.[63] 셋째, 공용수용과 기타 소유

58. BVerfGE 100, 226 (244).

59. BVerfGE 100, 226 (245 f.).

60. *Depenheuer*, 전게논문, 2001, 15면, 28면.

61. *Hans D. Jarass*, Verfassungsrechtlicher Enteignungsbegriff und Planungsrecht, in: 『PLANUNG』, C. H. Beck, 2000(신봉기 번역, "수용개념의 이해",「토지공법연구총서 V」, 한국토지공법학회, 2001. 8, 650면).

62. 따라서 연방최고법원(BGH)은 수용유사적 침해 및 수용적 침해 제도를 일반법(einfaches Recht)에 의지하고 있다.

63. BVerfG(Kammer), NJW 1998, S. 368에서 이를 명백히 하고 있다.

권침해간의 구별은 더 이상 특별희생의 성격특별희생설 내지 소유권자에 대한 침해의 정도침해중대성설에 좌우되지 않는다. 또한 내용규정은 그것이 위법하거나 수인할 수 없다는 것을 이유로 공용수용이 되는 것은 아니며, 이 경우에도 그것은 내용규정으로서의 성격을 갖는다.[64] 넷째, 손실보상권 또는 매수청구권이 규정되어 있다는 상황도 그것이 곧 공용수용을 긍정하는 징표라거나 또는 내용규정의 존재를 부정하는 징표를 구성하는 것이 아니다.[65]

연방헌법재판소의 '자갈채취판결' 이후 연방민사법원과 연방행정법원은 과거의 경계이론에 따른 구분을 포기하고 분리이론을 수용하였고, 이로써 또한 "조절적 보상의무있는 내용규정ausgleichspflichitige Inhaltsbestimmung"의 법제를 인정하였다. 조절적 보상의무있는 내용규정의 예로서는 자연보호법·문화재보호법·풍치보호법 등에서의 사용제한,[66] 도시계획법상의 사용제한,[67] 공법상의 상린관계,[68] 그 밖에 소위 개혁법률법률개정으로 인하여 구법하에서 형성된 구체적인 권리가 폐지되는 경우[69] 등을 들 수 있다.

---

64. BVerfGE 79, 174 (192); BVerwGE 84, 361 (367); BGHZ 100, 136 (144).

65. BGHZ 121, 328 (331); BVerwGE 94, 1 (4 f.).

66. 연방최고법원과 연방행정법원은 연방헌법재판소의 분리이론을 수용하여 자연보호법이나 문화재보호법상의 사용제한을 최근 1990년대부터 전적으로 재산권 내용규정으로 판단하였고, 재산권의 사용제한이 과거의 경계이론에 따라 '수용'으로 판단될 정도의 강도를 가진다면 그러한 '수용적 효과'는 기본법 제14조 제3항상의 수용이 아니라, 보상을 통하여 합헌성이 다시 회복될 수 있는 내용규정이라고 판시하였다(BGHZ 121, 73 (78); 123, 328 (331); 123, 242 (244); 126, 378 (381); BVerwGE 84, 361 (368 ff.)).

67. 자연보호법 및 문화재보호법 영역에 있어서 보상의무가 있는 내용규정에 대한 민사법원의 판례는 곧 계획법 영역으로 확대되었다. 종전에 '희생수용(Aufopferungsenteignung)'으로 간주되어 기본법 제14조 제3항에 따라 손실보상이 주어졌던 용도지역이나 지구의 지정 등 '건축상세계획'상의 사용제한은 조절적 보상의무가 있는 내용규정으로 판단되었다(*Battis*, NVwZ 1982, S. 585; *Breuer*, in: Schrodter, Baugesetzbuch, 1992, § 39; 정하중, 전게논문, 2003, 72면).

68. 공공시설·철도·도로 등으로부터 발생하는 해로운 영향(매연·소음 등 공해)으로 인하여 일정한 한계를 넘는 과도한 침해를 받는 건물주의 보상청구권을 '조절적 보상의무있는 내용규정'의 한 적용례로 보고 있다(BVerfGE 79, 174 (191 f.)).

69. 연방헌법재판소는 1991년의 판결에서, "재산권의 내용을 새로이 규율하는 개정법률은 예외없이 내용규정일 뿐이며, 입법자가 일정 영역을 전면적으로 새로이 규율하는 과정에서 종래 존재하던 권리(광산법상 존재하던 先買權)를 폐지하는 경우에도 헌법 제14조 제3항의 수용규정은 적용될 여지가 없다. 그러나 입법자는 물론 재산권을 새로이 형성함에 있어서 구법상의 이미 존재하던 권리를 존중해야 하므로, 구법상의 권리에 대한 침해는 비례의 원칙을 고려하였을 때 공익상의 이유로 정당화되

그러나 분리이론에서도 '언제 수인의 정도를 넘는 과도한 침해가 존재하는가'의 문제는 마찬가지로 제기되므로, 종래의 경계이론에 있어서 재산권내용규정과 공용침해를 구분하는데 사용된 기준형식적 기준설, 실질적 기준설, 절충설은 연방헌법재판소의 분리이론에서는 '보상이 필요없는 재산권내용규정'과 '조절적 보상의무있는 재산권내용규정'을 구분하는 기준으로서 여전히 그 의미와 효용성을 가지고 있다.[70] 그런데 이 점은 분리이론의 약점으로 지적되기도 한다. 즉, 독일에서 형식적 의미의 공용수용 개념이 등장하게 된 주요 원인은 사회적 제약과 특별희생의 구별의 어려움을 발생하는 불명확성과 이에 따른 법적 불안정성에 있었다. 연방헌법재판소의 재산권해석분리이론에 따르면 형식적 의미의 공용수용에 해당하지 않는 여타의 재산권침해, 이른바 과거의 '희생수용Aufopferungsenteignung'에 속하였던 영역은 현재 재산권의 내용규정인 기본법 제14조 제1항 제2문의 보상의무가 있는 내용규정에 속하게 되었다. 그러므로 언제 재산권의 내용을 형성하는 법률이 헌법에 합치하도록 하기 위하여 보상규율이 필요한지에 대하여는 다시금 전통적인 사회적 제약과 공용수용의 한계설정의 기준에 따라 판단되고 있으며, 이에 따라 경계이론에서 나타나는 법적 불안정성은 여전히 분리이론에서 나타나고 있다는 것이다.[71]

연방헌법재판소는 기본법 제14조 제3항의 공용침해를 "제14조 제1항 제1문에 의하여 보장된 구체적이고 주관적인 개인의 재산적 권리에 대한 완전한 또는 부분적인 고권적 박탈을 목적으로 하는 과정"으로 정의함으로써 침해형태를 '의도적' 또는 '목적지향적'으로 파악하였다.[72] 이와 같이 연방헌법재판소는

어야 한다."고 판시하였다(BVerfGE 83, 201 (211 ff.)). 즉, 구법상의 권리박탈의 문제는 收用의 문제가 아니라 권리존속에 대한 신뢰보호의 문제로 해결되어야 한다는 것이다. 이러한 개혁법률에서의 입법자는 공용수용에 있어서의 입법자보다 자유롭다. 입법자는 경과규정에서 보조금지급, 기간설정, 금전보상 등 여러 가지 조정수단을 사용할 수 있다. 여기에서 '금전보상'이란 단지 기득권자의 신뢰를 보호하고 침해를 비례적으로 하기 위한 하나의 수단에 지나지 않는다(정하중, 전게논문, 2003, 72면).

70. 한수웅, 전게논문, 1999, 34-35면. 반면에, 보상이 필요없는 '사회적 제약'과 보상을 요하는 '공용침해'를 구분하는 기존의 각종 공용수용이론(Enteignungstheorien)들은 분리이론하에서 침해조치를 구분하기 위한 방법으로는 그 역할을 더 이상 하지 못하게 되었다는 견해로는 최갑선, 전게논문, 1995, 282면.

71. 정하중, 전게논문, 2003, 81면.

72. BVerfGE 52, 1 (27); 58, 300 (330 f.).

공용침해의 개념을 형식적 의미로 파악하여 재산적 가치의 의도적이고 목적지향적인 박탈만을 제14조 제3항의 공용침해로 이해함으로써('고전적 수용개념'[73]으로의 회귀), 입법자를 불가분조항으로부터 발생되는 어려움[74]으로부터 해방시켰다. 즉, 기본법하에서 이제 연방헌법재판소는 '수용'개념을 "국가가 구체적인 공적과제를 이행하기 위하여 이미 형성된 구체적인 재산권적 지위를 의도적으로 전면적으로 또는 부분적으로 박탈하려고 하는 것"이라고 한정하였다.[75] 침해의 강도Intensität나 질Qualität이 아니라 그 형식Form과 목적Zweckrichtung이 수용의 개념적 기준이 된 것이다.[76] 그렇지만 양자를 구별하는 결정적인 기준은 그 '일반추상성'과 '개별구체성'의 짝이라고 할 수 있다.[77] 그러므로 예컨대, 입법자가 일반적인 법률개정을 통하여 기존의 권리를 폐지한 경우에도 이것은 수용의 '개별구체성'을 결여하므로 기본법 제14조 제3항의 적용대상이 아니며, 일반 · 추상적 법개정을 통해 재산적 지위를 전면적으로 박탈해도 그것은 수용이 아니라 재산권의 내용 및 한계에 관한 규정의 결과로 보는 것이다.[78]

이렇게 불가분조항이 적용될 가능성을 가능한 축소시킴으로써,[79] 그 조항이 가지는 위력 즉 수용에 해당되면 반드시 보상규정을, 다른 법률이 아닌 당해 법률에 규정하여야 한다는 엄격한 요구를 완화시킬 수 있는 효과가 있다. 또한 "개

---

73. 19세기 후반까지의 고전적(전통적) 의미의 수용개념은 ① 그 대상이 토지에 제한되어 있었고, ② 그 법적 과정에 있어서도 새로운 권리주체에게 재산권이 이전되어야 하였으며, ③ 그 법형식도 행정행위(법률에 근거하여 발급된)에 의해서 이루어졌고, ④ 수용목적으로서 공익에 기여하는 구체적 사업에 대한 필요를 요구하였다. 이와 같이 전통적 의미의 수용개념은 매우 좁게 이해되었다(정남철, 전게논문, 2004, 371면).

74. 기본법 제14조 제3항의 공용수용의 경우 "조절적 보상"으로는 충분하지 못하다. BVerfGE 84, 361 (366 ff.). *Jarass*, 전게논문, 2001, 648면.

75. BVerfGE 58, 300 (330 f.).

76. *Maurer*, 전게서, § 26 Rn. 27.

77. *S. Detterbeck*, Salvatorische Entschadigungsklauseln vor dem Hintergrund der Eigentumsdogmatik des Bundesverfassungsgerichts, DÖV 1994, S. 275.

78. 홍준형, 전게서, 2001, 289면.

79. 기본법 제14조 제1항 · 제2항의 내용규정에 있어서는 원칙적으로 특별한 사례에 해당되는 경우에만 재정적인 조정부담이 주어지게 된다. 따라서 공용수용에서와는 달리, 소유권에 대한 제약이 정도를 초과하는 경우에는 전반적으로 볼 때 그에 대하여 손실보상을 규정하고 있는 "조절적 보상"이 있으면 그것으로 충분히 그 보상근거가 된다. BGHZ 126, 379 (381). *Jarass*, 전게논문, 2001, 648면. 이와 다른 견해로는 *Wieland*, in: Dreier (Hrsg.), Grundgesetz, Bd. Ⅰ, 1996, Art. 14, Rn. 126.

별적, 구체적이고 의도적인 재산권 박탈"만을 수용으로 봄으로써 입법자가 예상할 수 없었던 사정으로 인한 불가분조항의 적용을 배제하게 되어, 입법자의 위험부담을 덜어주는 효과가 있는 것이다.[80]

민사법원은 더 이상 보상규정이 없는 경우 제14조 제3항을 유추 또는 근거로 하여서는 소위 수용유사침해[81]와 수용적 침해[82]라는 이름하에 개인에게 보상을 부여할 수 없게 되었다. 결과적으로 수용유사적 침해[83] 또는 수용적 침해[84]는 자갈채취판결 이후에도 존속은 되었으나,[85] 기본법 제14조 제3항의 영역에서 추방되었고 아울러 그 법적 근거도 종래 독일에서 관습법적 효력을 갖고 있던 희생보상의 기본원칙으로 바뀌었다. 즉, 민사법원은 "연방헌법재판소의 판결은

---

80. 이명웅, 전게논문, 2000, 332면.

81. 수용유사침해(enteignungsgleicher Eingriff) 이론이란 재산권에 대한 위법적 침해라도 그것이 법률에 의하여 허용된다고 가정할 경우에 그것의 내용 및 효과에 비추어 볼 때 공용침해를 의미하고 관련 개인에게 특별한 희생을 강요할 때에는 공용침해와 같은 것으로 다루어야 한다는 이론을 말한다(따라서 수용유사침해와 본래적 의미의 공용수용과는 오로지 '침해의 위법성'이란 면에서만 구별되는 것으로 이해되었다). 예컨대 보상규정을 두지 않은 재산적 침해로서 그 실질적 내용에 있어서는 수용적 효과를 가져 오는 경우가 이에 해당한다. 독일에서는 1952. 6. 10. 선고된 BGHZ 6, 270 (290) 이래 확립된 판례이다.

82. 수용적 침해(enteignender Eingriff) 이론이란 그 자체로서 합법적인 행정행위가 초래하는 예외적이고 예기치 못한 부수적 효과로 인한 재산권의 침해에 대하여는 법률의 근거가 없어도 보상을 해 주어야 한다는 이론을 말한다. 예컨대 합법적인 도로공사로 인하여 고객이 상점에 접근할 수 있는 가능성이 봉쇄되는 경우에 상점주인이 입는 재산적 손해가 이에 해당한다(BGHZ 57, 359 (366)).

83. 1984. 1. 26. 판결, BGHZ 90, 17 (29 ff.): "모래채취(Sandabbau)" 사건 (원고는 자신의 모래언덕에 위치한 토지로부터 모래를 채취하고자 하였다. 행정청은 자연 및 풍치보호의 차원에서 모래언덕에 대한 모래채취를 금하는 가처분을 하였다. 그러자 원고는 수용보상을 요구하였다. 연방최고법원은 수용유사침해가 존재하는 것으로 보았다. 강현호, 전게논문, 2003, 82면).

84. 1984. 3. 29. 판결, BGHZ 91, 20 (26 ff.): "정화시설(Klaranlage)로부터의 임미씨온" 사건 (원고는 지구상세계획상 일반주거지역에 있는 자신의 토지에 주택을 소유한 자인데, 인근에 시의 하수처리시설이 설치되어 있었다. 동 시설의 확장을 위한 허가가 나자 원고가 이의를 제기하였으나, 적정하게 운영되고 보수되는 하수처리시설은 악취가 나지 않는다는 이유로 기각되었다. 그러자 원고는 손실보상청구를 하였다. 연방최고법원은, 연방헌법재판소의 자갈채취 판결은 협의의 의미의 수용에만 해당되며, 수용적 침해에 대하여는 적합하지 않다고 판시하였다. 강현호, 전게논문, 2003, 83면).

85. 독일에서 수용유사침해, 수용적 침해 보상이론은 사양길에 접어들기는커녕 여전히 규범력을 발휘하고 있는데(Maurer, 전게서, 1999, § 26 Rn. 34), 이 이론이 연방헌법재판소의 판례에도 불구하고 좌절되지 아니하고 계속 생명력을 유지할 수 있었던 것은 그것이 현실적으로 유용한 문제해결을 가능케 했기 때문이다(홍준형, 전게서, 2001, 279면).

기본법 제14조에 의거한 협의의 수용에 한해서만 적용되는 것"이라고 하여 수용유사침해를 기본법 제14조 및 협의의 수용개념으로부터 분리시켜 '판례법'을 통해 형성된, 1794년의 프로이센 일반란트법 총칙(Einl. ALR) 제74조[86] 및 제75조[87]에 따른 희생의 관념에 이식시킴으로써 수용유사침해의 법리를 구출하고자 하였다.[88] 한편, 연방헌법재판소도 - 비록 방론이기는 하지만 - 이른바 '수용유사침해' 또는 '희생유사침해'를 결과제거청구권과 마찬가지로 실정법상 규정된 불법행위의 책임요건국가책임법을 보충하기 위하여 민사판례에 의하여 발전된 '공적이고 법적인 제도'로 인정하고 있다.[89]

연방헌법재판소의 판례에 따라 재산권에 대한 제약을 종래처럼 "보상을 요하지 않는 재산권의 내용규정내재적 제약"과 "보상을 요하는 특별희생공용수용 또는 수용유사침해"의 양분법에 의하여 파악하는 것은 더 이상 통용될 수 없었다. 그러므로 이제는 "형식화되고 협의화된 공용수용"[90]과 "보상없이 수인해야 하는 재산권 내용규정"[91] 그리고 "재산권 내용규정이 헌법에 반하여 재산권을 침해하는 경우"[92]의 3가지 재산권 침해유형이 성립하는 결과가 되었다.[93] 이와 같은 재산권보장체계에 대한 연방헌법재판소의 새로운 해석, 즉 재산권의 내용규정과

86. § 74 Einl. ALR : "국가구성원의 개별권리와 이익이 공공복리와 현실적으로 모순되는(충돌하는) 경우에는 공공복리를 우위에 두어야 한다." [원문: Einzelne Rechte und Vorteile der Mitglieder des Staates mussen den Rechten und Pflichten zur Beforderung des gemeinschaftlichen Wohls, wenn zwischen beiden ein wirklicher Wiederspruch (Kollision) eintritt, nachstehen.] 정남철, 전게논문, 2004, 371면에서 재인용.

87. § 75 Einl. ALR : "국가는 공동체의 이익을 위해 그 특별한 권리와 이익의 희생이 요구되는 자에게 보상을 명할 수 있다." [원문: Dagegen ist der Staat denjenigen, welcher seine besonderen Rechte und Vorteile dem Wohle des gemeinen Wesens aufzuopfern wird, zu entschadigen gehalten.] 정남철, 전게논문, 2004, 371면에서 재인용.

88. 다만 이 경우에도 연방헌법재판소의 "1차적 권리구제 우선원칙"에 따라, 피해자가 위법한 침해에 대하여 방어수단을 행사할 수 있었는데도 이를 해태한 경우에는 "과실상계"의 원칙에 따라 보상청구권은 기각 또는 감액되었다(정하중, 전게논문, 2003, 70면).

89. 홍준형, 전게서, 2001, 282-283, 303면 참조.

90. 기본법 제14조 제3항. 적법하므로 수용보상청구권이 발생한다.

91. 기본법 제14조 제1항 제2문, 제2항. 적법하며 사회적 기속의 범위내이므로 보상없이 수인해야 한다.

92. 기본법 제14조 제1항 제2문, 제2항. 이는 위법하므로 취소소송을 제기할 수 있다(수용보상 불가). 다만, 보충적으로 다른 법규정이나 법원칙에 의한 보상은 가능할 수 있다.

93. 홍준형, 전게서, 2001, 284면 참조.

공용침해를 별개의 제도로서 명확하게 구별하는 것분리이론, 공용침해의 형식화, 재산권의 가치보장보다 존속보장의 우위성[94] 등은 학계의 많은 지지를 받았다.

그러나 독일연방헌법재판소가 자갈채취판결에서 확립한 분리이론에 대하여는 일부 학자들의 비판도 있다. 즉, "조절적 보상의무가 있는 재산권내용규정"이라는 법리는 연방헌법재판소의 판례가 고수한 분리이론을 보완해 주고 공익을 위한 재산권에 대한 제약을 달성하면서 그로 인한 특별한 부담을 전보해 줄 수 있는 탈출구를 제공해 주는 기능을 수행했으나, 결국 보상없는 재산권내용규정에 의한 제약과 보상을 요하는 수용의 준별론을 다시금 완화하고 상대화하는 자가당착적인 결과를 초래했다는 것이다. 요컨대 "조절적 보상의무가 있는 재산권내용규정"의 법리와 관련하여, 연방헌법재판소의 판례에 의해 종래 민사법원의 광의의 수용개념이 형식적으로는 포기되었지만 기본법 제14조 제1항 제2문에 의하여 실질적으로 부활한 것이나 다름없다는 것이다. 또한 연방헌법재판소가 수용개념을 엄격히 제한한 결과 오히려 다른 법적 근거에 의한 손실보상청구권, 특히 수용유사적 침해나 수용적 침해에 대한 손실보상청구권이 성립할 수 있는 여지를 남기는 역설적인 결과를 초래했다는 지적이다.[95] 이와 관련하여 마우러Maurer 교수는 다음과 같이 지적하였다. "기본법 제14조 제3항의 법률유보는 명백히 수용보상에 대해서만 적용되는 것이지만, 그 밖의 법적 근거에 의하여 손실보상청구권이 성립하는 것을 막지는 않는다. 또한 다른 경우나 마찬가지로 여기서도 시민의 보호를 목적으로 해야 할 법률유보가 시민의 손실보상청구로부터 국가를 보호함으로써 시민에게 불리한 방향으로 적용된다면 이는 괴이한 결과일 것이다."[96]

94. *Battis*, NVwZ 1982, S. 585; *J. Ipsen*, DVBL 1983, S. 1021; Rittstieg, NJW 1982, S. 582. 홍준형 교수는 독일연방헌법재판소의 위 자갈채취 판결의 이론적 기둥으로 ① 수용개념의 축소, ② 재산권내용규정과 수용의 준별, ③ 취소소송 등 1차적 권리보호와 보상간의 선택권 부정 등을 들고 있다(홍준형, 전게서, 2001, 303면).

95. *Maurer*, 전게서, § 26 Rn. 32, 35, 81, 96; *Detterbeck*, 전게논문, 1994, S. 273; *Ossenbuhl*, Staatshaftungsrecht, 8. Aufl., S. 217 ff.; *Hermes*, NVwZ 1990, S. 733 f.

96. *Maurer*, 전게서, § 26 Rn. 96.

제2절 우리나라 재산권 규정의 해석

I. 우리나라 재산권 규정의 연혁

우리나라 **제헌헌법**(1948. 7. 17. 헌법 제1호 제정) 제15조 제1항은 "재산권은 보장된다." 동조 제2항은 "재산권의 행사는 공공복리에 적합하도록 하여야 한다." 동조 제3항은 "공공필요에 의하여 국민의 재산권을 수용·사용 또는 제한함은 법률이 정하는 바에 의하여 상당한 보상(相當한 補償)을 지급함으로서 행한다."라고 함으로써 재산권보장에 관한 조항을 두고 있다. 이 제헌헌법 조항은 바이마르Weimar 헌법 제153조 제2항이 "공용수용은 공공복리를 위해서만 그리고 법률을 근거로 하여서만 행해져야 한다. 공용수용에 관하여 제국법률이 달리 규정하지 않는 한 상당한 보상이 이루어져야 한다. …"고 규정하고 있고, 제153조 제3항이 "재산권은 의무를 진다. 그 행사는 공공복리에 기여하여야 한다"는 규정을 모델로 하여 수용한 것이라고 보여진다.[97]

제헌헌법 제15조 제3항은 "공공필요에 의하여 국민의 재산권을 수용, 사용 또는 제한함은 법률이 정하는 바에 의하여 상당한 보상을 지급함으로써 행한다"고 함으로써 공용필요에 의한 공용침해시 법정주의에 의한 상당한 보상을 지급하도록 규정하고 있다. 이러한 "상당보상의 원칙"에 대하여 견해가 나뉘는데, 하나의 견해는 '상당한 보상'이란 개인의 이익과 국가의 이익을 비교형량하여 그 조화점에 도달된 보상을 의미한다는 입장[98] 및 '상당한 보상'이란 소유권 절대불가침 시대의 '정당한' 또는 '완전한' 보상과는 다르고, 따라서 현시가가 아니라 공공과 개인의 조화를 기준으로 한 '적당한' 가격을 의미한다는 입장[99]과 다른 견해는 '상당한 보상'이란 '완전보상'을 원칙으로 하고, 기타 합리적인 이유가 있을 때에는 완전보상이 되지 않아도 무방하다는 입장[100]으로 나뉜다. 전자前者의 견해는 본Bonn 기본법 제14조 제3항의 이익형량의 보상원칙에 영향을 받은 것으로 보이고, 후자後者의 견해는 바이마르Weimar 헌법 제153조 제2항 제2문의 '상당한 보상'에 대한 당시의 독일 판례와 학설의 영향을 받은 것으로 보인다.

---

97. 유진오 박사도 제헌헌법 제15조가 바이마르 헌법 제153조를 모델로 하여 기초되었음을 밝히고 있다(유진오, 憲法解義, 1959, 78면).

98. 한태연, 헌법학, 1955, 295면.

99. 문홍주, 한국헌법론, 1957, 103면.

100. 박일경, 헌법요론, 1956, 126면.

제3공화국 헌법(1962. 12. 26. 헌법 제6호 전문개정) 제20조 제3항은 "공공필요에 의한 재산권의 수용·사용 또는 제한은 법률로써 하되 정당한 보상(正當한 補償)을 지급하여야 한다."라고 하여, 제헌헌법상의 "상당한 보상reasonable compensation"을 미국의 수정헌법 제5조를 모방하여 "정당한 보상just compensation"으로 바꾸었다. 당시 학계와 실무계에서는 개인이 공공필요에 의하여 재산권의 침해를 받은 경우에는 '개별적 법규의 근거없이 직접' 헌법 제20조 제3항을 근거로 국가에 대하여 손실보상을 청구할 수 있으며, 구체적인 보상의 방법, 범위, 기준 등은 法院의 재판에 맡겨졌다.[101]

제4공화국 유신헌법(1972. 12. 27. 헌법 제8호 전문개정)은 제20조 제3항에서 "공공필요에 의한 재산권의 수용·사용 또는 제한 및 그 보상의 기준과 방법은 법률로 정한다."고 하여 개별법규에 보상규율이 있는 경우에만 재산권을 침해받은 국민은 국가에 대하여 손실보상을 청구할 수 있었다.

제5공화국 헌법(1980. 10. 27. 헌법 제9호 전문개정) 제22조 제3항은 "공공필요에 의한 재산권의 수용·사용 또는 제한은 법률로써 하되, 보상을 지급하여야 한다. 보상은 공익 및 관계자의 이익을 정당하게 형량하여 법률로 정한다."고 규정하고 있었기에, 정당한 이익형량을 담당하는 자는 보상의 기준을 법률로 정하는 "입법자"임이 명백해졌다. 이 규정은 독일 본Bonn 기본법 제14조 제3항 규정을 수용한 것으로 보인다.[102] 왜냐하면 본Bonn 기본법 제14조 제3항은 "… 손실보상은 공익 및 관계인의 이익을 정당하게 형량하여 정한다.Die Entschädigung ist unter gerechter Abwägung der Interessen der Allgemeinheit und der Beteiligten zu bestimmen"고 규정했기 때문이다.

제6공화국 헌법(1987. 10. 29. 헌법 제10호 전문개정)은 제5공화국 헌법 제22조 제3항의 "공익 및 관계인의 이익을 정당하게 형량하여"라는 문구 대신에 "정당한"이라는 표현을 대체시켜, 헌법 제23조 제3항은 "공공필요에 의한 재산권의 수용·사용 또는 제한 및 그에 대한 보상은 법률로써 하되, 정당한 보상을 지급하여야 한다."고 규정하고 있다. 그러나 현행 헌법 제23조 제3항은 제5공화국 헌법상 재산권의 손실보상의 체계에서 구조적 변화를 가져왔다고 볼 수는 없다.[103]

---

101. 대판 1976. 10. 16. 76다1334 (정하중, 독일 Bonn 기본법 14조상의 부대조항(Junktimklausel)의 의미와 한국헌법 23조 3항의 해석(하), 사법행정 92. 10, 27 (32)면 이하.).

102. 김철수, 헌법학개론, 1985, 366면.

103. 정하중, 독일 Bonn 기본법 14조상의 부대조항(Junktimklausel)의 의미와 한국헌법 23조 3항의 해석(하), 사법행정 92. 10, 27 (34)면.

이러한 정당한 보상을 요하는 손실보상과 관련하여 '공익사업을 위한 토지 등의 취득 및 보상에 관한 법률'(2011.11.18 법률 10303호)이 시행되고 있다. 또한 헌법재판소의 헌법불합치결정으로 개발제한구역에 대한 매수청구 및 보상을 위하여 '개발제한구역의 지정 및 관리에 관한 특별조치법'(2012.4.15 법률 10599호)이 시행되고 있다.

Ⅱ. 재산권과 재산권보장의 의미

1. 재산권의 개념

헌법 제23조에서 말하는 재산권이란 사법상, 특히 민법상의 소유권보다 현저히 광범위한 개념이다. 즉 물권적 소유권인지 또는 재산적 가치있는 권리인지를 불문한다. 또한 그 법적 지위가 사법에서 유래하는지 또는 공법에서 유래하는지를 불문한다.

(1) 모든 재산적 가치있는 사권

이에는 물권뿐만 아니라, 점유권, 청구권, 재산적 가치있는 사원권과 조합권, 주식, 저작권, 등록된 상표권, 영업권, 그밖에 기업의 경제적 가치있는 모든 권리를 포함한다.

(2) 재산적 가치있는 공권

특정한 公權이 권리자에게 소유자와 마찬가지의 법적 지위를 부여하고 있고, 이에 대한 보상없이 그 권리를 박탈하는 것이 헌법상 법치국가원리에 반할 경우에는 그러한 公權이 보호할 필요가 있을 경우 헌법상 재산권에 포함된다. 중요한 것은 재산적 가치있는 공권에 대해 헌법적 보장이 필요한지 여부이다. 그러한 공권이 국가의 허가에 의한 것이 아니라, 특별한 성과(노무나 자본투입)에 의한 것임을 확인할 수 있는 경우 헌법상 재산적 가치있는 공권이라 볼 수 있다. 반대로 특별한 성과가 투입되지 않고 얻어진 '우연히 발생한 법적 지위' 내지 '반사적 이익'은 재산권의 포함될 수 없다.

2. 재산권의 범위

재산권과 관련하여 국가의 공권력의 행사 또는 불행사가 발생하면, 어느 범위까지 재산권의 보호영역이라고 할 것인지 그리고 그 보호영역에 포섭되는지를 파악해야 한다. 토지, 영업, 저작권 등에 불리한 효과가 나타나는 각각의 처분이 재산권 침해를 의미하는 것은 아니고, 오직 법적으로 보호가치있는 권리를 침해하는 경우에 재산권 침해를 구성한다. 재산권은 권리의 일종이기에 법적으로 보호되는 지위들만이 재산권 침해로 문제될 수 있다. 재산권의 범위는 법률을 통해 확정된다. 그러한 확정은 재산권의 내용 및 한계를 정하는 입법자의 역할과 관련되어 있다.

재산권은 원래 현존하는 구체적 재산적 가치에만 미친다. 따라서 우연한 반사적 이익, 영업이익, 단순한 기대이익, 우연히 발생한 법적 지위 등은 이에 해당되지 않는다. 그러나 현존하고 실현가능한 가치가 항상 재산권의 보호범위에 속하는 것은 아니다. 영업의 이익과 관련하여 어떤 변화할 상가의 위치는 음식점이나 소매업상가에게는 이익이 되나, 법적으로 보장되는 것은 "외부와의 접촉", 즉 도로로의 통로확보이지, 도로의 위치변경은 사실상 영업에 대한 경제적 불이익의 효과는 가져올 수 있으나, 도로가 확보되어 있는 한, 영업상 소유권을 침해한 것은 아니다. 이렇게 사실적인, 즉 법적으로 의도하지 않은 영업상 이익을 따지는 것은 재산권 침해를 구성하지 않는다. 물적·법적 대상만이 보호의 범위에 포함되며, 경제정책적 대상은 재산권의 범위에 들지 않고 다만, 외부조건으로서 부수적 역할을 할 뿐이다.

Ⅲ. 재산권에 대한 해석

1. 재산권 해석의 판단자료

독일의 라이스너Walter Leisner 교수는 "법규범 중에 최고규범인 헌법은 가장 추상적이고 가장 간결하게 규정되어 있다. 헌법해석은 원칙적으로 헌법이 기준이 되어 이루어져야 함에도 불구하고, 내용적으로 법률의 내용으로 헌법해석이 되어지는 경향이 있고, 그 결과 '법률의 헌법적합성'이 '헌법의 법률적합성'으로 변질될 수 있다."[104]고 지적했다.

이와 같이 '헌법의 우위'와 '헌법내용의 법률에 의한 종속' 사이의 순환은 자

104. *W. Leisner*, Die Gesetzmäßigkeit der Verfassung, 1994, S. 276 ff.; *W. Leisner*, Von der Verfassungsmäßigkeit der Gesetze zur Gesetzmäßigkeit der Verfassung, 1964, S. 6 ff.

주 발생한다. 구체적으로 헌법은 입법자를 기속하지만, 동시에 헌법상 재산권의 내용과 한계는 입법자에 의해 규정될 수밖에 없다. 그럼에도 불구하고 헌법의 규범력을 관철하기 위해, 이 순환논법에 빠지지 않고 헌법의 법률종속성 딜레마를 해결해야 하는 것이다.[105] 헌법의 우위는 헌법의 효력상의 우위를 의미하지만, 적용상의 우위를 추구하는 것은 아니다. 구체적인 경우에 법률 및 법률이하의 규범이 원칙적으로 적용되나, 적용규범의 흠결 등으로 해결이 불가능한 경우나 합헌성이 의심되는 법률의 경우 등 현실적인 문제가 발생할 때, 헌법에 기초한 헌법해석이 필요한 것이다.[106]

독일 연방헌법재판소는 재산권의 개념에 관하여 1981년 '자갈채취'판결에서 다음과 같이 명확히 밝히고 있다.

> "공법 규정에 대한 사법私法의 재산권 규정을 우위에 두는 법적 견해는 헌법에 부합하지 못한다.[107] 재산권자의 헌법적 법지위를 규정할 때, 사법과 공법은 동등하게 함께 작용한다. 사법의 재산권규정은 결코 재산권의 내용과 한계의 종국적인 법규율이 아니다. 또한 사법상의 재산권규정은 헌법상 재산권 조항과 관련하여 공법상 규정에 대한 우위를 부여받고 있지 않다. 특정한 시점에 재산권자에게 구체적으로 어떠한 권한이 있는지는 그 시점에 효력있는 모든 법률규정의 총체적인 관찰로부터 도출된다."[108]

이는 헌법상 재산권의 해석에 있어서 법적 자료로서 공법적 및 사법적 규정의 양자를 종합적으로 인식하라는 것이다.

2. 재산권보장 조항의 해석

재산권보장의 의의는 재산권의 향유주체가 자신의 생활을 자기책임하에 영

---

105. *J. Isensee*, Vorbehalt der Verfassung, ders/H. Lecheler (Hrsg.), Freiheit und Eigentum, FS für W. Leisner, 1999, S. 361.

106. 이부하, 헌법유보와 법률유보, 공법연구 제36집 제3호, 2008. 2, 201면 이하(211면).

107. BVerfGE 58, 300 (335).

108. BVerfGE 58, 300 (336).

위할 수 있도록 개성의 신장 및 자유의 향유에 있다.[109] 우리 헌법 제23조 제1항의 재산권보장의 본질은 원칙적으로 재산권의 실체적 존속을 보장하는데 있다. 즉, 재산권보장의 본질은 우선적으로 재산권주체가 소유하고 있는 구체적인 재산적 권리나 구체적인 법적 지위의 존립을 공권력에 의한 박탈이나 여타의 침해행위로부터 보호하는 재산권의 존속을 보장하는 데에 있다고 본다.

헌법은 제23조 제1항 제1문에서 '모든 국민의 재산권은 보장된다'라고 하여 재산권의 보장을 선언하고, 제2문에서 '그 내용과 한계는 법률로 정한다'라고 하여 재산권은 다른 기본권 규정과는 달리 그 내용과 한계가 법률에 의해 구체적으로 형성되는 기본권 형성적 법률유보의 형태를 취하고 있다. 그리하여 헌법이 보장하는 재산권의 내용과 한계는 국회에서 제정되는 형식적 의미의 법률에 의하여 정해지므로 이 헌법상의 재산권 보장은 재산권 형성적 법률유보에 의하여 실현되고 구체화하게 된다. 따라서 재산권의 구체적 모습은 재산권의 내용과 한계를 정하는 법률에 의하여 형성된다. 헌법이 보장하는 재산권의 내용과 한계를 정하는 법률은 재산권을 제한한다는 의미가 아니라 재산권을 형성한다는 의미를 갖는다. 이러한 재산권의 내용과 한계를 정하는 법률의 경우에도 사유재산제도나 사유재산을 부인하는 것은 재산권보장규정의 침해를 의미하고 결코 재산권형성적 법률유보라는 이유로 정당화될 수 없다.[110]

한편 제2항에서는 '재산권의 행사는 공공복리에 적합하도록 하여야 한다'고 규정하고 있으므로, 입법자는 헌법 제23조 제1항 제2문에 의거하여 재산권의 내용과 한계를 구체적으로 형성함에 있어서는 헌법 제23조 제1항 제1문에 의한 사적 재산권의 보장과 함께 헌법 제23조 제2항의 재산권의 사회적 제약을 동시에 고려하여 양 법익이 균형을 이루도록 입법하여야 한다.[111]

재산권의 내용과 한계를 구체적으로 형성함에 있어서 입법자는 일반적으로 광범위한 입법형성권을 가진다. 그렇지만 위와 같이 재산권의 본질적 내용을 침해하여서는 아니되고 사회적 기속성을 함께 고려하여 균형을 이루도록 해야 한다는 등 입법형성권의 한계를 일탈해서는 안된다.[112]

---

109. BVerfGE 79, 292 (304); 김해룡, 헌법상 재산권보장과 행정상 손실보상의 근거법리들에 관한 고찰, 고시계 2003/9, 17면.

110. 헌재 1993. 7. 29. 92헌바20, 판례집 5-2, 36, 44-45; 헌재 2000. 2. 24. 97헌바41, 판례집 12-1, 163.

111. 헌재 1998. 12. 24. 89헌마214 등, 판례집 10-2, 927, 944 참조.

112. 헌재 2000. 2. 24. 97헌바41, 판례집 12-1, 164.

우리 "헌법이 재산권을 보장하는 것은 모든 국민이 자유롭고 자기 스스로 책임을 지는 삶을 영위하기 위한 전제로서의 재산권의 보장"을 말하고,[113] "개인이 현재 누리고 있는 재산권을 개인의 기본권으로 보장한다는 의미"이다.[114] 이는 헌법 제119조 제1항의 자유경제의 원칙과 헌법 제23조 제1항의 재산권보장은 그 내용상 일맥상통한다고 평가할 수 있다.

3. 재산권의 법률유보

법률유보는 '단순한 법률유보'와 '가중된 법률유보'로 구분할 수 있다. '단순한 법률유보'는 기본권에 대해 법률에 의한 또는 법률에 근거한 제한만을 요구하는 경우이고, 기본권 제한에 대해 헌법상 법률에 아무런 가중의 요건을 요구하지 않고 입법자에게 수권하는 형태이다. 그에 반해 '가중된 법률유보'는 기본권에 대해 법률에 의한 또는 법률에 근거한 제한뿐만 아니라, 헌법상 특정한 상황을 전제하거나 특정한 목적에 기여하거나 특정한 수단을 사용하도록 부가적 조건을 요구하여[115] 단순한 법률유보보다 기본권제한을 더욱 엄격하게 하고자 함에 의의가 있다. 예를 들어 헌법 제12조 제2항 후문의 "법률과 적법한 절차에 의하지 아니하고는 처벌·보안처분·강제노역을 받지 아니한다"는 규정을 법률로 신체의 자유를 제한할 경우에는 적법절차에 따라야 함을 의미하기 때문에 이 조항은 기본권제한 법률에 일정한 내용을 더 요구한다고 볼 수 있다.

헌법상 기본권에 의해서 보호되는 생활영역을 일반적으로 기본권의 보호영역Schutzbereich이라 한다.[116] 개별적인 기본권의 보호영역은 일차적으로 개별 기본권 규정의 해석에 의하여 결정된다. 헌법이 개별기본권에 대하여 광범위한 제한가능성을 허용하고 있다면 예를 들면, 단순한 법률유보, 당해 기본권의 보호영역을 협소하게 이해할 필요가 없다. 이 경우 보호영역을 너무 협소하게 정하게 되면 법률유보가 그 기능을 상실할 수 있다. 따라서 법률유보가 광범위한 제한가능성을 허용한다면 그 보호영역도 그에 상응하게 광범위하게 확정될 수 있고, 이에 반하여 법률유보가 매우 한정적인 제한가능성을 허용한다면 예를 들면, 가중된 법률유보, 이에 상응하게 보호영역은 협소하게 확정될 필요가 있다. 특히 제한가능

113. 헌재 1992. 6. 26. 90헌바26, 판례집 4, 372면

114. 헌재 1993. 7. 29. 92헌바20, 판례집 5-2, 44-45면.

115. *Pieroth/Schlink*, Grundrechte - Staatsrecht Ⅱ, Rn. 255.

116. *Pieroth/Schlink*, Grundrechte - Staatsrecht Ⅱ, Rn. 142.

성이 없는 기본권 예를 들면, 법률유보없는 기본권의 경우나 인간의 존엄성조항처럼 절대적 기본권으로 이해되는 경우는 그 보호영역은 그에 상응하게 협소하여 해석되어야 한다.[117] 이점에 있어서 기본권은 주관적 법적 지위를 보장할 뿐만 아니라, 법질서에서 기본권의 실현을 위해 구체화와 형성화에 의한 법률적 전환이 요구되는 객관법적 규정의 보장을 의미한다.[118]

헌법은 제23조 제1항 제1문에서 '모든 국민의 재산권은 보장된다'라고 하여 재산권의 보장을 선언하고, 제2문에서 '그 내용과 한계는 법률로 정한다'라고 하여 재산권은 다른 기본권 규정과는 달리 그 내용과 한계가 법률에 의해 구체적으로 형성되는 기본권 형성적 법률유보의 형태를 취하고 있다. 그리하여 헌법이 보장하는 재산권의 내용과 한계는 국회에서 제정되는 형식적 의미의 법률에 의하여 정해지므로 이 헌법상의 재산권 보장은 재산권 형성적 법률유보에 의하여 실현되고 구체화하게 된다.[119]

재산권의 내용과 한계를 구체적으로 형성함에 있어서 입법자는 일반적으로 광범위한 입법형성권을 가진다. 그렇지만 재산권의 본질적 내용을 침해하여서는 아니되고 사회적 기속성을 함께 고려하여 균형을 이루도록 해야 한다는 등 입법형성권의 한계를 일탈해서는 안된다.[120]

우리 헌법재판소는 재산권에 관한 법률유보에 관하여 다음과 같은 내용으로 해석한다.

> 우리 헌법상의 재산권에 관한 규정은 다른 기본권 규정과는 달리 그 내용과 한계가 법률에 의해 구체적으로 형성되는 기본권형성적 법률유보의 형태를 띠고 있다. 그리하여 헌법이 보장하는 재산권의 내용과 한계는 국회에서 제정되는 형식적 의미의 법률에 의하여 정해지므로 이 헌법상의 재산권 보장은 재산권형성적 법률유보에 의하여 실현되고 구체화하게 된다. 따라서 재산권의 구체적 모습은 재산권의 내용과 한계를 정하는 법률에 의하여 형성된다. 물론 헌법이 보장하는 재산권의 내용과 한계를 정하는 법률

117. Vgl. *Sachs*, Verfassungsrecht Ⅱ - Grundrechte, 2. Aufl., A 7 Rn. 25 f.

118. *W. Hoffmann-Riem*, Gesetz und Gesetzesvorbehalt im Umbruch, AöR 130 (2005), S. 10 f.

119. 헌재 1993. 7. 29. 92헌바20, 판례집 5-2, 44-45면; 헌재 2000. 2. 24. 97헌바41, 판례집 12-1, 163면.

120. 헌재 2000. 2. 24. 97헌바41, 판례집 12-1, 164면.

은 재산권을 제한한다는 의미가 아니라, 재산권을 형성한다는 의미를 갖는다.[121]

우리 헌법재판소는 기본권형성적 법률유보와 기본권제한적 법률유보의 2분론에 기초하여 그 논거를 전개하고 있다. 이는 기존 학계의 이론을 그대로 수용한 것으로 보인다. 위의 헌법재판소의 결정을 선해善解하면, 재산권의 내용과 한계를 정하는 법률은 재산권을 형성하는 의미뿐만 아니라 재산권을 제한하는 의미도 함께 지니지만, 그 중점은 기본권형성에 있다고 할 수 있다.[122]

그런데 이러한 용어는 원래 기본권형성(Grundrechtsprägung)과 기본권침입(제한: Grundrechtseingriff)임을 알게 되면 헌법상 그 정확한 해석이 용이해진다. '기본권형성적 법률유보'는 기본권의 보호영역이 미확정적인 경우에 법률에 의하여 이를 구체적으로 '형성'하는 것을 말한다.[123] 반면, '기본권제한침입적 법률유보'는 기본권의 보호영역이 확정된 경우에 법률에 의하여 기본권을 '침입Eingriff'하는 것을 말한다. 즉, 기본권형성은 그 본질로부터 제약되는 것이기에 내부적 제약임에 반하여, 기본권제한침입[124]은 외부적 제약을 말한다.[125] 따라서 양 개념 모두 기본권의 제약의 한 형태이자, 기본권의 구체화를 지칭하는 것이며, 그 차이는 기본권의 보호영역이 확정적이냐 미확정적이냐의 문제이다. 따라서 일반적인 의미에서 2분론적으로 제한하거나 형성한다는 뜻으로 해석될 것은 아니다.

기본권의 보호영역은 '형성'이 필요하며, 다른 한편 이렇게 형성된 기본권은 국가에게 의무를 부과한다. 입법자가 기본권을 형성한다는 의미는 기본권에 관한 규율을 임의로 할 수 있다는 의미가 아니다. 기본권의 보호영역을 '형성'함에 있어서 일정한 한계가 설정되는데, 그 한계를 넘게 되면 보호영역을 형성하는 것이 아니라, 보호영역을 침입하거나 제한하는 결과가 된다.[126]

---

121. 헌재 1993. 7. 29. 92헌바20, 44면.
122. 허 영, 헌법이론과 헌법, 2011, 490면.
123. 장영수, 헌법학, 홍문사, 2007, 522면.
124. *P. Lerche*, Schutzbereich, Grundrechtsprägung, Grundrechtseingriff, HdBSR V, 2000, Rn. 8.
125. *K. Hesse*, Grundzüge des Verfassungsrechts der Bundesrepublik Deutschland, 20. Aufl., Heidelberg, 1995, Rn. 307.
126. *Pieroth/Schlink*, Grundrechte - Staatsrecht Ⅱ, Rn. 213.

4. 헌법상 재산권보장의 체계

우리 헌법상 재산권보장의 체계는 헌법 제23조 제1항 제1문은 원칙적으로 재산권의 존속보장을 선언한 것이다. 그리고 헌법 제23조 제1항 제2문·제2항을 하나의 범주로 그리고 헌법 제23조 제3항을 하나의 범주로 보아 2원적 체계로 이루어져 있다고 할 수 있다. 즉, 사회적 기속을 받는 재산권이기에 보상이 필요 없는 헌법 제23조 제1항 제2문·제2항에 속하는지 아니면 공공필요에 의한 공용침해이기에 보상이 지급되어야 하는 헌법 제23조 제3항에 속하는지를 판단해야 한다.

재산권의 내용과 한계를 구체적으로 형성함에 있어서 입법자는 일반적으로 광범위한 입법형성권을 가지지만, 재산권의 본질적 내용을 침해하여서는 아니 되고 사회적 기속성을 함께 고려하여 균형을 이루도록 해야 한다는 등 입법형성권의 한계를 일탈해서는 안된다.[127] 재산권 내용 및 한계규정[128]이란 원칙적으로 재산권에 대한 침해행위가 사회적 기속에 해당하여 헌법 제23조 제1항 2문에 해당하는 재산권 내용 및 한계를 규정하는 범주에 해당하는 경우에는 국가의 보상의무가 발생하지 않지만, 예외적으로 재산권자에게 그 범주를 넘어서서 비례성 원칙에 반하는 위헌적인 재산권 침해의 경우에는 법률에 의한 보상의무가 요구되는 "조정적 보상의무있는 재산권의 내용규정"이 된다.[129] 또한, 재산권의 내용 및 한계규정은 "예외적인"[130] 공용침해에 대해 우선적 지위를 지니게 된다.[131]

---

127. 헌재 2000. 2. 24, 97헌바41.

128. 독일 연방헌법재판소 판결에 의하면, 재산권 내용 및 한계규정(Inhalts-und Schrankenbestimmung)이란 "헌법상 재산권으로 이해되는 법익과 관련하여 입법자에 의한 권리와 의무의 일반적·추상적 규정"이라고 정의내리고 있다(BVerfGE 52, 1 (27 f.); 58, 137 (144 f.); 58, 300 (330); 70, 171 (200)).

129. 이에 해당하는 대표적 독일 판례로는 의무납본판결(Pflichtexemplar-Entscheidung, BVerfGE 58, 137 ff.)이 있다.

130. *R. Wendt*, Eigentum und Gesetzgebung, 1985, S. 326; *D. Ehlers*, Eigentumsschutz, Sozialbindung und Enteignung bei der Nutzung von Boden und Umwelt, VVDStRL 51 (1992), S. 235: "예외적 성격"; *F. Schoch*, in: FS für Karlheinz Boujong, 1996, S. 660; "특별한 재산권 박탈".

131. *J. Rozek*, Die Unterscheidung von Eigentumsbindung und Enteignung, 1998, S. 25.

제4장

재산권에 관한 법이론적 고찰

제4장

재산권에 관한 법이론적 고찰

제1절 서론

재산권보장에 관한 헌법 제23조는 과거 수많은 연구와 판례를 통해 해석되고 구체화되었다. 독일 연방헌법재판소가 1981년 자갈채취판결에서 결정적이고 획기적인 입장을 밝힌 후에, 독일에서의 재산권에 관한 법이론은 분리이론에 입각하여 논의되고 발전하고 있다. 그런데, 우리는 90년대 후반부터 지금까지 재산권조항의 해석과 그 체계에 대한 상반된 논의만 공법학상 주장되고 있다.

먼저 헌법상 규정하고 있는 재산권보장의 본질이 무엇인지와 우리 헌법상 재산권규정이 어떠한 체계를 이루고 있는지를 살펴보아야 한다(제2절). 헌법재판소의 재산권보장에 관한 체계에 대한 해석[1]과 관련하여 독일의 분리이론과 경계이론에 대한 수용입장과 그에 대한 비판의 입장이 대립하고 있다. 따라서 "분리이론"과 "경계이론"이 주장하는 내용에 대한 진지한 이해와 검토가 전제되어야(제3절), 우리 헌법상 재산권보장에 대한 헌법합치적 해석이 이루어지리라 판단된다. 또한, 재산권보장조항의 해석과 관련하여 "공공필요"의 개념을 정의해

1. 헌재 1999. 10. 21. 97헌바26(헌법재판소는 도시계획법 제6조에 대한 위헌소원에서 장기미집행 도시계획시설지정에 따른 장기간의 재산적 손실에 대한 보상여부 문제에 관하여 헌법불합치결정을 내렸다).

야 하며, 우리 헌법 제23조 제3항도 불가분조항으로 인정할 수 있는지를 알아보도록 한다(제4절).

제2절 헌법상 재산권보장의 본질과 재산권규정의 체계

Ⅰ. 헌법상 재산권의 의의 및 내용

헌법재판소는 여러 판결에서 "헌법상 보장된 재산권은 사적 유용성 및 그에 대한 원칙적인 처분권을 내포하는 재산가치있는 구체적인 권리이므로, 구체적 권리가 아닌 단순한 이익이나 영리획득의 단순한 기회 또는 기업활동의 사실적·법적 여건은 기업에게는 중요한 의미를 갖는다고 하더라도 재산권보장의 대상이 아니다"라고 판시하였다.[2] 즉, 헌법 제23조 제1항에서 규정하고 있는 '재산권보장'이란 재산권주체에게 재산권에 대한 사적 유용성Privatnützigkeit과 처분권능Verfügungsbefügnis을 보장한다는 의미이다.[3] 사적 유용성을 보장한다는 것은 재산권주체의 재산에 대한 배타적인 사용·이용·수익을 가능케 한다는 의미이며, 처분권능을 보장한다는 것은 법률에 의거하여 재산에 대한 자유로운 처분을 가능케 한다는 의미이다.[4]

Ⅱ. 재산권규정의 체계

1. 헌법상 재산권보장 규정간의 관계

2. 헌재 1996. 8. 29. 95헌바36, 90, 103; 1997. 11. 27. 97헌바10, 651, 664; 1998. 7. 16. 96헌마246, 283, 309-310; 2002. 7. 18. 99헌마574, 29, 44; 2003. 10. 30, 2001헌마700, 2003헌바11(병합).

3. BVerfGE 53, 290 ff.; 58, 345 ff. 우리 헌법재판소도 "재산권의 본질적 내용인 사적 유용성(私的 有用性)과 원칙적인 처분권(處分權)을 부인해서는 안된다"고 판시하여 독일 연방헌법재판소의 입장을 따르고 있다(헌재 2003. 4. 24, 99헌바110, 396면).

4. 정극원, 현정부의 부동산정책에 대한 헌법적 검토, 공법연구 제34권 제3호, 2006. 2, 124면(125면 - "재산권제한적 법률유보에 의한 방어권의 제한형식은 일반적으로 재산에 대한 사적 유용성 또는 처분권능 중 어느 하나를 제한하는 형태를 취하게 된다. 예를 들면 국토의계획및이용에관한법률에 의하여 그린벨트구역으로 지정되면 그 토지에 대하여 사적 유용성은 제한하지만 처분권능은 아직 자유롭게 보장되며, 토지거래허가제로 지정되는 경우 토지에 대한 사적 유용성은 보장되는 것이지만 그 처분권능에 대해서는 제한이 가하여지게 되는 것이다").

헌법 제23조 제1항 제1문에서 '모든 국민의 재산권은 보장된다'라고 하여 재산권의 보장을 선언하고, 제2문에서 '그 내용과 한계는 법률로 정한다'라고 하여 재산권의 내용과 한계가 법률에 의해 구체적으로 형성되도록 규정하고 있다. 그리하여 헌법이 보장하는 재산권의 내용과 한계는 국회에서 제정되는 형식적 의미의 법률에 의하여 정해지게 된다.[5]

그리고 헌법 제23조 제2항에서는 '재산권의 행사는 공공복리에 적합하도록 하여야 한다'고 규정하고 있다. 이 헌법규정은 재산권 행사의 공공복리적합의무 즉, 재산권의 사회적 기속성을 규정하고 있는 것이다. 또한 재산권의 내용과 한계를 구체적으로 형성함에 있어서 입법자는 일반적으로 광범위한 입법형성권을 가지지만, 재산권의 본질적 내용을 침해하여서는 아니되고 사회적 기속성을 함께 고려하여 균형을 이루도록 해야 한다는 등 입법형성권의 한계를 일탈해서는 안된다는 것이다.[6]

또한 헌법 제23조 제3항에서는 '공공필요에 의한 재산권의 수용·사용 또는 제한 및 그에 대한 보상은 법률로써 하되, 정당한 보상을 지급하여야 한다'고 하여 공공필요에 의한 공용수용과 그 보상에 관한 헌법적 근거를 두었다. 헌법 제23조 제3항의 공공필요에 의한 재산권의 수용 · 사용 또는 제한을 헌법이 규정하는 요건을 갖춘 경우에만 예외적으로 인정한다고 볼 수 있다. 공공필요에 의한 재산권의 공권력적, 강제적 박탈을 의미하는 공용수용公用收用은 헌법상의 재산권 보장의 요청상 불가피한 최소한에 그쳐야 한다. 즉 공용수용은 헌법 제23조 제3항에 명시되어 있는 대로 국민의 재산권을 그 의사에 반하여 강제적으로라도 취득해야 할 공익적 필요성이 있을 것, 법률에 의거할 것, 정당한 보상을 지급할 것의 요건을 모두 갖추어야 한다.[7]

이와 같은 헌법해석에 의하면, 우리 헌법상 재산권보장의 체계는 헌법 제23조 제1항 제1문은 원칙적으로 재산권의 존속보장을 선언한 것이다. 그리고 헌법 제23조 제1항 제2문·제2항을 하나의 범주로 그리고 헌법 제23조 제3항을 하나의 범주로 보아 2원적 체계로 이루어져 있다고 할 수 있다. 즉, 사회적 기속을 받는 재산권이기에 보상이 필요없는 헌법 제23조 제1항 제2문·제2항에 속하는지

---

5. 헌재 1993. 7. 29. 92헌바20, 44-45면; 헌재 2000. 2. 24. 97헌바41, 163면.
6. 헌재 2000. 2. 24. 97헌바41, 164면.
7. 헌재 1994. 2. 24, 92헌가15, 38, 57면.

아니면 공공필요에 의한 공용침해이기에 보상이 지급되어야 하는 헌법 제23조 제3항에 속하는지를 판단해야 한다.

2. 재산권의 사회적 제약 내지 사회적 기속성

헌법 제23조 제1항은 "모든 국민의 재산권은 보장된다. 그 내용과 한계는 법률로 정한다.", 제2항은 "재산권의 행사는 공공복리에 적합하도록 하여야 한다."라고 규정함으로써 재산권은 법률로써 규제될 수 있고, 그 행사 또한 일정한 제약을 받을 수 있다는 것을 밝히고 있다.

우리 헌법재판소는 재산권의 사회적 제약 내지 사회적 기속성에 대해 다음과 같이 설명하고 있다.

> "재산권의 사회적제약 내지 사회기속성을 강조하는 것은 재산권의 절대적 보장에서 배태되는 사회적 폐단을 최소화함과 아울러 사유재산제도의 기본이념을 보호하려는 것으로서 사유재산제도의 유지존속을 위한 사유재산제도의 최소한의 자기희생 내지 양보인 것이다."[8]

재산권이 법질서 내에서 인정되고 보호받기 위해서는 입법자에 의한 형성을 필요로 한다. 즉 법에 의한 보장 이전의 재산권은 재산에 대한 사실상 지배에 다름 아니므로, 다른 기본권과는 달리 그 내용이 입법자에 의하여 법률로 구체화됨으로써 비로소 권리다운 모습을 갖추게 된다. 입법자는 재산권의 내용을 구체적으로 형성함에 있어서 헌법상의 재산권보장(헌법 제23조 제1항 제1문)과 재산권의 제한을 요청하는 공익 등 재산권의 사회적 기속성(헌법 제23조 제2항)을 함께 고려하고 조정하여 양 법익이 조화와 균형을 이루도록 하여야 한다.[9]

우리 헌법재판소는 재산권의 제한과 관련하여 다음과 같이 판시하고 있다.

> "재산권에 대한 제한의 허용 정도는 재산권 행사의 대상이 되는 객체가 기본권의 주체인 국민 개개인에 대하여 가지는 의미와 사회전반에 대하여 가지는 의미가 어떠한가에 달려있다. 즉 재산권 행사의 대상이 되는 객체가

---

8. 헌재 1989. 12. 22, 88헌가13, 판례집 제1권, 370면.

9. 헌재 1998. 12. 24. 89헌마214등, 판례집 10-2, 927, 944-945면 참조.

지닌 사회적인 연관성과 사회적 기능이 크면 클수록 입법자에 의한 더 광범위한 제한이 정당화된다."[10] 또한 "입법자에게 재산권의 사회적 제약에 관한 사항에 관하여 넓은 입법재량이 인정된다고 할지라도, 재산권의 사회적 기속성에 기한 제한 역시 다른 기본권에 대한 제한입법과 마찬가지로 비례원칙을 준수하여야 하고 … ."[11]

재산권의 사회적 기속성과 관련된 독일의 사례를 소개하면 다음과 같다.

"A소유의 저택 진입로 양 옆에는 수령이 오래되고 수려한 회향목 울타리가 조성되어 있었다. A의 선조는 단지 경관적인 측면만이 아니라, 경제적인 이유에서도 이 나무들을 심어 놓았다. 장기간 성장한 회향목은 견고한 목재로서 여러 가지 제품의 제조를 위해 필요하고 그 가격이 계속 상승하고 있었다. 그러던 중 A는 회향목에 차츰 실증이 났고, 또한 재정적인 어려움이 발생하자 그 목재를 벌채하여 판매하려고 하였다. 이 때 경관보호를 담당하는 관할 행정청은 A의 이러한 의도를 알고 그 회향목 울타리를 천연기념물로 지정하였다. 이에 따라 벌채금지의무가 부과되었고, A는 이에 대해 보상을 요구하였으나, 행정청은 보상지급을 거절하였다."[12]

독일 법원은 "그 회향목 울타리가 경제적인 이유로도 식재되긴 하였지만, 그것의 가치가 노동과 기여를 통해 획득된 것이 아니기 때문에, 재정적인 보상에 의해서만 그 제한을 허용해야 할 어떠한 이유도 없다. 즉, 기념물로서 회향목 울타리를 보유하는 것이 A에게 경제적으로도 수인할 수 없는 부담을 지우는 것은 아니"라고 판시하였다.[13]

3. 재산권의 내용과 한계

헌법 제23조 제1항 2문의 재산권의 "내용과 한계는 법률로 정한다"고 할 때,

---

10. 헌재 2010. 2. 25, 2008헌바116, 공보 제161호, 538면.
11. 헌재 1999. 10. 21. 97헌바26, 판례집 11-2, 383, 408; 헌재 2006. 1. 26. 2005헌바18, 판례집 18-1상, 1, 16; 헌재 2010. 4. 29, 2008헌바70, 판례집 제22권 1집 상, 658.
12. *Pieroth/Schlink*, Grundrecht - Staatsrecht II, S. 893.
13. *Pieroth/Schlink*, Grundrecht - Staatsrecht II, S. 956.

내용과 한계가 무엇인지가 문제된다. 재산권의 내용과 한계는 서로 상반된 개념일 수 있지만, 양자의 구별은 시간적 차원과 관련된 것이다.[14] 법률로 재산권의 내용과 한계를 정하게 되면, 그러한 재산권 규정은 재산권주체의 권리를 확장시키거나 축소시킬 수 있으며, 재산권 이용가능성을 제공하거나 방지할 수도 있다.[15] 재산권의 '내용'은 재산권자의 지위를 장래를 향하여 규정하지만, 재산권의 '한계'는 법규범에 따라서는 존속하고 있는 기존의 재산권에 대한 제한을 의미하기도 한다. 예를 들면, 구법에 의해 설정된 기존의 재산권에 대해 신법에 의해 제한될 수 있으며, 신법에 의해 개정된 경우에는 재산권은 신법에 의해서만 규정된다. 따라서 신법에 의해 재산권을 소유하는 사람에게는 신법의 재산권규정이 구체적인 재산권적 지위를 부여하는 재산권의 '내용'이 되지만, 신법 이전부터 재산권을 소유하는 사람에게는 신법은 재산권을 제한하는 재산권의 '한계'가 된다.[16]

"재산권 내용 및 한계규정"[17]이란 원칙적으로 재산권에 대한 침해행위가 사회적 기속에 해당하여 헌법 제23조 제1항 2문에 해당하는 재산권 내용 및 한계를 규정하는 범주에 해당하는 경우에는 국가의 보상의무가 발생하지 않지만, 예외적으로 재산권자에게 그 범주를 넘어서서 비례성 원칙에 반하도록 위헌적인 재산권 침해의 경우에는 법률에 의한 보상의무가 요구되는 "조정적 보상의무있는 재산권의 내용규정"이 된다.[18] 또한, 재산권의 내용 및 한계규정은 "예외적인"[19] 공용침해에 대해 우선적 지위를 지니게 된다.[20] 그러므로 재산권의 제

---

14. *Sachs*, *Verfassungsrecht* Ⅱ - Grundrechte, 2. Aufl., B 14 Rn. 25.

15. *Pieroth/Schlink*, Staatsrecht Ⅱ - Grundrecht, 20. Aufl., Rn. 920.

16. *Pieroth/Schlink*, Staatsrecht Ⅱ - Grundrecht, 20. Aufl., Rn. 899; *Rozek*, Die Unterscheidung von Eigentumsbindung und Enteignung, 1998, S. 55 ff.

17. 독일 연방헌법재판소 판결에 의하면, 재산권 내용 및 한계규정(Inhalts- und Schrankenbestimmung)이란 "헌법상 재산권으로 이해되는 법익과 관련하여 입법자에 의한 권리와 의무의 일반적·추상적 규정"이라고 정의내리고 있다(BVerfGE 52, 1 (27 f.); 58, 137 (144 f.); 58, 300 (330); 70, 171 (200)).

18. 이에 해당하는 대표적 독일 판례로는 의무납본판결(Pflichtexemplar-Entscheidung, BVerfGE 58, 137 ff.)이 있다.

19. *R. Wendt*, Eigentum und Gesetzgebung, 1985, S. 326; D. Ehlers, Eigentumsschutz, Sozialbindung und Enteignung bei der Nutzung von Boden und Umwelt, VVDStRL 51 (1992), S. 235: "예외적 성격"; *F. Schoch*, in: FS für Karlheinz Boujong, 1996, S. 660; "특별한 재산권 박탈".

20. *J. Rozek*, Die Unterscheidung von Eigentumsbindung und Enteignung, 1998, S. 25.

한 또는 침해의 유형은 ① **"보상의무없는 재산권의 내용 및 한계규정"**, ② **"보상의무있는 재산권의 내용 및 한계규정"** 그리고 ③ **"보상을 요하는 공용침해"** 등 3가지로 나눌 수 있다.[21]

보상의무있는 내용 및 한계규정에 있어서 보상청구권은 헌법에서 직접 근거할 수 없으므로, 입법자가 제정한 법률이 존재하여야 한다는 견해가 있다.[22] 그러나 내용 및 한계규정에 관한 구성요건은 헌법에 의해 정해지는 내용을 입법자가 일반적·추상적으로 규정하는 것이므로, 내용 및 한계규정은 입법자가 제정한 법률에 의해서만 확정된다는 것은 오류를 범하는 것이다.[23]

보상의무있는 내용 및 한계규정은 헌법 제23조 제3항의 재산권 박탈로서의 공용수용에 해당하는 것이 아니라, 재산권 객체의 사용가능성을 침해하는 것이다. 재산권 사용의 침해는 원칙적으로 일반적·추상적으로 이루어지며, 재산권자 관련적이지 않다. 재산권 침해는 개별적으로 목적되지 않으며, 우연히 즉, 의도하지 않은 특별한 제약이 부과된 것이다. 보상의무있는 내용 및 한계규정과 관련된 재산권 침해와 보상간에는 불가분관계(부대관계, 결부관계)가 존재하지 않으며, 오히려 처분의 비례성원칙을 준수하기 위한 다른 가능성들을 입법자가 고려해야 한다.

Ⅲ. 재산권보장의 본질

재산권과 관련하여 보상여부 내지 헌법규정간의 관계 여부를 다루는 중요한 기준에 관한 이론인 경계이론이냐 분리이론이냐를 논하기에 앞서 우리 헌법상 재산권보장의 본질이 무엇인지가 먼저 결정되어야 한다. 과거 우리 법학계에서는 재산권에 대한 공용침해와 손실보상에 있어서 "공용침해의 적법요건"에 대한 논의보다는 "손실보상의 요건"에 초점을 두었는데, 이는 재산권에 대한 "가치보장"에 중점을 둔 것이다.[24] 그러나 재산권의 보장에 있어서 먼저 '재산권의 우선적인 본질'이 "존속보장"인지 "가치보장"인지에 대한 연구가 중점이

21. 한수웅, 재산권의 내용을 새로이 형성하는 법규정의 헌법적 문제, 저스티스 제32권 제2호, 1999. 6, 34면.
22. 정하중, 헌법상 재산권보장체계에 있어 경계이론과 분리이론, 서강법학연구 제5권, 2003. 5, 73면.
23. 강태수, 분리이론에 의한 재산권체계 및 그 비판에 대한 고찰, 헌법학연구 제10권 제2호, 2004. 6, 137-138면.
24. 송희성, 재산권의 존속보장과 공용침해의 근거, 사법행정, 99. 12, 10면.

되어야 한다.[25]

헌법상 재산권보장은 그 내용으로서 '존속보장'과 '가치보장'의 2원적 체계로 되어 있는데, 우선적으로 당해 재산권의 실체적 대상 그 자체를 보장하여 재산권에 대한 모든 침해행위로부터의 보장을 의미하는 "존속보장Bestandsgarantie"과 예외적으로 공용침해의 경우 헌법상의 조건을 충족시킨 경우에 필수불가결하게 인정해야 하는 손실보상으로서의 "가치보장Wertgarantie"으로 나누어진다.[26] 재산권의 발전사를 고찰해 보면, 재산권의 "가치보장"으로부터 "존속보장"으로의 변천이라 말할 수 있으며, 따라서 바이마르Weimar 헌법 시대와는 달리 독일 본Bonn 기본법에서는 "존속보장"을 위한 전제조건의 확보에 주력하였다.[27]

우리 헌법 제23조 제1항의 재산권보장의 본질은 재산의 보상없는 박탈을 방지하는데 우선적 본질이 있는 것이 아니라, 재산권의 실체적 존속을 보장하는데 그 우선적 본질이 있다.[28] 즉, 재산권보장의 본질은 우선적으로 재산권주체가 소유하고 있는 구체적인 재산적 권리나 구체적인 법적 지위의 존립을 공권력에 의한 박탈이나 여타의 침해행위로부터 보호하는 재산권의 존속을 보장('존속보장')하는 데에 있다.[29] 그리고 예외적인 경우 즉, 공공필요에 의해 재산권의 침해가 불가피한 경우에 '가치보장'이 인정된다.[30] 이러한 사고는 금전적 가치로

25. 정남철, 재산권의 사회적 구속과 수용의 구별에 관한 독일과 한국의 비교법적 고찰, 공법연구 제32집 제3호, 2004. 2, 363 (365)면.

26. 김남진, 재산권의 가치보장과 존속보장, 월간고시 1989.5, 31 (32)면; BVerfGE 24, 367 (389); 31, 229 (239); 42, 263 (293); 68, 193 (222); 69, 272 (300).

27. Vgl. *W. Leisner*, Bestandsgarantie des Eigentums, DVBl. 1988, S. 555 ff.; *M. Bullinger*, Die Enteignung zugunsten Privater, Der Staat 1 (1962), S. 449 ff.; *W. Böhmer*, Die rechtsgeschichtlichen Grundlagen der Abgrenzungsproblematik von Sozialbindung und Enteignung, Der Staat 24 (1985), S. 157 ff.; *W. Böhmer*, Grundfragen der verfassungsrechtlichen Gewährleistung des Eigentums in der Rechtsprechung des BVerfG, NJW 1988, S. 2561 (2563).

28. 송희성, 재산권의 존속보장과 공공필요의 요건, 고시연구 94. 12, 84(85)면. Vgl. *Nüßgens/ Boujong*, Eigentum, Sozialbindung, Enteignung, 1987, Rn. 6.

29. *O. Depenheuer*, 공법연구 제29집 3호, 2001. 5, 22면; *P. Badura*, Eigentum, in: Handbuch des Verfassungsrechts, Bd. I, 2. Aufl., 1995, Rn. 32; *H.-J. Papier*, in: Maunz/Dürig, GG, Art. 14, Rn. 8 ff.; *Pieroth/ Schlink*, Grundrechte, Staatsrecht II, 1996, Art. 14, Rn. 979; *R. Wendt*, in: M. Sachs (Hrsg.), GG, 1996, Art. 14, Rn. 41 f.; *F. Schoch*, Die Eigentumsgarantie des Art. 14 GG, Jura 1989, S. 11.

30. 김해룡, 헌법상 재산권보장과 행정상 손실보상의 근거법리들에 관한 고찰, 고시계 2003. 9, 22면 이하.

의 보상이 존속보장에 대해 보충적이어야 한다는 '보충성 원칙'[31]의 결과라는 인식에서 연유하며, 재산권의 존속보장이 '기본권의 보장'이라는 우리 헌법 제23조의 내용에 합치되기 때문이다. 우리 헌법 제23조 제3항의 엄격한 요건하에 수용의 목적물이 공용수용된 후에 수용의 요건을 충족하지 못하는 경우 환매권자피수용자의 "환매권"[32]을 인정하는 것은 재산권의 '존속보장'의 사고로부터 나온 것이다. [33]현대 민주주의 입헌국가시대에서조차 "수인하고 그러나 보상을 요구하라"는 사고는 경찰국가시대의 전철을 밟는 것이며,[34] 또한 공용침해와 보상의 '법률유보원칙'에도 반하는 것이다. 주관적 공권으로서 자유권적 기본권인 재산권을 중시하여 국가의 공권력에 의한 침해로부터 재산권 그 자체를 보장하는 의미가 바로 존속보장에 들어있다.

제3절 재산권의 내용 및 한계와 공용침해와의 관계

우리 헌법재판소는 "재산권을 수용·사용 또는 제한하는 헌법 제23조 제3항의 공용수용이 합헌적이기 위해서는 ① 국민의 재산권을 그 의사에 반하여 강제적으로 취득해야 할 공익적 필요성이 있을 것, ② 수용과 그에 대한 보상은 모두 법률에 의거할 것, ③ 정당한 보상을 지급할 것 등을 요건으로 한다."고 판시하고 있다.[35]

독일연방헌법재판소가 1981년 7월 15일 이른바 "자갈채취판결"[36]에서 "분리이론Trennungstheorie"을 채택하게 됨으로써, 독일에서 이 판결이 내려지기 전까지 지배적인 견해였던 "경계이론Schwellentheorie"에 대한 입장을 변경하는 계기가 되

---

31. BGHZ 90, 17 (32).
32. 환매제도에 관한 최근의 논문으로는 함인선, 환매제도에 관한 법적 검토, 한국토지공법학회 제42회 학술대회, 2004. 10, 111면 이하.
33. 정하중, 헌법재판소의 판례에 있어서 재산권보장, 헌법논총 제9집, 1998. 12, 277 (286)면.
34. Vgl. BVerfGE 58, 300 (324).
35. 헌재 1998. 3. 26. 93헌바12, 판례집 10-1, 226, 243; 헌재 2000. 6. 1. 98헌바34, 판례집 12-1, 607, 617-618; 헌재 2011. 12. 29. 2010헌바205 등, 판례집 23-2하, 628, 639.
36. BVerfGE 58, 300 ff.(이 판결의 이유는 보상규정 없는 법률에 근거한 행정처분은 위법하므로 재산권자는 손실보상을 청구할 수 없고, 먼저 위법한 처분의 취소를 위한 행정소송을 제기하여야 한다는 것이다).

었다. '분리이론'은 존속보장이라는 재산권의 본질, 법원과 국회간의 권한분배, 재산권의 내용확정에 대한 입법자의 우선적 권한인정 등을 주장하며, 경계이론을 극복하기 위해 독일연방헌법재판소에 의해 주장된 이론이다.

'경계이론Schwellentheorie'은 재산권의 보상여부를 재산권 침해의 정도나 범위를 기준으로 판단하나, '분리이론Trennungstheorie'은 재산권 침해의 형태 및 목적을 기준으로 재산권의 공용침해 여부를 결정하는 이론이다. 이하에서는 '경계이론'과 '분리이론'의 내용상 차이를 살펴보고, 이를 평가해 보도록 한다.

I. 경계이론

1. 경계이론의 개념

"경계이론Schwellentheorie"에 의하면 공용침해와 사회적 기속은 개별적 제도가 아니라, 그 재산권 침해정도의 차이로 구분된다. 즉, 사회적 기속과 공용침해 모두 재산권의 제한을 의미하나, 사회적 기속은 공용침해보다 재산권 침해가 적은 경우로서 보상없이 감수해야 되는 반면, 공용침해는 재산권의 사회적 기속의 범주를 넘어서서 보상을 필요로 하는 재산권의 침해를 말한다.

경계이론에 의하면 '재산권 보장'과 '존속보장'이 상관관계에 있고, 공용침해 시 재산권보장의 내용이 '존속보장'에서 '가치보장'으로 전환하게 된다. 즉, 경계이론에서는 입법자가 보상에 관한 입법을 하지 않을 경우 재산권의 제한이 수용적 결과를 가져온다면 "법원"이 독자적으로 직접 보상에 관한 결정을 할 수 있게 된다.

2. 공용침해와 사회적 기속간 구별기준

경계이론은 공용침해와 사회적 기속의 구별기준에 대한 설득력이 부족하다. 공용침해와 사회적 기속의 구별을 위한 타당한 기준이 없어, 판례상 기준의 일관성을 결여하게 되었다.

사회적 기속과 공용침해의 한계설정을 위한 기준으로는 재산권행사가 제약되는 '인적 범위人的 範圍'를 기준으로 하는 입장과 재산권행사를 제약하는 '정도程度'를 기준으로 특별희생성 여부를 판단하는 입장으로 나뉜다.

전자前者의 형식적 기준설形式的 基準說로는 '개별행위설'과 '특별희생설'이 주장된다. '개별행위선'은 행정기관의 개별적 침해, 즉 특정인 또는 국한된 범위 내의 자에 대한 재산권침해여부에 따라 구분하며, '특별희생설'은 특정인에게 타인에 비해 불평등하게 특별한 희생을 요구하는 재산권 침해는 공용침해이며, 일반적 제약을 하는 경우에는 사회적 기속이라는 입장이다.[37] 후자後者의 실질적 기준설實質的 基準說에는 보호가치성설Schutzwürdig keitstheorie, 사적 효용성설Privatnützigkeitstheorie, 목적위배설Zweckentfrem dungstheorie, 수인한도설Zumutbarkeitstheorie, 중대성설Schweretheorie, 실체감소설Substanzminderungstheorie, 상황구속성설Situationsgebundenheitstheorie 등이 있다.

Ⅱ. 분리이론

1. 분리이론의 개념

"분리이론Trennungstheorie"은 독일연방헌법재판소가 1981년 7월 15일 "자갈채취판결"[38]에서 채택하여 제시한 이론이다. 분리이론은 독일기본법 제14조 제1항 2문의 재산권 내용규정과 독일기본법 제14조 제3항의 공용침해를 명확히 분리하여 재산권의 내용규정인지, 또는 공용수용인지는 재산권 침해의 효과에 따라서가 아니라, 입법자의 형성에 따라 결정된다는 이론이다. "분리이론Trennungstheorie"은 보상의무없는 재산권의 내용규정과 보상의무있는 공용수용의 구별을 재산권 침해의 효과정도가 아니라, 침해의 형태形態와 목적目的에 따라 구분하는 이론이다. 먼저 침해의 형태形態를 기준으로 침해조치가 일반적·추상적일 때에는 재산권의 '사회적 기속'으로, 개별적·구체적일 때에는 '공용수용'으로 본다. 그 다음으로 침해의 목적目的을 기준으로 재산권의 '사회적 기속'은 재산권의 권리와 의무를 장래를 향하여 객관법적으로 규율하는 것을 목적으로 하며, '공용수용'은 침해를 통해서 재산권자의 법적 지위를 전면적 또는 부분적으로 박탈하는 것이 목적이다.[39]

2. 내용 및 한계규정을 통한 분류

(1) 내용 및 한계규정의 정의

재산권 내용 및 한계규정Inhalts- und Schrankenbestimmung이란 "헌법상 재산권으

37. BGHZ 6, 270 (279 f.); 23, 30 (33); 60, 145 (147); 80, 111 (117); 100, 335 (337); 105, 15 (20).

38. BVerfGE 58, 300 (324) – Naßauskiesungsbeschluß

39. Vgl. *J. Rozek*, Die Unterscheidung von Eigentumsbindung und Enteignung, 1998, S. 21 ff.

로 이해되는 법익과 관련하여 입법자에 의한 권리와 의무의 일반적·추상적 규정"[40]이라고 독일연방헌법재판소는 정의내리고 있다. 재산권의 내용과 한계규정의 목적은 일반적인 형태로 장래를 향해 법률의 형태로 재산권의 내용을 규율하는 객관법적 규율을 위한 것이다.[41] 그에 반해 "수용"은 개별적 재산에 대한 국가적 박탈이다. 다시 말하면, 헌법상 "수용"이란 "기본법 제14조 제1항 제1문에 의해 보호되는 구체적이고 주관적인 법적 지위를 전적으로 또는 부분적으로 박탈하는 국가의 행위"[42]를 말한다.

(2) 내용 및 한계규정과 공용수용간 구별

독일연방헌법재판소는 '재산권의 내용 및 한계규정'과 '공용수용'간의 구별기준의 하나는 구체적·개별적인 것과 추상적·일반적인 것으로의 형식적 구별이고, 다른 하나는 '전적인 또는 부분적인 법적 지위의 박탈의 목적'과 '장래를 향한 재산권의 객관법적 규율의 목적'간의 구별이다. 그리하여 '재산권의 내용과 한계규정'은 '정의행위'이고, '수용'은 '박탈행위'라고 할 수 있다.[43]

재산권 내용 및 한계규정은 구체적 재산권과 관련된 것이 아니라, 재산권의 범주와 관련된 것이다. 내용 및 한계규정은 재산권에 대한 어떠한 영향과 침해를 법적으로 금지하는 권리Verbotsrecht의 내용과 범위에 관해 방향설정된 추상적·일반적 규정이다.[44] 헌법은 재산권의 내용을 '입법자'가 규정하도록 과제를 부과하고 있다. 기본법 제14조는 재산권 내용의 규정을 위해 '입법자'에게 기본법 제14조 제1항 1문의 "존속보장"과 기본법 제14조 제2항의 "사회적 기속"을 규정하도록 요구하고 있다.[45]

재산권 내용 및 한계규정이란 재산권에 대한 침해행위가 기본법 제14조 제

---

40. BVerfGE 52, 1 (27 f.); 58, 137 (144 f.); 58, 300 (330); 70, 171 (200).

41. BVerfGE 52, 1 (27); 58, 137 (144 f.); 58, 300 (330).

42. BVerfGE 52, 1 (27); 56, 249 (260); 58, 300 (331); 66, 248 (257); 70, 171 (199 f.); 71, 137 (143); 72, 66 (76); 74, 264 (280); 79, 174 (191); 83, 201 (211); 95, 1 (21).

43. *A. Schmitt-Kammler*, in: FS für Ernst Wolf, 1985, S. 595 ff.; *ders.*, in: FS 600 Jahre Universität Köln, 1988, S. 823 ff.; *ders.*, Das Sonderopfer - ein lebender Leichnam im Staatshaftungsrecht?, NJW 1990, S. 2516 ff.; *J. Lege*, Enteignung als Güterbeschaffungsvorgang, NJW 1993, S. 2565.

44. BVerfGE 52, 1 (27 f.); 58, 137 (144 f.); 58, 300 (330); 70, 171 (200). Vgl. *Wieland*, in: Dreier, GG, Bd. 1, Art. 14, Rn. 66; *Bryde*, in: Münch/Kunig, GG, Bd. 1, Art. 14, Rn. 54.

45. *U. Hösch*, Eigentum und Freiheit, 2000, S. 238.

1항 2문에 해당하는 재산권 내용 및 한계를 규정하는 범주에 해당하는 경우에는 국가의 보상의무가 발생하지 않지만, 예외적으로 재산권 주체에게 그 범주를 넘어서서 비례의 원칙에 반하도록 위헌적인 재산권 침해의 경우에는 법률에 의한 보상의무가 요구되는 "보상의무있는 재산권의 내용규정ausgleichspflichtige Inhaltsbestimmung"이 된다.[46] 연방헌법재판소의 견해에 의하면, 재산권의 내용 및 한계규정은 "예외적인"[47] 수용에 대해 우선적 지위를 지닌다.[48] 그러므로 재산권의 제한 또는 침해의 유형은 "무보상의 내용 및 한계규정", "보상의무있는 재산권의 내용규정" 그리고 "보상을 요하는 공용침해" 등 3가지로 나눌 수 있다.[49] "보상의무있는 내용규정"에 있어서 보상청구권은 헌법에서 직접 근거할 수 없으므로, 입법자가 제정한 법률이 존재하여야 한다.[50]

(3) 보상의무있는 내용규정의 사례

다음의 3가지 사례는 판례의 입장에 의하면, 보상의무있는 내용규정ausgleichs-pflichtige Inhaltsbestimmung을 적용할 수 있는 사례이다.

가) A는 양어養魚를 위해 사용할 연못을 만들려고 한 토지가 관할 관청과 약속한 자연보호지역으로 지정되었기에 때문에 이러한 토지의 사용은 과도기적으로만 허용되고 그 이후로는 완전히 금지되었다.[51]

나) B는 커다란 호수에 연안토지의 소유자이다. 자연경관보호명령Landschafts-schutzverordnung을 이유로 공적·사적 도로 이외의 토지를 진입하는 것, 갈대를 만드는 것, 텐트를 치거나 야영을 하는 것, 목욕을 하거나 수상교통수단으로 물위를 달리는 것 등이 금지되었다. B는 주말과 여가를 위해 당해 토지를 사용하고 싶다.[52]

---

46. 이에 해당하는 대표적 독일 판례로는 의무납본판결(Pflichtexemplar-Entscheidung, BVerfGE 58, 137 ff.)이 있다.

47. *R. Wendt*, Eigentum und Gesetzgebung, 1985, S. 326; *D. Ehlers*, Eigentumsschutz, Sozialbindung und Enteignung bei der Nutzung von Boden und Umwelt, VVDStRL 51 (1992), S. 235: "예외적 성격"; *F. Schoch*, in: FS für Karlheinz Boujong, 1996, S. 660; "특별한 재산권 박탈".

48. *J. Rozek*, Die Unterscheidung von Eigentumsbindung und Enteignung, 1998, S. 25.

49. 한수웅, 저스티스 제32권 제2호, 1999. 6, 34면.

50. 정하중, 헌법상 재산권보장체계에 있어 경계이론과 분리이론, 서강법학연구 제5권, 2003. 5, 73면.

51. BVerwGE 84, 362 ff.

52. BVerwGE 94, 1 ff.

다) C는 주거지역의 토지에 지상권을 가진 자이고 그 위에 건물을 세우고 거주하고 있다. 건축계획에 의하면, 4차선의 공용도로를 그 당해 토지와 근소한 간격으로 사용할 것을 계획하고 있다. C는 건축계획에서 계획한 소음규제처분을 불충분하다고 판단하고 자신의 재산권에 대한 부당한 처분이라고 생각한다.[53]

(4) 소결

보상의무있는 내용규정은 다음과 같이 요약할 수 있다. ① 보상의무있는 내용규정은 재산권을 박탈하는 것이 아니라, 재산권 객체의 사용가능성을 제한하는 것이다. ② 사용의 제한은 원칙적으로 일반적·추상적으로 이루어지며, 재산권자 관련적이지 않다. ③ 재산권 제약은 개별적으로 목적되지 않으며, 우연히 즉 의도하지 않은 특별한 제약이 부과된 것이다. ④ 재산권 제약과 보상간에는 불가분관계(부대관계, 결부관계)가 존재하지 않으며, 오히려 처분의 비례성원칙을 준수하기 위한 다른 가능성들을 생각해 볼 수 있는데, 이는 "입법자의 몫"이다.

Ⅲ. 양이론에 의한 재산권의 사회적 기속과 공용침해와의 관계

1. 개념상 차이

"경계이론Schwellentheorie"에 의하면 공용침해와 사회적 기속은 개별적 제도가 아니라, 그 재산권 침해정도의 차이로 구분된다. 즉, 사회적 기속과 공용침해 모두 재산권의 제한을 의미하나, 사회적 기속은 공용침해보다 재산권 침해가 적은 경우로서 보상없이 감수해야 되는 반면, 공용침해는 재산권의 사회적 기속의 범주를 넘어서서 보상을 필요로 하는 재산권의 침해를 말한다. 경계이론은 '재산권의 사회적 기속'과 '공용침해'간에 재산권 침해정도에 따라 양자간 변화가능성이 있기에, 이를 '문턱이론'이라고도 한다. 경계이론에서는 입법자가 보상에 관한 입법을 하지 않을 경우, 재산권의 제한이 수용적 결과를 가져온다면 '법원'이 독자적으로 직접 보상에 관한 판단을 할 수 있게 된다.

반면, "분리이론Trennungstheorie"은 독일기본법 제14조 제1항 2문의 재산권 내용규정과 독일기본법 제14조 제3항의 공용침해를 명확히 분리하여 재산권의 내용규정인지, 또는 공용수용인지는 재산권 침해의 정도나 범위에 의해서가 아니

53. BVerfGE 79, 174 ff.

라, 입법자의 형성에 따라 결정된다는 이론이다. 독일 연방헌법재판소가 제시한 분리이론Trennungstheorie에 따르면 '재산권의 내용 및 한계규정'과 '수용'은 각기 서로 다른 기능을 충족시키고 엄격하게 구별되는 독립된 법제도이다. 재산권의 내용 및 한계규정과 수용을 구별하기 위한 기준은 경계이론상의 침해의 강도가 아니라, 침해의 형태와 목적이다.

2. 재산권보장의 본질상 차이

재산권보장과 관련하여 "존속보장"의 우선성을 인정할 경우, 재산권 침해시 권리구조의 단계는 행정쟁송위법한 공용침해의 취소소송 → 결과제거청구권 → 손해전보로 이루어지게 된다. 마지막 단계의 손실보상은 재산권의 존속보장이 불가능하거나 기대불가능시 행사가능하다. 그런데 "가치보장"을 우선할 경우에는 공권력에 의한 재산권 침해시 행정쟁송과 손실보상간의 선택적 청구가 가능하게 된다.[54]

'경계이론'은 재산권이 특별희생 또는 수인한도를 넘어서는 경우 재산권보장의 내용이 존속보장에서 가치보장으로 전환되는 것으로 파악한다. 즉, 위헌적인 재산권 침해의 경우에도 손실보상만 해주면 그 위헌성이 치유된다는 생각이다. 이러한 사고는 기본권 주체의 재산권보장을 "존속보장"으로 보는 것이 아니라, 재산권의 침해를 수인하면 사후에 보상해 주면 된다는 "가치보상"적 입장이며, 재산권보장의 본질이라는 헌법정신과 일치하지 않는다.

그러나 분리이론은 헌법상 재산권의 내용을 원칙적으로 "존속보장"으로 이해함으로써 헌법상 재산권보장의 내용에 더욱 합치된다.[55] 분리이론에 의하면, 헌법에서 보호하는 재산권의 침해시 금전적 보상은 존속보장이 가치보장의 단계에서 불이익을 입지 않는 한도에서만 가능하다. 따라서 입법자의 입법은 재산권의 본질이 되도록이면 사적 소유를 보장하는 한도에서만 정당성을 갖는다.[56]

또한 헌법상 환매권의 인정은 원칙적으로 존속보장의 취지에 입각한 것이다. 헌법재판소의 판결에 의하면, "수용된 토지 등이 공공사업에 필요없게 되었을 경우에는 피수용자가 그 토지 등의 소유권을 회복할 수 있는 권리 즉 환매권

54. 김성수, 일반행정법, 677면.
55. 김문현, 재산권의 사회적 기속성과 공용수용의 체계에 대한 검토, 공법연구 제32집 제4호, 2004년 3월, 13면; 정하중, 헌법재판소의 판례에 있어서 재산권보장, 헌법논총 제9집, 1998. 12, 277 (287)면.
56. BVerfGE 100, 226 (244 ff.).

은 헌법이 보장하는 재산권에 포함된다"고 판시하고 있다.[57] 공용침해의 목적인 공익사업에 더 이상 이용하지 않거나 불필요한 경우, 공익사업에 공여된 재산권을 더 이상 침해하고 있을 조건이 안된다. 이는 헌법 제23조 제3항의 공용침해의 요건인 공공필요성을 충족하지 못하는 것이고, 따라서 공용침해를 받은 재산권자는 헌법 제23조 제1항 1문에서 규정하는 존속보장을 근거로 하여 재산권의 원상회복권인 환매권을 청구할 수 있다.[58]

3. 공용침해와 사회적 기속간의 구별기준

(1) 경계이론

1) 학설

경계이론의 입장에서 사회적 기속과 공용침해의 한계설정을 위한 기준으로는 재산권행사가 제약되는 '인적 범위'를 기준으로 하는 입장과 재산권행사를 제약하는 '정도'를 기준으로 특별희생성 여부를 판단하는 입장으로 나뉜다. 전자前者의 형식적 기준설로는 '개별행위설'과 '특별희생설'이 주장된다. '개별행위설'은 행정기관의 개별적 침해, 즉 특정인 또는 국한된 범위 내의 자에 대한 재산권침해여부에 따라 구분하며, '특별희생설'은 특정인에게 타인에 비해 불평등하게 특별한 희생을 요구하는 재산권 침해는 공용침해이며, 일반적 제약을 하는 경우에는 사회적 기속이라는 입장이다.[59] 후자後者의 실질적 기준설에는 보호가치성설Schutzwürdigkeitstheorie[60], 사적 효용성설[61], 목적위배설[62], 수인한도설[63],

---

57. 헌재 1994. 2. 24. 92헌가15등, 55-57; 헌재 1998. 12. 24. 97헌마87등, 995-996; 헌재 2005. 5. 26. 2004헌가10(토지에 대해서는 그 존속가치를 보장해 주기 위해 공익사업의 폐지·변경 등으로 토지가 불필요하게 된 경우 환매권이 인정되어야 할 것이나, 건물에 대해서는 그 존속가치를 보장하기 위하여 환매권을 인정하여야 할 필요성이 없거나 매우 적다).

58. 정연주, 토지재산권의 범위와 손실보상, 민주, 법치국가의 발전과 사회통합, 한국공법학회, 2008. 6, 220면.

59. BGHZ 6, 270 (279 f.); 23, 30 (33); 60, 145 (147); 80, 111 (117); 100, 335 (337); 105, 15 (20). '보호가치성설'은 역사, 법률의 취지 등에 따라 보호할 만한 가치가 있는 재산권에 대한 제약만을 손실보상을 필요로 하는 공용침해로 보는 견해이다.

60. *W. Jellinek*, Verwaltungsrecht, 3. Aufl., 1931, S. 413.

61. *R. Rheinhardt*, Wo liegen für den Gesetzgeber die Grenzen gemäß Art. 14 des Bonner Grundgesetzes über Inhalt und Schranken des Eigentums zu bestimmen?, in: Rheinhardt/ Scheuner, Verfassungsschutz des Eigentums, 1954, S. 10 (29). '사적 효용성설'(Privatnützigkeitstheorie)은 라인하르트(R. Rheinhardt)가 창안한 것으로, 재산권의 사적 효용성을 기준으로 공용침해와 재산권의 사회적 기속을 구별하고

중대성설[64], 실체감소설[65], 상황기속성설[66] 등이 있다.

2) 검토

① "개별행위설"은 공용침해행위가 행정처분과 같은 개별적 행위가 특정인을 대상으로 이루어지기도 하지만, 법률이나 법규명령 등 일반적·추상적인 법규의 형태를 띠는 경우도 있으므로 설득력이 부족하고, 공익상 특정인의 재산권에 대하여 일시적으로 이루어지는 제한행위는 '특별희생'으로 보는 반면, 일반국민을 대상으로 한 공용제한행위는 공용침해행위에서 제외된다는 모순에 빠지게 된다.[67] ② "특별희생설"은 공용침해의 대상자가 많으면 많을수록 그 구별이 모호해진다.[68] 예를 들면, 우리나라 도시계획법상 개발구역지정행위 등과 같은 공용제한행위는 그 대상자가 다수이므로 이것이 일반적 희생인지 또는

자 하는 이론이다. 재산권이 제한되는 경우에도 사적 효용성이 침해되지 않으면 재산권의 '사회적 기속'에 해당되고, 사적효용성이 박탈되어 공적으로 이용되면 보상을 요하는 '공용침해'라는 것이다.

62. *E. Forsthoff*, Lehrbuch des Verwaltungsrechts, 1973, S. 343. '목적위배설'(Zweckentfremdungstheorie)은 '기능설'이라고도 하며, 공익적 관점에서 재산권의 본래의 객관적인 이용목적 또는 본래의 기능에 위배되는지를 기준으로 구별하는 입장이다.

63. BVerwGE 5, 143 (145 f.). 수인한도설(Zumutbarkeitstheorie)에 설명과 비판은 *R. Stödter*, Öffentlich-rechtliche Entschädigung, 1933, S. 190 ff.; *ders.*, Über den Eigentumseingriff, DÖV 1953, S. 91 ff. '수인한도설'은 재산권의 침해가 현저하거나 수인할 수 없을 때에는 재산권의 사회적 기속이 아니라, 공용침해라는 것이다.

64. BVerwGE 5, 143 (145 f.); 19, 94 (98); 47, 144 (154); 51, 121 (138); 61, 295 (302). '중대성설'(Schweretheorie)은 재산권의 "침해의 중대성과 범위"에 있어서 그 강도가 중대하면 공용침해가 된다는 것이다.

65. *E. R. Huber*, Wirtschaftsverwaltungsrecht, Bd. II, 1954, S. 28. '실체감소설'(Substanzminderungstheorie)은 후버(Huber)가 주장한 이론으로, 재산권의 침해가 예견할 수 없었던 실체적인 경우까지 이르면 재산권의 사회기속이 아니라, 보상을 해야 하는 공용침해라고 하였다. 즉, 재산권의 침해가 중대하여 재산권의 실체적 내용과 관련된 경제적 기능이 박탈당하는 경우에는 공용침해에 해당한다는 견해이다.

66. BGHZ 23, 30 (33 f.); 60, 126 (130 f.); 72, 211 (218); 80, 111 (116). '상황구속성설'(Situationsgebundenheitstheorie)은 특히 토지 등의 재산권이 처한 지정학적 상황으로 '조리상' 주어진 효용이 거부되거나 본질적으로 제약당하면 '공용침해'가 되며, 재산권주체가 재산권이 처한 상황을 이미 예상할 수 있는 단순한 재산상 제한의 경우에는 '사회적 기속'에 해당한다.

67. 김성수, 일반행정법, 650면.

68. *Walter Leisner*, Sozialbindung des Eigentums, 1972, S. 141 ff.

이 법의 적용을 받지 않는 다른 국민과 비교하여 특별희생인지를 구별하기 곤란해진다. ③ "보호가치성설"은 보호가치와 비보호가치의 기준설정에 대한 객관적인 기준을 제공할 수 없는 문제점이 있다. ④ "사적 효용성설"과 "목적위배설"은 재산권의 사적 효용 내지 본래의 기능이 유지되는가를 사회적 제약과 공용침해의 기준으로 파악하나, 이 또한 객관적 기준이라기보다는 주관적 가치판단에 의해 좌우된다. ⑤ "수인한도설"은 재산권주체의 주관적 요소로서 '수인한도'라는 개념은 그 개념의 내용이 모호하고 추상적이라고 할 수 있다. ⑥ "중대성설"은 재산권침해의 중대성이 어느 정도로 중대하여야 공용침해에 해당하는지 정확한 기준을 설정하지 못하고 있다. ⑦ "실체감소설"은 특정인의 재산권침해라는 형식적 기준과 재산권의 실체적 내용이라는 실체적 기준을 접촉시켜 문제를 해결하려고 하나, 어떠한 공용침해가 재산권의 실체적 감소를 가져오는지 여부를 설명하기 곤란하다. ⑧ "상황기속성설"은 재산권의 객체는 재산권의 성격상 상황에 따른 의무가 수반된다는 견해이며, 토지 등의 위치 및 성질과 같은 사실적 요소와 규범적 가치개념과의 결합개념으로써 사실상 개별적 상황에 따라 침해대상의 보호가치성, 침해행위의 수인한도성, 침해의 중대성 등의 관점이 고려되는 견해이다.[69] '상황기속성설'은 토지 등의 재산권이 처한 상황에 따라 사용상의 제한을 정당화하려는 측면을 강조할 뿐, 공용침해와 사회적 기속을 위한 기준으로는 적합하지 못하다.

이상과 같이, 공용침해와 사회적 기속의 구별기준에 대한 '경계이론'에 입각한 기준 설정이론들은 양자의 경계를 설정하는 기준으로 만족할 만한 이론을 제시하지 못하고 있는 불완전한 기준으로, 설득력이 부족하다. 또한 이러한 이론들은 구체적인 실무에 적용할 경우에 불명확한 기준이기에 법적 불안정성을 야기할 수 있다.

(2) 분리이론

반면, 분리이론에서는 먼저 재산권 침해의 형태形態를 기준으로 재산권규정이 일반적·추상적일 때에는 재산권의 '사회적 기속'으로, 재산권규정이 개별적·구체적일 때에는 '공용수용'으로 본다. 즉, 재산권규정이 '구체적인' 재산권자의 법적 지위를 '특정한 공공의 과제를 수행하기 위하여' 박탈하였다면 '공용수

69. *H.-J. Papier*, in: Maunz/Dürig/Herzog/Scholz, GG, Art. 14, 2003, Rn. 324.

용'으로, 그와 상대적으로, 재산권자의 권리와 의무를 '일반적, 추상적'으로 규정하였으면 '재산권의 내용 및 한계규정'으로 분류될 수 있다.

그 다음으로 침해의 목적目的을 기준으로 재산권의 '사회적 기속'은 재산권의 권리와 의무를 장래를 향하여 객관법적으로 규율하는 것을 목적으로 하는 반면, '공용수용'은 침해를 통해서 재산권자의 법적 지위를 전면적 또는 부분적으로 박탈하는 것을 목적으로 한다.[70]

헌법 제23조 제1항 제2문의 재산권의 내용과 한계규정과 헌법 제23조 제3항의 공용침해간에 어떠한 관계에 있는지가 문제된다. 분리이론에 의하면, 재산권의 본질적 기능으로서 헌법 제23조 제1항의 존속보장과 헌법 제23조 제3항의 공용침해시 가치보장은 엄격히 구별된다. 문제는 '보상의무없는' 재산권의 내용과 한계규정과 '보상의무를 수반하는' 재산권의 내용 및 한계규정간의 구별문제이다. 재산권의 내용과 한계에 해당하지만, 재산권의 보호영역에 해당하는 행위를 불가능하게 하거나 현저히 제한하는 경우, 비례성 원칙 위반으로서 조정적 보상의무있는 재산권의 내용 및 한계규정이 된다.[71]

(3) 보론

경계이론에 입장에서 지칭하는, 그 제한의 형태가 일반적·추상적인 경우나 헌법적 한계를 넘어서서 수용적 효과enteignende Wirkung를 나타내는 경우에도[72] 수용으로 전환되는 것이 아니라, 재산권의 내용 및 한계규정으로서의 법적 성질

---

70. Vgl. *J. Rozek*, Die Unterscheidung von Eigentumsbindung und Enteignung, 1998, S. 21 ff.

71. 강태수, 분리이론에 의한 재산권체계 및 그 비판에 대한 고찰, 헌법학연구 제10권 제2호, 2004. 6, 126면. 이에 반대하여, 조정적 보상의무없는 재산권의 내용 및 한계규정과 조정적 보상의무있는 내용 및 한계규정은 형식적 기준(formale Kriterien)에 의해서가 아니라, 재산권침해의 범위와 정도에 의해서만 구별될 수 있다. 이 점에서 과거의 경계이론에 의한 수용과의 분리에서 발생했던 문제점과 구별기준들이 다시 재산권이론에 등장하게 된다는 견해가 있다(*Detterbeck*, salvatorische Entschädigungsklauseln, DÖV 1994, S. 276).

72. *O. Depenheuer*, in: Mangoldt/Klein/Starck, GG I, Art. 14, Rn. 238; *Papier*, in: Maunz/Dürig, GG, Art. 14. Lfg. 40, 2002, Rn. 331; Papier 교수는 나아가 민사법원에 의해서 발전되어온 수용유사적 침해와 수용적 침해의 국가배상의 법리가 더 이상 의미가 없어졌다고 한다. 왜냐하면 그들이 독일 기본법 제14조 제3항 제2문의 형식적 기준에 명백하게 위반되기 때문이다. 즉 수용유사적 침해는 소유권자가 위법성을 주장함으로써 그 재산권을 보유하고, 수용적 침해는 제14조 제1항에서 조정적 보상에 의하여 해결되는 것이다(*Papier*, Weiterentwicklung der Rechtsprechung zur Eigentumsgarantie des Art. 14 GG, DVBl. 2000, S. 1400).

을 그대로 유지한다.[73] 따라서 구체적인 사안에서 지나치게 과잉부담이 된 경우에는 과잉된 부분을 비례성 원칙에 따라 조정하는 보상규정을 필요로 한다. 따라서 보상의무가 필요한 재산권의 내용 및 한계규정은 재산권의 존속보장의 원칙에서 벗어나서 과잉부담을 완화시켜주는 수단이다. 이 경우의 보상은 헌법상 불가분조항에 의한 보상, 즉 공용침해시 정당보상이 아니라, 비례성 원칙에 따라 과잉부담을 상계해 주는 성격의 조정적·조절적 보상이다.[74]

「수용유사침해이론」이란 사실행위나 의도하지 않은 법적 행위에 의해 이루어진 위법(위법·무과실)한 재산권 침해의 경우에 수용유사침해의 법리에 의한 손실보상 인정 여부가 문제된다. 수용유사침해의 법리가 적용되기 위해서는 ① 위법한 공권력 행사에 의해 재산권에 대한 직접적인 침해가 있어야 한다. ② 행정소송의 제기가 가능하고 수인가능하다고 인정되는 경우에는 수용유사침해이론에 의한 손실보상청구는 인정되지 않는다.

「수용적 침해이론」이란 공공필요를 위한 적법한 공권력 행사에 의해 야기된 의도되지 않은 재산권에 대한 침해를 말한다. 예를 들면, 지하철공사로 인해 일반인의 통행이 제한됨으로써 인근 상점에 매출감소로 인한 영업상 손실이 발생한 경우이다. 공익사업으로 인한 수용적 침해는 간접손실이므로 간접손실의 보상문제가 되고, 그 밖의 수용적 침해는 헌법 제23조 제3항을 유추적용하여 보상하는 것이 타당하다.

수용유사침해이론이나 수용적 침해이론은 경계이론이나 분리이론에서 논의하는 사회적 기속과 공용침해간의 문제가 아니며, 경계이론이나 분리이론은 적법한 공용침해로 인한 손실보상 문제이므로, 위법(위법·무과실)한 재산권 침해의

73. 따라서 재산권의 내용규정은 언제나 그 법적 성격을 유지하고, 제한의 강도에 의해 수용으로 전환되지 않는다. 수용을 위한 보상조항은 독일헌법 제14조 제3항 제2문에 의하여 불가분조항(Junktimklausel)의 조건을 충족시키는 보상규정이 있는 경우에만 보장될 수 있다.

74. 이를 "조절적 보상의무있는 내용규정"(ausgleichspflichtige Inhaltsbestimmung)이라 한다(*B. Kempen*, Der Eingriff des Staates in das Eigentum, 1991, Rn. 244 ff.; *L. Schulze-Osterloh*, Das Prinzip der Eigentumsopferentschädigung im Zivilrecht und im öffentlichen Recht, 1980, S. 235 ff.; *G. Schwerdtfeger*, Die dogmatische Struktur der Eigentumsgarantie, 1983, S. 29; U. Battis, Eigentumsschutz und Entschädigung, NVwZ 1982, 585 (589); *F. Ossenbühl*, Staatshaftungsrecht, 5. Aufl., 1998, S. 181). 조홍석, 재산권 제한의 체계적 구조, 법과 정책연구 제3집 제2호, 2003, 35 (45)면; 강태수, 재산권의 내용과 한계 및 보상, 법학논집 제16집, 청주대법학연구소, 1999, 25면; 김광수, 재산권 보장의 구조와 사회적 의무, 공법연구 제28집 3호, 2003. 3, 61면.

경우나 의도되지 않은 재산권에 대한 침해의 경우와는 그 전제 사실이 다르다.

4. 권력분립원리상 판단권자

(1) 경계이론의 문제점

경계이론은 재산권의 보장에 있어서 입법자의 객관적 의사법률가 중요한 것이 아니라, '법원'이 입법자의 의사와 무관하게 특별희생 등에 해당한다고 판단되는 경우 공용침해로 판단하여 손실보상여부를 결정함으로써, 예산권을 지닌 입법자의 형성여지Gestaltungsspielraum와 입법의 행정권과 사법권에 대한 우위[75]를 무시하게 된다. 따라서 경계이론에 의한 실무상 적용은 헌법상 재산권의 내용과 한계가 "법률"에 의해 정해져야 한다는 헌법조항과 상충되게 된다.

경계이론은 무보상의 사회적 기속이라고 하더라도 재산권의 침해가 일정한 정도와 효과를 넘어서는 경우에는 자동적으로 보상을 요하는 공용침해로 전환된다고 보고, 중심적 연구대상으로 무보상의 사회적 기속과 보상을 요하는 공용침해간의 경계설정의 문제, 즉 보상의무가 시작되는 경계선을 찾는데 중점을 둔다.[76] 경계이론에 의하면 공용침해와 사회적 기속은 별개의 법제가 아니라, 재산권의 제한정도 및 효과에 따라 언제나 전환가능한 관계에 서 있다. 이러한 이유에서 '경계이론Schwellentheorie'을 '전환이론Umschlagtheorie'이라고도 부른다. 법원은 재산권의 사회적 기속을 넘어서 특별희생에 해당되면 '공용침해'로 판단하여 헌법상의 '수용'개념에 포함시켜, 수용개념을 확대시켜 나간 것이다. 이는 헌법상 수용개념으로 본래의 의미의 '공용수용'뿐만 아니라, '수용유사침해enteignungsgleicher Eingriff'[77]와 '수용적 침해enteignender Eingriff'의 다양한 형태까지 포함하는 수용으로 확대하는 결과를 가져왔다. 경계이론처럼 재산권의 제한시 보상규정을 두고 있지 않은 법률에 대해 법원이 보상규정이 없음에도 '수용유사침해'와 '수용적 침해'를 이유로 직접 보상을 인정하는 것은 진정 입법부작위에 대한 심판을 '헌법재판소'가 아닌 '법원'이 관할하는 것으로서 우리 헌법이 상정

---

75. BVerfGE 67, 186 (195); 69, 150 (160); 76, 256 (259 f.); 88, 203 (240).

76. 독일 기본법 제20조 3항은 행정권과 사법권을 "법률"의 규정으로가 아니라, 추구하려는 목적을 가진 "입법자의 객관적 목적"에 기속하려는 것이다. 독일 기본법 제20조 3항은 다른 국가권력기관의 결정기준이 될 수 있게 하려는 의미에서 입법자의 우위를 보장하려는 것이다.

77. 한수웅, 재산권의 내용을 새로이 형성하는 법규정의 헌법적 문제, 저스티스 제32권 제2호, 1999. 6, 30면 이하.

한 권력분립원리와 헌법상 국가기관간 권한분배에 합치되지 않는다.

결국 경계이론은 구체적인 경우에 당해 재산권의 침해가 사회적 기속인지 또는 공용침해인지의 판단을 "입법자"가 아니라, 구체적으로 정당한 보상인가를 판단해야 하는 "법관"이 결정함으로써 권력분립원리 및 권한분배라는 헌법취지에 부합하지 않는다. 또한 공용침해 여부를 법관만에 의해 판단하는 것은 재산권의 내용과 한계를 규정하는 권한을 오직 "입법자"에게 부여하고,[78] "법집행기관"에게 부여하고 있지 않는[79] 헌법 제23조 제1항 2문에 반하게 된다.

(2) 분리이론의 타당성

분리이론에 의하면, 재산권 제한과 관련된 법률은 재산권의 사회적 기속이냐 공용침해냐를 선택하는 권한을 '입법자'에게 부여하며, 민사법원에게는 보상규정에 근거하여 어떠한 보상이 '정당한 보상'인가를 판단하는 권한을 담당케 한다. 이러한 분리이론은 경계이론보다 각 국가기관간의 권력분립원리에 더욱 적합하며, 입법자와 민사법원의 관할권을 명백히 구분하게 한다. 또한 재산권의 내용형성과 관련하여 보상규정이 부재한 위헌적 법률의 합헌성 판단의 권한을 '법원'이 아닌, '헌법재판소'에 둠으로써, 우리 헌법 제107조 제1항과 헌법 제111조 제1항 1호의 위헌법률심판권을 헌법재판소에 부여한 규정과 합치하게 된다.

(3) 재산권 개념과의 관계

재산권보장규정의 해석과 관련하여 어느 견해에 따르는 것이 합헌적인지는 '재산권의 개념'과도 관련된다. 우리 헌법상 재산권의 개념은 독일의 일반적인 견해와 동일하게 '절대적 개념'으로 이해해서는 안되며, 법제도로서의 재산권은 '입법자의 형성'을 필요로 한다.[80] 재산권의 개념은 법률과 전통에 의하여 형성된 법개념으로서 지속적인 변화와 새로운 사상에 적응되어 정의되어진다. 절

---

78. *G. Schwerdtfeger*, Die dogmatische Struktur der Eigentumsgarantie, 1983, S. 13.

79. BVerfGE 56, 249; 58, 300.

80. BVerfGE 31, 229 (240); 58, 300 (330, 336); 70, 101 (110); 72, 9 (22); 76, 220 (238). *Bryde*, in: Münch/Kunig, GG, Bd. 1, Art. 14 Rn. 59; *H.-J. Papier*, in: Maunz/Dürig, GG, Art. 14, Rn. 37; *Pieroth/Schlink*, Grundrechte – Staatsrecht II, 1996, Art. 14, Rn. 966; *Jarass*, in: Jarass/Pieroth, GG, Art. 14 Rn. 14 f.; *Wieland*, in: Dreier (Hrsg.), GG, Bd. I, Art. 14 Rn. 21.

대적인 재산권개념은 인정될 수 없기에, 재산권의 내용과 한계를 결정하는 것은 헌법에 의해 정해진 내용을 법률로 확정해야 하는 "입법자의 과제"이다. 이러한 취지에서 경계이론에서 주장하는 바와 같이 '법원'이 재산권의 침해가 사회적 기속인지 또는 공용침해인지를 판단하게 하는 것은 '입법자의 몫'을 빼앗아 가는 것이다. 만약 재산권의 침해가 사회적 기속인지 여부를 "법관"이 결정하게 한다면, 이는 법치국가가 요구하는 명확성원칙과 예측가능성을 침해하는 것이다.[81]

【표】경계이론과 분리이론 간의 비교[82]

경계이론	
A	B
· 제23조 제2항 · 보상불요 · 비례성원칙(X)	· 제23조 제3항 · 보상필요 =정당한 보상 =불가분조항(O) · 비례성원칙(O)

분리이론		
A	A′	B
· 제23조 제2항 · 보상불요 · 비례성원칙(O)	· 제23조 제2항 · 보상필요 =조절적 보상 =불가분조항(X) · 비례성원칙(O)	· 제23조 제3항 · 보상필요 =정당한 보상 =불가분조항(O) · 비례성원칙(O)

※ A: 사회적 기속, B : 공용침해, A′ : 조절적 보상의무있는 내용규정

5. 입법자의 다양한 선택가능성 여부

경계이론은 가치보장적 사고로 인하여 금전보상만을 고려할 수 있으나, 분리이론에 의하면 재산권 침해의 완화를 위한 다른 다양한 가능성을 제공할 수 있다. 예컨대 구역지정의 해제와 같은 대상조치, 토지매수청구권, 수용신청권의 부여, 금전적 보상, 경과규정 기타의 수단 중에서 입법자가 구체적인 방법과 절차를 고려하여 정할 수 있다.[83]

---

81. 강태수, 재산권의 내용과 한계 및 보상, 법학논집 제16집, 청주대법학연구소, 1999, 16면; 김광수, 재산권 보장의 구조와 사회적 의무, 공법연구 제28집 3호, 2003. 3, 59면.

82. 이준일, 재산권에 관한 법이론적 이해, 공법학연구 제7권 제2호, 235면의 표를 변형.

83. BVerfGE 100, 226 (245 f.); *O. Depenheuer*, 공법연구 제29집 3호, 2001. 5, 28면. 우리나라 헌법재판소도 "사업시행자에 의한 토지매수가 장기간 지체되어 토지소유자에게 토지를 계속 보유하도록 하는 것이 경제적인 관점에서 보아 더 이상 요구될 수 없다면, 입법자는 매수청구권이나 수용신청권의 부

제4절 재산권보장조항과 관련된 문제

I. 공공필요

1. 공공필요의 개념

공공필요란 공공이익을 위한 일정한 공익사업을 실현하거나 국가안전보장·질서유지 등의 공익목적을 달성하기 위해서 재산권의 제한(수용·사용·제한)이 불가피한 경우를 말한다는 견해가 있다.[84] 또한 공용침해를 통해 사회전체의 공익이 증대된다면, 곧 공공필요가 충족된다고 하며, 공공필요의 요건을 엄격하게 해석할 것은 아니라고 하는 입장도 있다.[85]

그러나 반대의견으로, 공공필요는 단순히 공익이나 국가의 이익 이상의 중대한 공익으로서 특정 공익사업과 연관되어 특정인 내지는 특정집단에 대한 재산권제한이 불가피한 '고양된 공익개념'이라는 견해가 있다.[86]

생각건대, 헌법 제23조 제3항의 '공공필요'는 공용침해시에 요구되는 조건이다. 반면, 헌법 제23조 제1항 2문과 제2항의 보상의무있는 내용 및 한계규정과 관련한, '공공복리'는 국가의 작위나 부작위에 의한 재산권의 침해시 비례성원칙 심사에 있어서 기본권을 제한하는 목적인 국가안전보장, 질서유지, 공공복리 중 하나인 '공공복리'이다.[87]

따라서 '공공필요'란 공익을 위한 일정한 공익사업을 실현하거나 국가안전보장·질서유지 등의 공익목적을 달성하기 위해서 재산권의 공용침해가 불가피한 경우로 넓게 해석하여야 할 것이다.

2. 헌법 제23조 제3항의 '공공필요'와 헌법 제37조 제2항의 '공공복리'의 관계

독일의 경우 기본법 제14조 제2항은 "재산권은 의무를 수반한다. 재산권의

여, 지정의 해제, 금전적 보상 등 다양한 보상가능성을 통하여 재산권에 대한 가혹한 침해를 적절하게 보상하여야 한다"고 판시하고 있다(헌재 1999. 10. 21. 97헌바26).

84. 허 영, 한국헌법론, 2011, 507면.

85. 양 건, 헌법강의 I, 법문사, 2007, 524면.

86. 김성수, 행정상 손실보상의 요건으로서 공공의 필요와 특별한 희생의 재검토, 박윤흔박사 화갑기념논문집, 27면.

87. 비례성원칙에 관하여는 이부하, 비례성원칙과 과소보호금지원칙, 헌법학연구 제13권 제2호, 2007. 6, 275면 이하 참조.

행사는 동시에 공공복리에 기여하여야 한다."라고 규정하고, 기본법 제14조 제3항에는 "공용수용은 공공복리를 위해서만 허용된다."고 규정하여 재산권의 행사와 재산권의 제한의 경우 모두 '공공복리Wohl der Allgemeinheit'에 의해서 가능토록 하였다. 그러나 우리 헌법 제23조 제3항의 공공필요와 헌법 제23조 제2항 및 헌법 제37조 제2항의 공공복리는 법문상 양자를 구별하고 있다. 생각건대, 재산권 영역에서 공공필요는 공공복리보다 넓은 개념이라 할 수 있다. 즉, 헌법 제23조 제3항의 공공필요는 헌법 제37조 제2항의 공공복리보다 더 넓고 적극적인 개념으로, 정책적 제약 및 사회정의를 실현하기 위한 경우까지 포함한다.[88] 왜냐하면, 공공복리에 해당하지 않지만 공공필요에 해당하는 경우가 있고, 공공복리에 해당하는 경우는 거의 모두 공공필요에 해당하기 때문이다. 예를 들면, ① 국가가 도로나 철도건설을 위해 개인의 사유지를 수용하는 경우에는 공공복리 및 공공필요에 해당하는 경우에 해당하지만, ② 도시계획시설 중 화장장 · 공동묘지 · 납골시설 등 보건위생시설을 건립하기 위한 수용의 경우에는 공공복리라고 하기 보다는 공공필요에 의한 공용침해가 되기 때문이다. 따라서 공공필요에 의한 재산권 제한범위가 공공복리에 의한 재산권 제한범위보다도 넓다고 볼 수 있다.

3. '정당한 보상' 이란?

헌법이 규정한 '정당한 보상'이란 손실보상의 원인이 되는 재산권의 침해가 기존의 법질서 안에서 개인의 재산권에 대한 개별적인 침해인 경우에는 그 손실보상은 원칙적으로 피수용재산의 객관적인 재산가치를 완전하게 보상하는 것이어야 한다는 완전보상을 뜻하는 것으로서 보상금액 뿐만 아니라 보상의 시기나 방법 등에 있어서도 어떠한 제한을 두어서는 아니 된다는 것을 의미한다. 재산권의 객체가 갖는 객관적 가치란 그 물건의 성질에 정통한 사람들의 자유로운 거래에 의하여 도달할 수 있는 합리적인 매매가능가격 즉 시가에 의하여 산정되는 것이 보통이다.[89]

---

88. 홍성방, 헌법학 (中), 박영사, 2010, 219면; 정종섭, 헌법학원론, 박영사, 2008, 600면.
89. 헌재 1990. 6. 25. 89헌마107, 판례집 2, 178, 188-189; 헌재 2011. 12. 29. 2010헌바205 등, 판례집 23-2하, 628, 640.

Ⅱ. 재산권의 내용규정 및 한계규정과 수용·사용 또는 제한 간 구별

헌법재판소는 재산권의 내용규정 및 한계규정은 '입법자가 장래에 있어서 추상적이고 일반적인 형식으로 재산권의 내용을 형성하고 확정하는 것'을 의미하고, 수용·사용 또는 제한은 국가가 구체적인 공적 과제를 수행하기 위하여 이미 형성된 구체적인 재산적 권리를 전면적 또는 부분적으로 박탈하거나 제한하는 것을 의미한다고 하여 양자를 구별하고 있다. 이는 독일연방헌법재판소가 기본법 제14조 제1항 제2문에 따른 내용 및 한계규정을 '입법자에 의해 헌법상 재산권으로 이해되어야 하는 법익으로 판단된 권리와 의무에 대한 일반적이고 추상적 규정'으로 정의하고,[90] 그 목적은 재산권의 내용을 법률의 효력발생에 따라 장래를 향하여 일반적 형태로 규정하는 것으로 본 것과 유사하다.[91] 한편 독일연방헌법재판소는 공용수용에 대해서는 개인의 재산권에 대한 국가적 침해로서 기본법 제14조 제1항 제1문에 의해 보장된 구체적, 주관적 법적 지위의 완전한 또는 부분적 박탈Entziehung을 목적으로 한다고 보았는데,[92] 이는 형식적 수용개념을 채택한 것이다. 그러나 헌법재판소는 이와 달리 '형성된 구체적인 재산적 권리의 전면적 또는 부분적으로 박탈뿐 아니라 제한까지도 수용·사용 또는 제한개념에 넣어서 이해하고 있다. 이는 우리 헌법 제23조 제3항은 보상을 요하는 수용적 침해로 공용수용뿐 아니라 사용, 제한까지 들고 있어 확장된 수용개념을 수용하고 있으므로 분리이론상의 이러한 협의의 형식적 수용개념은 우리 헌법상으로는 받아들이기 어렵다는 것을 고려한 것이다.[93]

Ⅲ. 독일 기본법상 재산권보장과 불가분조항

1. 독일기본법상 불가분조항

(1) 1949년에 제정된 독일기본법의 재산권조항인 제14조(재산권, 상속권 및 공용침해)는 다음과 같다.[94] 기본법 제14조 [제1항] 재산권과 상속권은 보장된다. 그 내

---

90. BVerfGE 52, 1 (27 f.); 58, 137 (144 f.); 58, 300 (330); 70, 171 (200).

91. BVerfGE 52, 1 (27); 58, 137 (144 f.); 58, 300 (330).

92. BVerfGE 82, 201 (211); 79, 174 (191).

93. 김문현, 재산권의 보장과 한계 - 헌법재판소판례에 대한 평가를 중심으로-, 헌법논총, 589면.

94. Art. 14 (Eigentum, Erbrecht, Enteignung) (1) Das Eigentum und das Erbrecht werden gewahrleistet.

용과 한계는 법률로 정한다. [제2항] 재산권은 의무를 수반한다. 동시에 그 행사는 공공복리에 기여하여야 한다. [제3항] 공용침해Eine Enteignung는 공공복리를 위해서만 허용된다. 공용침해는 보상Entschadigung의 종류와 범위를 정한 법률에 의하여 또는 법률에 근거하여서만 행하여진다. 보상은 공공의 이익과 관계자의 이익을 공정하게 형량하여 정해져야 한다. 보상액 때문에 분쟁이 생길 경우에는 일반법원에 제소할 길이 열려 있다.

독일기본법은 바이마르헌법상의 수용과 보상의 느슨한 관계를 헌법적으로 개선하고 보상을 불공정하게 정하는 법률의 입법을 불식시키기 위하여 불가분不可分조항(결부(結付)조항 또는 부대(附帶)조항, Junktim-Klausel)의 원칙, 즉 "수용은 보상과 결합되어야 하며 따라서 보상을 미해결인 채로 두거나 다른 법률로 규정할 수는 없다"는 원칙을 명시적으로 채택하였다(제14조 제3항).[95]

(2) 독일기본법상의 재산권보장조항은 기본적으로 바이마르헌법 제153조에 그 토대를 두고 있지만 손실보장규정에 관하여는 본질적인 수정이 가하여졌다. 즉, 독일기본법 제14조 제3항 제1문에서는 공용침해는 공공복리를 위하여만 허용된다고 규정하고, 제2문에서는 공용침해는 반드시 보상의 방법과 범위를 정하는 법률입법수용[96] 및 법률에 근거하여행정수용 행하도록 하고, 제3문에서는 보상은 공공과 관계인의 이익을 정당하게 비교형량하여 결정하여야 한다고 규정하였다. 이와 같이 공용침해는 반드시 보상의 방법과 범위를 규정한 법률 및 법률에 근거하도록 하는 이른바 "불가분조항"이라고 불리우는 제14조 제3항 제2문에 따라, 만일 공용침해근거법Enteignungsgesetz에 보상이 전혀 규정되지 않거나 또는 보상이 규정되었다 하더라도 제3문의 요건을 충족시키지 않는 경우 동 법률은 위헌무효가 되어 더 이상 보상없는 공용침해를 허용하지 않음으로써 바이

Inhalt und Schranken werden durch die Gesetze bestimmt. (2) Eigentum verpflichtet. Sein Gebrauch soll zugleich dem Wohle der Allgemeinheit dienen. (3) Eine Enteignung ist nur zum Wohle der Allgemeinheit zulassig. Sie darf nur durch Gesetz oder auf Grund eines Gesetzes erfolgen, das Art und Ausmaß der Entschadigung regelt. Die Entschadigung ist unter gerechter Abwagung der Interessen der Allgemeinheit und der Beteiligten zu bestimmen. Wegen der Hohe der Entschadigung steht im Streitfalle der Rechtsweg vor den ordentlichen Gerichten offen.

95. 이명웅, "헌법 제23조의 구조", 「헌법논총 제11집」, 헌법재판소, 2000, 324면.

96. 이는 바이마르 헌법시대에 판례에 의해 인정되던 "법률에 의한 수용"이 명문으로 기본법에 규정된 것이다. *H. P. Ipsen*, Enteignung und Sozialisierung. VVDStRL 10, S. 78. 김문현, 「사회·경제질서와 재산권」, 법원사, 2001, 335면.

마르시대의 재산권보장체계의 흠결을 보완하였다.[97]

이와 같은 불가분조항에 대하여 독일의 실무계와 학계에서는 다음과 같은 의미를 부여하였다.[98]

첫째, 불가분조항은 공용침해와 보상의 필연적인 입법적 결합을 통하여 입법자에 대한 경고기능을 수행하고 있다. 즉, 입법자로 하여금 자신이 규율하려고 하는 사실관계가 기본법 제14조 제3항에서 말하는 공용침해에 해당하는지 여부와 이 경우 국가의 재정에 대한 부담을 의미하는 보상에 대하여 미리 사전에 검토하게 하는 기능을 갖게 되는 것이다.

둘째, 불가분조항은 국가의 재정을 보호하며 재정정책에 있어 국회의 특권을 보호한다. 즉, 위와 같이 입법자로 하여금 다양한 이해관계를 고려하여 어떤 방법으로 또 어느 정도로 보상액을 부여할 것인가에 대하여 궁극적으로 결정하도록 하는 규범적 명령은 다른 국가기관, 특히 법원이 국가재정지출을 결정하는 것을 방지함으로써 국회의 예산심의에 대한 특권을 지키고 그로 인하여 국가의 재정도 보호하는 기능을 갖는다.

셋째, 불가분조항은 개인의 기본권을 보호하는 기능을 수행한다. 즉, 보상의 여부와 방법이 미리 규범적으로 확정되어야만 비로소 공용침해가 가능하게 되므로 헌법적으로 강제된 "공용침해와 보상의 결합"은 관련된 국민의 권리구제를 위한 법치국가적인 절차적 보장의 의미를 갖고 있다.

(3) 개인의 권리구제를 보다 완벽하게 하기 위하여 법치국가의 요소로서 도입된 불가분조항은 독일의 재산권 해석체계에 있어서 가장 중요하고도 어려운 문제가 되어 왔으며, 아울러 입법자에게는 거의 해결할 수 없는 문제를 제기하였다. 입법자는 전통적인 의미의 공용침해, 즉 도로법·토지수용법·철도법 등에서와 같이 특정한 부동산토지의 권리를 국가나 공기업에 이전시키는 이른바 "고전적인 공용수용klassische Enteignung"에 있어서는 큰 어려움 없이 불가분조항의 요건을 충족시킬 수 있었다. 그러나 현대 산업사회에 있어서 국가의 기능이 경제·사회·문화 등 모든 분야에 걸쳐 급속히 확대됨에 따라 국가는 언제 자신의 행위가 재산권의 사회적 기속성의 한계를 넘는 재산권의 침해행위가 되어 이에

97. 정하중, "독일 Bonn기본법 14조상의 부대조항의 의미와 한국헌법 23조 3항의 해석 (上)", 「사법행정」, 한국사법행정학회, 1992. 9, 36면 참조.

98. 정하중, 전게논문, 1992. 9, 37면 참조.

따라 보상의무를 발생시키는지 전혀 예측할 수 없게 되었다. 이러한 어려움은 재산권침해의 경우 보상의무를 발생시키는 '공용침해'와 보상없는 수인의무를 발생시키는 재산권의 '사회적 기속'과의 구별기준에 관하여 일반적으로 타당한 구별기준이 아직 설정되지 못한데서 연유하여 더욱 증가되었다.[99]

2. 불가분조항에 대한 독일 민사법원의 판례와 입법실무

(1) 독일의 민사법원은 전통적으로 침해된 법익의 종류에 따라 재산권에 대한 침해의 경우에는 기본법 제14조 제3항의 "수용보상Enteignungsentschadigung청구권"으로, 생명·신체·자유 등 비물질적 법익에 대한 침해의 경우에는 중세이래 관습법적 효력을 갖고 있는 "희생보상Aufopferungsentschadigung청구권"으로 한계를 설정하였다. 그리고 민사법원은 1952. 6. 10. 선고된 "주택국의 조치와 공용침해" 판결[100] 이래 수용근거법에 보상규정이 없는 관계로 침해행위가 위법하게 된 경우에도 제14조 제3항을 유추적용하여 소위 '수용유사적 침해'[101] 라는 명칭하에 보상을 부여하였다. 민사법원은 더 나아가 1950년대 말부터는 손실보상의 요건에서 종전까지 유지하고 있었던 공권력에 의한 재산권침해에 있어서 '의도적이고 목적지향적인 침해'의 개념을 포기하였다. 즉, 의도적으로 재산권을 침해하지 않는 고권적 행위라고 할지라도 행위의 부수적 결과로 개인에게 뜻하지 않은 재산상의 특별희생을 야기한 경우에는 '수용적 침해'의 법리에 의하여 기본법 제14조 제3항에 의거하여 손실보상이 지급되었다.[102] 이른바 "경계이론"[103]이라고 명칭되는 이러한 민사법원의 재산권보장체계는 사회적 제약

---

99. 정하중, 전게논문, 1992. 9, 36-37면.

100. BGHZ 6, 270: 무주택자의 강제배정으로 인하여 재산상의 손해를 입은 원고들에게 수용유사침해이론에 의한 보상을 인정하였는데, 적법한 재산권의 침해가 보상된다면 위법한 침해에 대해서는 당연히 보상되어야 한다고 보았다. 강현호, 전게논문, 2003, 78면.

101. 민사법원은 수용유사적 침해의 처음 단계에서는 위법한 침해가 적법한 경우로 간주될 때 사회적 기속을 넘어서는 수용에 해당하는 경우에만 보상을 인정하였으나, 1960년대 이후에는 단지 재산권침해의 위법성을 이유로 하는 보상을 인정하여 수용유사적 침해를 국가무과실책임(國家無過失責任) 제도로 발전시켰다(정하중, 전게논문, 2003, 61면의 각주 11).

102. BGHZ 37, 44; 48, 46; 48, 58; 54, 332; 55, 229; 57, 370.

103. 이와 같이 경계이론(Schwellentheorie) 또는 전환이론(Umschlagtheorie)이란, 독일기본법 제14조 제3항의 공용침해(공용수용)와 제14조 제1항 제2문의 '내용 및 한계규정' 내지 제2항의 '사회구속성'은 본질에 있어 다르지 않고 재산권자에 대한 효과, 즉 침해의 정도에 따라 구별된다고 보고, 재

을 넘는 모든 재산권침해에 대하여 보상을 마련하였다는 점에서 재산권의 가치보호의 관점에서 현저한 기여를 하였다.[104] 즉, 여기에서는 발생된 재산권침해에 대하여 사후에 보상을 지불하는 재산권의 "가치보장"에 그 중점이 놓여 있었다.[105]

따라서 이러한 입장에서는 불가분조항은 실무상 큰 의미가 없었다. 결국 민사법원은 실질적으로는 바이마르헌법 제153조 제2항을 직접적인 수용보상청구권의 근거로 본 제국재판소의 판례를 그대로 답습하여 기본법의 변화된 헌법조문불가분조항의 내용과 의미를 무시하였다는 비판을 받았다.[106]

(2) 경계이론에 기초한 민사법원의 재산권보장체계는 적지 않은 문제점을 내포하고 있었다. 무엇보다도 공용수용과 사회적 제약의 구별에 관련하여 일반적으로 타당한 기준의 결여로 인하여 판례는 일관성을 상실하였다법적 불안정성. 많은 경우에 법원의 결정은 공정한 결과에 도달하기 위한 가치판단의 결과에 해당되었다. 실제로 개인의 재산을 침해하는 수많은 국가작용 중에서 법원이 어떤 경우를 단순한 재산권의 사회적 제약으로 판정할 것인지 또는 어떤 경우를 공용수용으로 판정할 것인지는 사전에 예측하기가 힘들 정도로 판례는 명확한 윤곽을 상실하였다.[107]

다른 한편, 불가분조항의 요건을 충족시키지 못한 법률은 위헌무효라는 연방헌법재판소의 판결[108]에 따라 입법자는 자신이 규율하려는 사실관계에 관하여 재산권의 사회적 제약과 공용침해의 경계영역에 있어 자신의 오판에 대한 위험

산권의 내용과 한계규정이 특별희생을 주는 경우에도 수용이 된다고 보는 이론으로 독일연방최고법원(BGH)의 판례를 통해 발전한 이론이다(김문현, "경계이론과 분리이론", 「고시연구」, 고시연구사, 2004. 3, 25면). '경계이론' (Schwellentheorie)이라는 용어는 *J. Lege*가 Enteignung und 'Enteignungen', in: NJW 1990, S. 864 (865 f.); *ders.*, Wohin mit den Schwellentheorien?, in: JZ 1994. S. 431 ff.에서 처음으로 고안하였다(최갑선, "헌법 제23조 1항 2문에 의거한 재산권의 내용 및 한계규정", 「공법학의 현대적 지평 (심천계희열박사 화갑기념논문집)」, 박영사, 1995, 279면의 각주 37.

104. 정하중, 전게논문, 2003, 61-62면.

105. 최갑선, 전게논문, 1995, 280면.

106. *Ruffner*, in: ErIchsen/Martens, Allgemeines Verwaltungsrecht, 8. Auf., S. 550; 정하중, 전게논문, 1992. 9, 42면.

107. 정하중, 전게논문, 2003, 62-63면.

108. BVerfGE 4, 219 [233]; 24, 367 [418]: "Nach Art. 14 Abs. 3 Satz 2 GG muß das Enteignungsgesetz Art und Ausmaß der Entschadigung regeln. Ein Enteignungsgesetz, das eine solche Regelung nicht enthalt, ist verfassungswidrig."

부담을 피할 수 없게 되었다. 즉, 입법자가 공용침해를 의미하는 사실관계를 재산권의 사회적 제약이라고 오판하여 전혀 보상규정을 마련하지 않는다든지 또는 공용침해라고 정확하게 판단하였지만 보상의 정도를 너무 낮게 책정한 경우 근거법률은 위헌판결을 피할 수 없게 된다. 반대로 위헌판결의 위험을 피하기 위하여 사실상 재산권의 사회적 제약에 지나지 않는 제한에 대하여 보상규정을 마련한다면 이는 헌법적 근거가 전혀 없는 자선적 급부를 개인에게 부여함을 의미하며 나아가 국가재정의 문란을 초래할지도 모르는 일이다. 이와 같은 딜레마를 해결하기 위하여 입법실무는 각 개별법규에 "이 법률에 근거한 행정처분이 공용침해를 의미한다면 보상은 금전으로 지급한다" 라는 소위 '구제적 보상규정salvatorische Entschadigungsregelung'이라고 불리우는 백지위임 형식의 입법형태를 취하기 시작하였다.[109] 이는 보상에 관한 궁극적인 결정을 법관에게 위임하는 결과를 가져와 불가분조항의 의미와 취지에 반하는 것이다.[110] 이러한 이유로 독일 학계에서는 이를 비판하고 있다.[111]

Ⅳ. 우리 헌법상 불가분조항의 인정여부

우리 헌법 제23조 제3항의 공용침해 규정이 '공용침해의 근거법률과 이에 대한 손실보상의 근거법률이 각각 상이한 법률에 규정되어서는 안되고 하나의 법률 속에 동시에 규정되어야 한다'는 요구인 "불가분조항[112]Junktimklausel"을 의미하는지에 대해 논란이 있다.

헌법상 불가분조항은 첫째, 법에 정한 보상과 절차에 따라서만 재산권이 공

109. 연방최고법원의 입장에서는 이러한 구제적 보상조항의 합헌 여부는 중요한 문제가 아니었는데, 그 이유는 수용의 합법성은 원래 보상의 전제가 아니었기 때문이다(김문현, 전게서, 2001, 336-337면).

110. 즉, 구제적 보상규정은 연방최고법원의 확장된 수용개념에서 비롯된 것이며, 헌법규정과 실제상의 어려움 사이의 탈출구 역할을 하나 불가분조항과는 맞지 않다고 할 수 있다. 김문현, 전게논문, 2004, 26면의 각주) 2.

111. 예컨대, *Weyreuther*, Uber die Verfassungswidrigkeit der salvatorischer Entschadigungs regelung im Enteignungsrecht, 1980, S. 7 ff.; *Papier*, in: Maunz/Durig/Herzog/Scholz, Art. 14 GG., Rn. S. 111 ff.; *Leisner*, DVBL 1981, S. 974.

112. "불가분조항(不可分條項)"을 "부대조항(附帶條項)"(정하중, 행정법총론, 법문사, 2002, 550면) 또는 "결부조항"(강현호, 한국헌법 제23조와 독일 기본법 제14조의 해석, 토지공법연구 제18집, 2003. 6, 75 (84)면)으로 사용하는 학자도 있다.

용침해될 수 있다는 재산권보장기능을 지니며, 둘째, 법률에 의거하여 공공필요로 재산권을 침해한 경우에는 반드시 보상을 하여야 한다는 의미에서 입법자에게 경고적 기능을 한다. 또한 셋째, 공용침해로 인하여 재산권 침해자에게 지급되는 보상금의 재원은 예산인 국고이기에 국회가 담당해야 한다는 국회의 예산특권보장기능을 지닌다.[113]

헌법 제23조 제3항의 '공용수용'과 '보상'에 있어서는 불가분조항이 인정되는데 이론異論이 없으나, 공용사용과 공용제한의 경우 문제된다. 이 경우에도 일반적인 재산권의 제약이 아니라, 공용수용에 준할 정도의 중대하고 보상을 요하는 재산권 침해시 법률로써 보상을 하여야 한다고 해석하는 것이 헌법 제23조의 재산권보장의 2차적 기능인 "가치보장"에도 부합하리라 본다.[114] 현행 헌법 제23조 제3항은 "공공필요에 의한 재산권의 수용·사용 또는 제한 및 그에 대한 보상은 법률로써 하되…"라고 규정하고 있어, 보상에 관한 사항을 법률로서 규정할 것만 요구하고 있고, 공용침해의 근거법률과 손실보상조항을 동시에 규정할 것을 요구하지 않는 것처럼 보이지만, 우리 헌법도 불가분조항 원칙을 요구하고 있다고 보아야 할 것이다.[115] 왜냐하면, 첫째, 우리 헌법 제23조 제3항의 '법률'은 공용침해에 관한 조항과 보상에 관한 조항을 동시에 규정하고 있는 법률이라고 해석될 수 있으며, 둘째, 불가분조항 원칙이 헌법상 인정된다는 조건하에서 공용침해시 보상을 해주어야 '가치보상'이 이루어질 수 있으며,[116] 셋째, 헌법 제23조 제3항에서 법률로 내용과 한계를 정한 재산권에 대하여 공공필요에 의하여 수용, 사용 또는 제한하는 경우 그 제한은 '법률'로써 '정당한 보상'[117]

---

113. 강태수, 분리이론에 의한 재산권체계 및 그 비판에 대한 고찰, 헌법학연구 제10권 제2호, 2004. 6, 139면.

114. 정남철, 재산권의 사회적 구속과 수용의 구별에 관한 독일과 한국의 비교법적 고찰, 공법연구 제32집 제3호, 2004. 2, 363 (370)면.

115. 정연주, 공용침해의 헌법상 허용조건, 연세법학연구 제3집, 1995, 455 (466)면; 정연주, 재산권보장과 이익형량, 공법연구 제29집 제3호, 2001. 5, 29 (56)면 이하.

116. 정연주, 토지재산권의 범위와 손실보상, 민주, 법치국가의 발전과 사회통합, 한국공법학회, 2008. 6, 210면.

117. 헌재 1990. 6. 25. 89헌마107 188면 이하. 헌법 제23조 제3항에서 의미하는 "정당한 보상"이란 "원칙적으로 피수용재산의 객관적인 재산가치를 완전히 보상하는 것이어야 한다는 '완전보상'을 뜻하는 것으로서 보상금액뿐 아니라 보상의 시기와 방법 등에 있어서도 어떠한 제한을 두어서는 아니된다는 것을 의미한다." "객관적 가치란 그 물건의 성질에 정통한 사람들의 자유로운 거래에 의하여 도

을 지급하도록 규정하고 있기 때문이다.

이와 관련하여 문제가 되는 것은 수용적 효과를 유발하는 입법을 하면서도 보상규정이 없는 경우이다. 이는 2가지 경우로 구분될 수 있는데, 첫째는 입법자가 수용을 예상했지만, 보상규정을 두지 않는 경우와 둘째는 입법자가 재산권의 내용과 한계를 결정하는 경우에 예측하지 못한 과도한 재산권 침해가 발생하는 경우이다.[118] 전자前者의 경우에는 보상규정이 없는 법률이므로 헌법에 위반되어 위헌·무효가 된다.[119] 후자後者의 경우에는 그러한 법률을 무효화하기 보다는 행정작용에 의해 제한의 효과가 발생한 경우에는 당해 행정작용을 취소하고, 입법에 의해 제한되는 경우에는 조정적·조절적 보상의무있는 내용규정으로서 재산권 침해가 전보될 수 있는 조치를 취할 수 있다.

V. 소결

우리 헌법 제23조 제1항의 재산권보장의 본질은 원칙적으로 재산권의 실체적 존속을 보장하는 '존속보장'에 있다. 즉, 재산권보장의 본질은 우선적으로 재산권주체가 소유하고 있는 구체적인 재산적 권리나 구체적인 법적 지위의 존립을 공권력에 의한 박탈하거나 여타의 침해행위로부터 보호하는 재산권의 존속을 보장하는 데에 있다.

현재 경계이론과 분리이론 중 어느 이론에 입각하여 재산권보장의 헌법규정을 해석하는 것이 합당한지 여부는 어느 이론이 기본권보장에 충실하며, 헌법합치적 이론이냐 여부를 숙고한 후에 도출되어야 한다. 재산권 침해에 대한 손실보상여부 및 기준, 방법 등은 입법자의 형성여지를 존중하여 입법자가 결정하는 것이 헌법의 취지에 합치되며, 사회적 기속과 공용침해의 판단을 더 이상 '법원'이 하게 해서는 안된다. 이러한 분리이론의 입장이 국회의 예산심의·의결권 존중으로 국회의 권한을 보호할 뿐만 아니라, 법원을 통한 국가재정지출을 방지할 수도 있다.

이처럼 분리이론은 경계이론보다 헌법상 국가기관간 권력분립원칙에 더욱

달할 수 있는 합리적인 매매가능가격, 즉 시가에 의하여 산정되는 것이 보통이다."

118. 조홍석, 재산권 제한의 체계적 구조, 법과 정책연구 제3집 제2호, 2003, 44면.

119. 정하중, 헌법재판소의 판례에 있어서 재산권보장, 헌법논총 제9집, 1998. 12, 277 (329)면 이하: 보상규정이 있더라도 정당한 보상에 미치지 못하는 경우에는 당해 법률은 위헌·무효이다(330면).

적합하며, 입법자와 법원의 관할권을 명백하게 구분해 준다. 또한 재산권의 내용형성과 관련하여 보상규정이 부재한 위헌적 법률의 합헌성 판단의 권한을 '법원'이 아닌, '헌법재판소'에 둠으로써, 우리 헌법 제107조 제1항과 헌법 제111조 제1항 1호에도 합치하게 된다.

우리나라 헌법재판소 결정에서 헌법적으로 문제된 것은 분리이론이냐 경계이론이냐의 문제라기보다는, 보상규정이 없는 법률에 의한 제한이 행해진 경우 손실보상청구권의 인정여부에 관한 것이다. 여기에 관해 학설은 크게 위헌무효설, 직접효력설, 간접효력설(유추적용설) 등이 주장되고 있다. "위헌무효설"은 손실보상 여부는 법률에 근거하여야 하므로, 이러한 규정을 포함하지 않고 재산권을 제약을 허용하는 법률은 헌법 제23조 제3항에 위반하여 위헌·무효의 법률이 된다는 것이다. 따라서 이에 근거한 행정작용은 위법이 되므로 위법한 행정작용을 이유로 하여 재산상 손해를 받은 경우에는 국가배상청구를 제기할 수 있다고 한다. 직접효력설은 법률에 손실보상규정이 없다는 것이 바로 손실보상을 배제하는 취지로 이해해서는 안되고, 이 경우에는 헌법 제23조 제3항을 직접적인 근거로 하여 손실보상을 주장할 수 있다고 한다. 간접효력설(유추적용설)은 법률에 손실보상청구권이 없는 경우에는 헌법 제23조 제1항과 제11조를 직접적인 근거로 하고, 제23조 및 관계규정의 유추적용을 통하여 손실보상을 청구할 수 있다고 한다. 이는 독일 연방헌법재판소의 자갈채취사건 판결이후 발전된 수용유사침해이론을 도입하여 이를 손실보상의 문제로 해결하려는 것이다.

위의 학설들에 관해 살펴보면 위헌무효설은 가해행위의 위법성이 존재해야 하고 이는 다시 과실요건의 충족을 필요로 하는데, 이 경우 공무원의 과실의 존재를 인정하기 어려워 결국에는 당사자의 배상이 부정된다는 비판이 가능하다. 직접효력설은 현행헌법 제23조 제3항은 손실보상에 관한 사항을 입법자에게 위임하고 있는데, 이 때 헌법 제23조 제3항을 직접적인 근거로 하여 손실보상을 청구할 수 있다면 입법자가 아니라, 법원이 손실보상여부를 결정하게 되는바, 이는 권력분립원칙에 비추어 타당할 수 없다. 또한 헌법해석에 있어서도 해석자는 헌법규정의 해석한계를 넘어서 주장할 수 없는데, 헌법규정은 손실보상에 관한 일체의 것을 법률에 유보하고 있기에 이러한 견해는 설득력이 없다. 간접효력설(유추적용설)은 헌법 제23조 제1항은 재산권의 존속보장으로서 규정이므로 재산권의 가치보장의 문제인 손실보상에 근거규정이 될 수 없다. 손실보상에 관한 것은 헌법 제23조 제3항과 관련된 것이다. 또한 유추적용은 ① 대상이 서로 유사성을 가질 것, ② 법률로 규정되어 있지 않은 것이 입법자의 의도에 반하지 않을 것이 전제로서 인정되어야 한다. 헌법 제23조 제3항은 손실보상은 행정기관의 행위의 적법성을 기초로 하는 것이다. 다만, 손실보상을 규정하고 있지 않는 법률에 근거한 공권력 행사가 불가분원칙에 반하는 것으로서 위법한 행정작용의 성질을 갖게 된다. 따라서 양자兩者는 서로 성질상 유사성을 갖지 못하는 것이며, 이러한 점에서 헌법 제23조 3항을 유추적용할 수 없다고 볼 것이다. 또한 독일의 수용유사침해이론을 도입하여 이를 해결하려는 것은 독일 연방헌법재판소의 자갈채취사건 판결이후 이러한 사례는 수용유사침해이론에 따른 손실보상을 부정하고 당사자는 바로 취소소송을 제기할 수밖에 없다는 결론에 비추어, 당사자의 권리보호에 전혀 도움이 되지 못할 것이다.

생각건대, 직접효력설, 간접효력설(유추적용설)은 위의 문제점으로 보아 위헌무효설이 상대적으로 타당하다. 예컨대, 공무원이 법률을 성실하게 집행하여 개인의 재산권에 침해적 처분을 한 경우, 당해 법률이 위헌으로 판정되어 무효로 되기 전에는 그 법률에 기초하여 처분을 한 공무원에게 과실이 있다고 볼 수 없으므로 과실요건은 충족되지 않는다. 이에 대하여 학설은 크게 2 가지로 나뉘는데 위법·무과실의 행위로 된다는 견해와 당사자의 현실적인 손해배상주장이 과실요건의 요구로 인해 사실상 불가능하다는 비판에 대해 과실의 요건을 완화하여 적용한다면 해결될 수 있는 문제라는 견해가 있다. 그러나 이러한 위헌무효설의 입장에서도 막연히 과실요건을 완화하여 적용할 것을 주장할 것이 아니라, 과연 보상규정을 두지 않은 법률이 위헌으로 당연무효라면 당연무효인 법률을 집행한 공무원의 과실이 인정될 수 있다는 것을 이론적 근거를 통해 입증하려는 노력을 하여야 할 것이다. 그 하나의 가능성으로는 '공무원의 법령해석상의 주의의무'를 규명하는데서 찾을 수 있다.

제5장

사법私法과 재산권보장

제1절 재산권에 관한 합헌적 법률해석

제2절 헌법상 재산권의 사법私法적 효력

제5장

사법私法과 재산권보장

국가작용의 확대는 국민들의 재산권에 대한 제약을 계속적으로 야기하고 있다.[1] 이와 관련하여 재산권과 관련한 사법私法 규정이 기본권에 의해 어느 정도 영향을 받고 있으며, 재산권 관련입법이 헌법적 통제를 제대로 받고 있는지를 논증하는 것은 그리 쉬운 일이 아니다.[2] 특히 민법은 시민법civic law으로서 생활세계에서 성장하여 그 규범이 헌법을 구체화하고, 다시 헌법규범으로 편입되기도 한다. 재산권과 관련하여 헌법의 효력상 우위로 인하여 기본권은 그 효력을 확장하였고, 재산권에 있어서 사적 규율은 헌법질서 속에 편입되었다. 재산권의 보호대상은 다양하나, 그 중 사법상 임차권과 지적 재산권은 중요한 논의대상임에도 불구하고 우리 공법학에서 그리 활발한 논의가 없었다. 이에 재산권과 관련하여 독일 연방헌법재판소의 판결과 학설들을 분석하여 우리의 법논증에 유용한 자료로 삼고자 한다.

1. 류지태, 보상없는 재산권제한의 한계와 국가기관과 지방자치단체간의 권한쟁의, 헌법재판연구 제9권, 1997. 11, 머리말.

2. *C.-W. Canaris*, Verfassungs- und europarechtliche Aspekte der Vertragsfreiheit in der Privatrechtsgesellschaft, FS für Lerche, 1993, S. 873 (874).

제1절 재산권에 관한 합헌적 법률해석

I. 합헌적 법률해석 개념 및 전제조건

합헌적 법률해석의 개념과 전제조건, 합헌적 법률해석과 헌법지향적 법률해석간의 구별 여부, 합헌적 법률해석의 정당성과 그 위험과 한계, 그리고 합헌적 법률해석과 구체적 규범통제의 관계 등을 살펴보도록 한다.

1. 합헌적 법률해석의 개념

합헌적 법률해석이란 규범통제의 과정에서 법률을 해석하는 가운데 조금이라도 합헌성이 인정될 수 있고 조금이라도 위헌성이 인정될 수 있는 다양한 해석가능성이 존재할 경우, 그 법률을 합헌적으로 해석하라는 것이다.[3] 우리나라 헌법재판소도 "합헌적 법률해석이란 어떤 법률조항에 다의적인 해석가능성이나 다양한 적용범위가 있을 때 일반적인 해석방법이 허용하는 범위내에서 위헌적인 요소를 배제하고 합헌적인 의미 또는 적용범위를 가려내는 것을 의미한다"[4]고 판시하고 있다.

2. 합헌적 법률해석의 전제조건

합헌적 법률해석은 다음과 같은 3가지 전제조건을 충족해야 한다. **첫째**, 해석되는 법규범이 다의적多義的이어야 한다. 이는 전통적인 해석원칙의 도움으로 역사적인 규범목적이 일의적一義的으로 해석되어질 수 없는 경우이어야 한다.[5] 입법자가 입법자료나 그 규범에서 그 특정한 분쟁문제를 구체적으로 규정하면 할수록, 법원의 헌법합치적 해석의 여지는 줄어든다.[6] 반면에, 일반조항의 경우나 불확정개념을 사용한 경우와 같이 구체적인 사실문제에 해답을 주지 못하는 원칙적인 표현을 하고 있는 법규범의 경우, 법원은 더 많은 해석여지를 지닌다. 그러나 이른바 "일의적인 법조문"은 합헌적 법률해석의 발생가능성이 없다.

---

3. *L. Kuhlen*, Die verfassungskonforme Auslegung von Strafgesetzen, 2006, S. 1; vgl. BVerfGE 41, 65 (86); 64, 229 (242); 69, 1 (55); 74, 297 (299, 345, 347); 88, 203 (331).
4. 헌재 1989. 7. 21. 89헌마38, 판례집 1, 131, 146-148; 헌재 1990. 4. 2. 89헌가113, 판례집 2, 49, 62; 헌재 2000. 7. 20. 98헌바74, 판례집 12-2, 68, 76; 헌재 2002. 8. 29. 2000헌가5, 판례집 14-2, 106.
5. 이승우, 합헌적 법률해석(한정합헌과 한정위헌), 사법행정, 1992. 8, 14면.
6. Vgl. *U. Everling*, DVBl. 1985, S. 1201 (1206).

둘째, 적용가능한 해석가능성을 지닌 당해 법규범은 헌법에 저촉되어야 한다. 합헌적 법률해석은 다의적인 해석가능성이 있으나, 모두 헌법합치적 해석이 가능한 경우에는 문제되지 않는다.[7] 합헌적 법률해석의 기능은 위헌적 해석가능성의 배제에 집중되어 있다. 따라서 합헌적 법률해석의 기능적 한계로 인해 법규범간의 충돌이 명확해진다.[8] 합헌적 법률해석의 기능적 한계는 합헌성의 적극적 확인과 적용가능한 법규범의 위헌적 해석의 배제를 포함한다.[9] 어느 법규범이 하나 또는 여러 위헌적 해석가능성 이외에 여러 합헌적 해석가능성이 있는 경우라면, 합헌적 법률해석은 다만 위헌적 해석가능성의 배제의 기능을 한다. 그러나 재판에서 합헌적 판결은 합헌적 법률해석의 방법으로 달성되지 않는다. 왜냐하면, 헌법에 합치되는 결과의 범위내에서는 헌법이 특정 판결의 우위를 확정할 수 없기 때문에 합헌적 판결은 헌법적 견해에서 보면 동일하게 허용되기 때문이다.[10]

셋째, 당해 법규범은 조금이라도 헌법합치적 해석가능성을 지녀야 한다. 그렇지 않다면, 그 법규범 전체가 위헌이 되어, 원칙적으로 무효가 된다. 여기서 합헌적 법률해석과 규범의 무효화와의 차이가 나타난다. 이처럼 합헌적 법률해석의 기능은 헌법에 저촉되는 해석을 배제하는 것이다. 이와 같은 합헌적 법률해석의 소극적인 기능은 특히 질적 일부위헌에서 나타난다.[11] 어느 법률이 헌법에 위반되는 해석 결과일 경우, 그 법률은 내용상 적용될 수 없다.[12] 즉, 질적 일부위헌 선언은 법규범의 특정한 해석의 폐기를 의미한다.[13] 결국 합헌적 법률해석은 규범통제절차에서 당해 법규범의 위헌적인 해석을 배제하는 기능을 한다.[14]

---

7. *H. Michel*, Die verfassungskonforme Auslegung, JuS 1961, S. 274 (277).

8. Vgl. *W. Skouris*, Teilnichtigkeit von Gesetzen, 1973, S. 104.

9. *W. Skouris*, Teilnichtigkeit von Gesetzen, S. 104.

10. *C. Höpfner*, Die systemkonforme Auslegung, 2008, S. 176.

11. Vgl. *W. Skouris*, Teilnichtigkeit von Gesetzen, S. 108; A. *Voßkuhle*, Theorie und Praxis der verfassungskonformen Auslegung von Gesetzen durch Fachgerichte, AöR 125 (2000), S. 177 (198); *W. Löwer*, Zuständigkeiten und Verfahren des Bundesverfassungsgerichts, in: J. Isensee/P. Kirchhof (Hrsg.), HdbStR II, 1998, § 56 Rn. 111.

12. *W. Skouris*, Teilnichtigkeit von Gesetzen, S. 108.

13. *W. Skouris*, Teilnichtigkeit von Gesetzen, S. 109.

14. *W. Skouris*, Teilnichtigkeit von Gesetzen, S. 110.

3. 합헌적 법률해석과 구별할 개념

(1) 한정합헌결정이나 한정위헌결정과 합헌적 법률해석

한정위헌결정과 합헌적 법률해석의 관계에 대해 우리나라 헌법재판소는 "헌법합치적 법률해석 및 그의 결과로서 나타나는 결정유형인 한정위헌결정은 단순히 법률을 해석하는 것에 지나지 않는 것이 아니라, 헌법규범을 기준으로 하여 법률의 위헌성여부를 심사하는 작업이며, 그 결과 특정한 해석방법을 위헌적인 것으로 배척함으로써 비록 법문의 변화를 가져오는 것은 아니나 사실상 일부위헌선언의 의미를 지니는 것이다."[15]라고 판시하고 있다.

그러나 한정위헌결정과 합헌적 법률해석은 구별되어야 한다. 첫째, 한정위헌결정의 경우, 주문에서 일부위헌선언을 하고 그 해석기준을 제시함으로써 법률을 수정하게 된다. 그러나 합헌적 법률해석의 경우에는 주문에서 단지 합헌으로 제시될 뿐이다. 합헌적 법률해석은 결정이유에서 종래의 법률해석에 있어 특정해석방법에 문제가 있음을 인정하고 그것을 적극적으로 배제하지만, 법문에 아무런 수정도 가하지 않는다. 둘째, 양자 모두 반대해석이 가능함을 전제로 하고 있지만, 그 정도와 가능성에 있어 차이가 나타난다. 결국 한정합헌결정이나 한정위헌결정과 합헌적 법률해석의 차이점은 그 결정취지가 주문에 도출되었는가 하는 점, 합헌적 법률해석의 경우 그 법률조항은 합헌이라는 점 등에서 차이점을 인정할 수 있을 것이다.[16]

(2) 헌법지향적 법률해석과 합헌적 법률해석

헌법지향적 법률해석[17]과 합헌적 법률해석은 구별된다.[18] 헌법지향적 법률해석이란 법적용자는 전체법질서를 위해 헌법의 의미를 인식하고 고려해야 한다는 것이다.[19] 즉, 구체적인 사건을 판결할 때, 가능한 한 헌법원칙이 최적으로 효

15. 헌재 2003. 2. 11, 2001헌마386, 판례집 제15권 1집, 445.

16. 남복현, 헌법재판소의 결정의 효력에 관한 쟁점 및 해결방안, 헌법재판연구 제7권, 1996, 151면 (317면).

17. *J. Burmeister*, Verfassungsorientierung der Gesetzesauslegung, 1977; *H. Simon*, Die verfassungskonforme Gesetzesauslegung, EuGRZ 1974, S. 85 (86); *R. Wank*, JuS 1980, S. 547 f.; *K. Stern*, Staatsrecht, Bd. Ⅰ, 1984, S. 111. 일부 문헌에서는 이를 '헌법정향적' 법률해석이란 용어로 사용한다.

18. *H. Simon*, EuGRZ 1974, S. 85 ff. (86 ff.); *K. Stern*, Staatsrecht, Bd. Ⅰ, 1984, § 4 Ⅲ 8 *d*; *Schlaich/Korioth*, Das Bundesverfassungsgericht, 7. Aufl., 2007, Rn. 448.

19. *K. Stern*, Staatsrecht, Bd. Ⅰ, 1984, § 4 Ⅲ 8 d.

력을 발휘하도록 법규범을 해석하라는 것이다.[20] 따라서 헌법지향적 법률해석은 합헌적 법률해석처럼 법규범의 해석시 헌법을 통제기준으로 사용하라는 의미가 아니다. 그에 반해 합헌적 법률해석은 규범통제절차에 있어서 법규범의 단순위헌결정을 방지할 수 있는[21] 헌법재판소의 특별한 수단이다.[22] 법문의 내용 규명이라는 '헌법지향적 법률해석'과 헌법과 합치되는지 여부의 문제인 '합헌적 법률해석'간의 근본적인 차이를 인식해야 한다.[23] 헌법지향적 법률해석은 법률이하의 법규범의 해석 및 적용시 기본권의 '방사효' 및 '해석을 지도하는 고려사항'[24]을 인식하고[25] 헌법의 원칙들을 고려하여 해석하라는 것이다.[26] 헌법은 전통적인 인식기준 이외에 동등한 해석학적 수단으로 기능하며, 올바르고 결정적인 법률의 의미를 찾아내기 위해서만 요구되는 것은 아니다.[27] 헌법지향적 법률해석은 통일적인 적용과 헌법과 법률 이하의 법규범간의 관계에서 법의 모순이 없는 적용을 가능하게 하기 위한 목적에 기여한다. 반면, 합헌적 법률해석은 법률 이하의 법규범이 헌법의 가치결정과 조화되도록 해석해야 한다는 요구이다.[28]

이와 달리 합헌적 법률해석에 대해 다른 견해가 주장된다. 이 입장에서는 합헌적 법률해석은 좁은 의미에서 해석이 아니고,[29] 따라서 합헌적 법률해석은 헌법지향적 법률해석의 하위에 위치하는 것으로 볼 수 없다는 것이다.[30] 오히려 합헌적 법률해석은 해석Auslegung – 포섭 Subsumtion[31] – 적용Anwendung 이라는 법적용

20. *H. Simon*, EuGRZ 1974, S. 85 (87).
21. *H. Simon*, EuGRZ 1974, S. 85 (87).
22. *K. Stern*, Staatsrecht, Bd. Ⅰ, 1984, § 4 Ⅲ 8 d.
23. *H. Simon*, EuGRZ 1974, S. 85 (86).
24. BVerfGE 99, 185 (196).
25. *H. Dreier*, Die Verwaltung 36 (2003), S. 111 ff.; *G. F. Schuppert*, AöR 106 (1981), S. 663.
26. *Schlaich/Korioth*, Das Bundesverfassungsgericht, 7. Aufl., 2007, Rn. 448.
27. *W. Skouris*, Teilnichtigkeit von Gesetzen, S. 115.
28. Vgl. *S. Wesser*, NJW 2001, S. 475 (477); *C.-W. Canaris*, Die verfassungskonforme Auslegung und Rechtsfortbildung im System der juristischen Methodenlehre, in: FS für Kramer, 2004, S. 141 (154).
29. *H. Simon*, EuGRZ 1974, S. 85 ff. (86): 지몬 교수는 헌법지향적 법률해석과 합헌적 법률해석은 법해석학적으로 명확히 구별된다고 한다.
30. *A. Voßkuhle*, Theorie und Praxis der verfassungskonformen Auslegung von Gesetzen durch Fachgerichte, AöR 125 (2000), S. 177 (180).
31. 포섭(Subsumtion)이란 구체적 사실이 추상적 법률구성요건에 들어맞는 것으로 확인하는 것, 즉 법

의 3단계에 있어서 '우선적 규율'[32]로서 작용한다.[33] 이 시점에서 본래의 해석과정은 이미 종료한다. 합헌적 법률해석은 법규범의 내용과 적용영역에 영향을 더 이상 미칠 수 없게 된다. 따라서 베터만K.-A. Bettermann 교수는 합헌적 법률해석을 '허위의 논증falsa demonstratio'이라고 지칭했다. 그리고 합헌적 법률해석은 법규범의 해석이 아니라, 사전적 규범통제라고 하였다.[34] 합헌적 법률해석이 이미 법규범 해석과정에 영향을 미친다면, 합헌적 법률해석은 스스로 다양한 해석가능성을 내포하고 있다는 것이다.[35]

헌법지향적 법률해석과 합헌적 법률해석간의 용어상 구별은 실패한 것이라는 견해도 있다. 이는 양자의 구별이 규범목적의 발견과 규범통제기능간을 명확히 구분할 수 없기 때문이다.[36] 그러나 헌법지향적 법률해석은 해석으로서 전체 법률적용과정에서 본래의 인식작용으로서 사용할 수 있다.[37] 헌법지향적 법률해석에 의하여 역사적·체계적 해석의 방법으로 법규범의 내용에 미치는 헌법적 원칙을 고려해야 한다. 헌법지향적 법률해석은 합헌적 법률해석을 위한 진정한 해석으로서 필수불가결하게 관련되어 있다. 결국 개별적 사건에서 헌법지향적 법률해석에 의해 고도의 확신력이 부여될 경우, 결과적으로 법률 이하의 법규범이 헌법합치적으로 해석될 가능성이 높다. 합헌적 법률해석은 넓은 의미에서 해석으로서 기능하고, 헌법지향적 법률해석은 좁은 의미에서 해석으로서 기능한다. 이러한 점에서 헌법지향적 법률해석과 합헌적 법률해석간의 구별은 의미있는 일이다.

문에 의해 일반적으로 의미되어 있는 경험내용과 구체적 사안의 지각 가능한 경험사실 간에 동일성이 존재하는 것으로 확인하는 것을 말한다(치펠리우스(김형배 역), 법학방법론, 삼영사, 1976, 135-136면).

32. *W. Boecken*, BGB - Allgemeiner Teil, 2007, Rn. 76.

33. Vgl. *Chr. Seiler*, Auslegung als Normenkonkretisierung, 2000, S. 33;

34. *K.-A. Bettermann*, Die verfassungskonforme Auslegung, 1986, S. 22.

35. *L. Kuhlen*, Die verfassungskonforme Auslegung von Strafgesetzen, 2006, S. 1; *H. Bogs*, Die verfassungs konforme Auslegung von Gesetzen, 1966, S. 26 f.

36. *Schlaich/Korioth*, Das Bundesverfassungsgericht, 7. Aufl., 2007, Rn. 448; *W. Skouris*, Teilnichtigkeit von Gesetzen, 1973, S. 113.

37. Vgl. BVerfGE 96, 375 (393 f.); *Chr. Fischer*, Topoi verdeckter Rechtsfortbildungen im Zivilrecht, 2007, S. 38, 40; *K. Larenz*, Methodenlehre der Rechtswissenschaft, 6. Aufl., 1991, S. 348 ff.; *Larenz/Canaris*, Methodenlehre der Rechtswissenschaft, 3. Aufl., 1995, S. 168 ff.

Ⅱ. 합헌적 법률해석의 이론적 근거

1. 법률의 합헌성 추정

독일 연방헌법재판소의 판결에 의하면, 어떤 법률이 헌법에 합치된다고 추정하는 것뿐만 아니라, 합헌성의 의문시 합헌적 법률해석의 요구가 추정되는 원칙이라고 한다.[38] 이러한 주장의 이유는 합헌적 법률해석은 어떤 법률이 헌법에 합치되는 것으로 해석될 수 있는 경우, 위헌으로 선언하지 않아야 하는 원칙으로 작용하기 때문이다.[39] 이 입장에 대해 비판적인 견해가 있다.[40] 이 견해는 상당한 위헌적인 법률의 경우에 법률의 합헌성 추정을 위한 경험적 기초를 지니고 있지 않다.[41] 헌법재판소가 판시하고 있는 '추정'은 이미 사실적인 견지에 그 기초가 존재하지 않는다. 또한 합헌적 법률해석이 이루어지는 법규범은 거의 위헌성의 한계에 봉착해 있는 경우이므로,[42] 법규범적 견지에서 합헌성 추정의 논거는 설득력이 부족하다고 한다. 왜냐하면 법률의 합헌성 추정은 입법부나 행정부의 헌법기속에 반하기 때문이다.[43]

---

38. Vgl. BVerfGE 2, 266 (282); 8, 210 (220); 9, 338 (350); *M. Imboden*, Normkontrolle und Norminterpretation, in: FS für Hans Huber, 1961, S. 133 (139). 우리나라 논문으로 법률의 합헌성 추청에 관한 설명으로는 이영우, 합헌적 법률해석에 관한 연구, 법학논총, 목원대학교 법학연구소, 1994. 12, 101면 이하.
39. BVerfGE 2, 266 (282); *Herzog*, BayVBl. 1959, S. 276; *B. Bender*, MDR 1959, S. 441 (446 f.); *K. Stern*, Das Staatsrecht, Bd. Ⅲ/2, 1994, § 90 Ⅱ 3 a; *Friauf*, AöR 85, (1960), S. 224 (230); *Zippelius*, Die verfassungskonforme Auslegung von Gesetzen, in: Starck, Bundesverfassungsgericht und Grundgesetz, 1976, S. 108 (111).
40. *H. Bogs*, Die verfassungskonforme Auslegung von Gesetzen, S. 21 f.; *J. Burmeister*, Die Verfassungsorientierung der Gesetzesauslegung, 1966, S. 102 ff.; *C.-W. Canaris*, in: FS für Kramer, 2004, S. 141 (147); *A. Voßkuhle*, AöR 125 (2000), S. 177 (182 f.).
41. Vgl. C.-W. *Canaris*, in: FS für Kramer, 2004, S. 141 (147); *K. A. Bettermann*, Die verfassungskonforme Auslegung, Grenzen und Gefahren, Heidelberg, 1986, S. 25; *A. Voßkuhle*, AöR 125 (2000), S. 177 (182 f.).
42. *Chr. Gusy*, Parlamentarischer Gesetzgeber und Bundesverfassungsgericht, 1985, S. 218; *A. Voßkuhle*, AöR 125 (2000), S. 177 (182 f.); *W. Skouris*, Teilnichtigkeit von Gesetzen, 1973, S. 99.
43. *J. Burmeister*, Die Verfassungsorientierung der Gesetzesauslegung, 1966, S. 107; *K. A. Bettermann*, Die verfassungskonforme Auslegung, Grenzen und Gefahren, Heidelberg, 1986, S. 25.

2. 법질서의 통일성과 단계구조

헌법은 법률 이하의 법규범에 그 효력을 미치고 있다. 독일 연방헌법재판소의 뤼트Lüth 판결 이래로 기본권을 '전체 헌법질서의 근원'[44]이자 '가치질서'[45]로서 이해한다. 가치질서란 법질서에 있어서 최고의 법원칙으로서 헌법규범간의 내용적 관련망網으로 이해된다. 이러한 헌법적 가치는 법률 이하의 법규범에 방사효Ausstrahlungswirkung[46]를 미친다는 것이 판례이자 일반적인 견해이다. 가치질서의 방사효는 국가뿐만 아니라 사인간의 관계에도 적용된다. 다만, 기본권의 제3자효의 문제로서 사인간의 관계에서는 기본권이 직접적으로 미치는지 아니면 기본권이 사법상 일반원칙 조항 또는 불확정 개념을 통해 기본권이 간접적으로 미치는지[47] 여부가 논란이 되고 있다.[48] 법률 이하의 법규범과 헌법의 관계는 규범간의 내용적 관계와 관련하여 중요한 문제이다. 가치질서의 방사효 문제는 상하위의 규범간의 관계로도 해결할 수 있다. 상위의 법규범의 내용은 하위의 법규범에 영향을 주듯이, 상이한 서열의 규범간의 내용적 관련성이 존재한다. 이는 모든 법규범은 최고법인 헌법에 합치되는 범위내에서 해석되고 적용되어야 한다는 '법질서의 통일성' 사고에 기인하는 것이다.[49]

---

44. Vgl. *U. Di Fabio*, Grundrechte als Werteordnung, JZ 2004, S. 1 (6).

45. Vgl. *U. Di Fabio*, JZ 2004, S. 1 ff.; *R. Zippelius*, Verfassungskonforme Auslegung von Gesetzen, in: Chr. Starck (Hrsg.), Bundesverfassungsgericht und Grundgesetz, 1976, S. 108 ff. (109).

46. BVerfGE 7, 198 (207); 73, 261 (269); 76, 143 (161).

47. 뒤리히(G. Dürig)는 기본권의 양면성을 인정하지 않으면서, 기본권의 객관적 원칙효력(die objektive Grundsatzwirkung der Grundrechte)을 인정하는 입장에서 간접적 효력설을 전개하였다. 뒤리히에게는 독일 기본법 제1조 제1항의 인간의 존엄성 존중규정이 방사효를 지닌 핵심적인 가치규범이었다. 이러한 인간의 존엄성 존중규정은 한편으로는 국가에 대한 개인의 주관적 자유권으로서의 기본권이 개인의 자유와 자치를 보장하기 위해서 보장하고 구체화하며, 다른 한편으로는 보편적이면서 간접적으로 인간의 존엄성 존중규정으로부터 개별기본권의 내용이 구체화되는 한도에서 방사효를 위한 관계에 있다(*G. Dürig*, Grundrechte und Zivilrechtsprechung, in: Vom Bonner Grundgesetz zur gesammtdeutschen Verfassung, FS für Hans Nawiasky, München 1956, S. 157-190).

48. 이에 관한 기본적인 논문으로는 *W. Leisner*, Grundrechte und Privatrecht, 1960, S. 306 ff.; *C. W. Canaris*, Grundrechte und Privatrecht, AcP 1994, S. 201 ff.; *W. Rüfner*, Drittwirkung der Grundrechte, in: Gedächtnisschrift für Wolfgang Martens, 1987, S. 215 ff.; *G. Hermes*, Grundrechtsschutz durch Privatrecht auf neuer Grundlage?, NJW 1990, S. 1764 ff.

49. Vgl. *K. Hesse*, Grundzüge des Verfassungsrechts der Bundesrepublik Deutschland, 20. Aufl., 1995, § 2 Rn. 80; *K. Stern*, Staatsrecht, Bd. Ⅲ/2, 1994, § 90 Ⅱ 3 a; *H. Simon*, Die verfassungskonforme Gesetzesauslegung, EuGRZ 1974, S. 85 (86).

합헌적 법률해석의 근거로서 법질서의 통일성이 언급되고 있다.[50] 통일성 원칙이란 국가의 법질서는 헌법을 최고법으로 하여 헌법의 근본가치에 의해 지배되는 통일성을 형성하며, 동시에 헌법과 조화되는 법률규정의 해석은 허용되나, 헌법에 모순되는 법률규정의 해석은 허용되지 않는다는 원칙이다.[51] 즉, 헌법의 통일적 해석은 헌법의 근본적인 핵심을 유지하고 헌법의 기본정신과 체계의 일관성을 유지하여 헌법을 보장하기 위한 것이다. 따라서 통일적 해석이라는 것은 개별 헌법규범들이 헌법의 근본적 원칙을 위반하는 것이 아닌 한도에서 인정될 수 있다.[52]

위계질서가 상이한 법규범간의 폐지관계는 필수불가결하다. 따라서 법질서의 통일성이 합헌적 법률해석의 효력근거는 될 수 있지만, 충분조건은 아니므로, 법질서의 통일성은 헌법에 반하는 해석을 허용할 수도 있고, 헌법합치적 법률해석을 허용하지 않을 수도 있다.[53] 따라서 합헌적 법률해석은 추가적인 정당성을 필요로 한다.

3. 법규범유지의 원칙("favor legis")

법규범의 상충은 헌법규범간의 상충을 의미한다. 하나는 법치국가원칙, 법적 안정성, 그리고 법질서의 통일성 원칙이 법규범의 상충의 해결책으로서 제공된다. 다른 하나는 법원이 법률과 법에 기속된다는 것이다. 사법부의 법률기속원칙과 권력분립원칙은 민주적 법치국가의 필수불가결한 근간이자 헌법의 중추적 가치판단이다.

법률 이하의 법규범이 헌법에 저촉되면, 헌법에 모순되는 법률 이하의 법규범의 저촉을 제거하기 위하여 법규범의 무효 청구를 통해 전체 법규범간의 조화를 이루려고 한다.[54] 반면, 법률에 대하여 헌법의 우위를 관철하기 위해, 해석으

---

50. BayVGHE 5, 19 (29); *K. A. Bettermann*, Die verfassungskonforme Auslegung, Grenzen und Gefahren, S. 25 f.; *A. Voßkuhle*, AöR 125 (2000), S. 177 (183).

51. BayVGHE 5, 19 (29); 5, 41 (53); 10, 101 (113); *H. Bogs*, Die verfassungskonforme Auslegung von Gesetzen, S. 22 f.; *K. Hesse*, Grundzüge des Verfassungsrechts, 20. Aufl., § 2 Rn. 81; *D. Felix*, Einheit der Rechtsordnung, 1998.

52. 정재황, 헌법재판의 기준, 공법연구 제25집 제4호, 370면.

53. *W. Skouris*, Teilnichtigkeit von Gesetzen, 1973, S. 101.

54. *C.-W. Canaris*, in: FS für Kramer, 2004, S. 141 (152).

로 헌법에 의해 허용될 수 있는 법규범을 유지하는 원칙인 법규범유지의 원칙이 도출된다.[55]

이러한 favor legis 사상(법규범유지의 원칙)은 학설[56]과 독일 연방헌법재판소의 판례[57]에 의해 합헌적 법률해석의 정당성 근거로 제시되었다. 합헌적 법률해석은 구체적 규범통제(헌법 제107조 제1항)와 관련하여 "법규범유지의 원칙"로서 그리고 "법규범보존수단"으로서 이해될 수 있다.[58] 법률심사에 있어서 헌법과의 합치 여부와 관련하여 독일의 연방헌법재판소는 다음과 같이 판결하였다. "어느 법률이 헌법과 합치되도록 해석이 가능하면, 그 법률은 위헌이 아니다."[59] 합헌적 법률해석은 법규범의 파기에 의한 입법권의 침해를 방지하기 때문에, 헌법재판소의 실무에서 합헌적 법률해석은 무효선언 또는 위헌선언의 대안代案이 된다.[60] 합헌적 법률해석의 요청, 즉 법률이 헌법합치적으로 해석될 가능성이 있는 한, 무효로 선언되어져서는 안된다는 것은 "법규범유지의 원칙"의 결과로부터 나온다.[61] 법규범유지의 원칙으로서의 합헌적 법률해석은 당연하게도 입법자의 의사를 유지하고 존중하는데 기여한다.[62] 합헌적 법률해석을 통해 가능한 한 입법자에 의해 공포된 법률을 유지하려는 시도는 '헌법의 수호자Hüter der

55. *C.-W. Canaris*, Die verfassungskonforme Auslegung und Rechtsfortbildung, S. 141 (152).

56. Vgl. *Bethge*, in: Maunz/Schmidt-Bleibtreu/Klein/Bethge, Bundesverfassungsgerichtsgesetz, Bd. 1, § 31 Rn. 263; *C.-W. Canaris*, Die verfassungskonforme Auslegung und Rechtsfortbildung, S. 141 (148 ff.); *H. Simon*, in: E. Benda/W. Maihofer/H.-J. Vogel (Hrsg.), HdbVerfR, 2. Aufl., 1994, § 34, Rn. 53.

57. BVerfGE 86, 288 (320); 90, 263 (275); 110, 226 (267).

58. *F. Schack*, Die verfassungskonforme Auslegung, JuS 1961, S. 269 (270f.); *J. Burmeister*, Die Verfassungsorientierung der Gesetzesauslegung- Verfassungs- konforme Auslegung oder vertikale Normendurchdringung?, 1966, S. 42 u. S. 125.

59. BVerfGE 2, 266 (282); 69, 1 (55).

60. Vgl. BVerfGE 2, 266 (282); 7, 120 (126); 8, 38 (41); 8, 71 (77); 19, 1 (5); 30, 129 (148); 32, 373 (383f.); 36, 263 (271); 48, 40 (45); 49, 148 (157); 69, 1 (55); *A. Rinken*, AK-GG, Bd. III, Art. 94 Rn. 54; *F. Weyreuther*, Bundesverfassungsgericht und Verfassungsbeschwerde- Kompetenz und Kompetenzüberschreitung, DVBl. 1997, S. 925 (929).

61. *W. Skouris*, Teilnichtigkeit von Gesetzen, Berlin 1973, S. 107.

62. Vgl. BVerfGE 54, 277 (299f.); 71, 81 (105); 90, 263 (275); *H. Ehmke*, Prinzipien der Verfassungsinterpretation, VVDStRL 20 (1963), S. 53 (74f.); *K. Stern*, Verfassungsgerichtsbarkeit und Gesetzgebung, in: FS für M. Kriele, München 1997, S. 418.

Verfassung'로서의 헌법재판소의 임무의 제한을 야기한다.[63]

법규범의 완전한 무효화는 최후의 수단이고 합헌적 법률해석을 불가능하게 한다.[64] 이는 법규범의 무효화의 대안으로서 법규범이 헌법합치적으로 해석되는 한 그 법규범은 최소한 부분적으로 유효하다. 이것이 법규범유지의 원칙으로서 합헌적 법률해석의 적극적 구성요소이다.[65] 합헌적 법률해석은 법원의 법제정권을 제한하는 한도에서 권력분립을 강화시켜 준다. 또한 실정법의 유효성을 신뢰하고 행동한 사람을 위한 법적 안정성에 기여한다.[66] 그러나 법규범유지에 의해서 입법자가 지닌 새로운 법규율의 기회가 박탈될 수 있다.[67] 비록 합헌적 법률해석의 가능성을 통해 규범유지의 장점들이 과소평가될 수 없지만,[68] 법규범유지의 원칙이 합헌적 법률해석의 정당성을 결코 보장할 수는 없다.

Ⅲ. 합헌적 법률해석의 정당성 및 한계

1. 합헌적 법률해석의 정당성

어떤 법률문언이 법문해석시 "다의성"을 가질 때, 입법자가 어떤 의미를 그 어휘에 부여하였는가는 고립된 고려를 통해서는 결정할 수 없다. 각각의 법문의 표현은 문장의 구성요소이고 그 밖에 사용된 표현들과 관련하여 필연적인 구성요소로서 이해되어질 수 있다. 이와 관련하여 구성요소로서의 이러한 표현들은 입법자에 의해 제정된 법문의 표현과 관련하여서 도출된다. 구성요소로서의 표현들은 해석시 고립적으로 해석되어져서는 안되고, 그 문맥으로부터 해석되어져야 한다.[69]

---

63. *H. Simon*, EuGRZ 1974, S. 86.

64. Vgl. BVerfGE 68, 337 (344); 85, 329 (333 f.); *H. Bogs*, Die verfassungskonforme Auslegung von Gesetzen, S. 33; Lüdemann, JuS 2004, S. 27 (30).

65. *Göldner*, Verfassungsprinzip und Privatrechtsnorm in der verfassungkonformen Auslegung und Rechtsfortbildung, 1969, S. 44.

66. *Göldner*, Verfassungsprinzip und Privatrechtsnorm, S. 45.

67. *K. Stern*, Staatsrecht, Bd. Ⅲ/2, 1994, § 90 Ⅱ 3 *c*; *Schlaich/Korioth*, Das Bundesverfassungsgericht, 7. Aufl., 2007, Rn. 451.

68. *W. Skouris*, Teilnichtigkeit von Gesetzen, S. 107 f.

69. Vgl, *Otto Depenheuer*, Der Wortlaut als Grenze, S. 39f.; *K. Larenz*, Methodenlehre der Rechtswissenschaft, 6. Aufl., 1991, S. 324 ff., 343; *Larenz/Canaris*, Methodenlehre der Rechtswissenschaft, 3.

헌법우위의 원칙에 따라 법률의 다양한 해석가능성으로부터 헌법과 불합치할 수 있는 특정한 해석을 제한하고, 헌법재판소가 일반법원의 헌법불합치적 해석에 대해 거부할 수 있다.[70] 보통의 경우 헌법재판소는 규범의 특정한 해석이 헌법합치적이 아니라고 확인할 수 있다.[71] 합헌적 법률해석의 본질적 목적은 헌법의 법률적합성을 통한 헌법과 법률사이의 갈등해결이 아니라, 헌법의 우위를 근거로 한 "법률의 헌법합치성"이다.[72]

헌법은 하위규범의 해석을 위한 추론기능Erschließungsfunktion을 부여한다. 이는 자명하게도 헌법은 규범의 내부적 시스템을 함께 형성하기 때문이다.[73] 그러므로 합헌적 법률해석의 정당성은 결코 특별한 문제를 제기한 것이 아니라, 국가이론적으로 '국민주권의 규범특권'에 의해 근거되어질 수 있다.[74] 스코우리스W. Skouris의 반대견해, 즉 합헌적 법률해석은 기본법 제100조 1항(우리 헌법 제107조 제1항)에 의해 헌법재판소에 유보되어져야만 한다는 견해[75]는 입법자의 구체적 규율시 입법부의 구체화에 대한 우위의 침해와 기능적 손상을 유발한다는 것을 인식하지 못한 것이다.[76] "입법자에 대한 존중"[77]은 합헌적 법률해석에 의해 위헌적인 해석을 제거하는 대신에, 법원이 헌법상 허용되는 유권적 해석에 의해 판결할 때, 무너질 수 있다.[78] 즉, 합헌적 법률해석을 허용하기 위한 전제조건은 합

Aufl., 1995, S. 145 ff., 164; *M. Winkler*, Juristische Texte als "Werkzeuge", JuS 1995, S. 1056 (1058).

70. BVerfGE 62, 323 (333); 66, 313 (319); 69, 1 (55); 90, 263 (274f.).

71. *Jörg Berkemann*, Zur Auslegung des einfachen Gesetzes im Verfahren der konkreten Normenkontrolle, AöR Bd. 99 (1974), S. 54 (66); *K. A. Bettermann*, Die verfassungskonforme Auslegung, Grenzen und Gefahren, Heidelberg, 1986, S. 44.

72. Vgl. *Chr. Gusy*, "Verfassungspolitik" zwischen Verfassungsinterpretation und Rechtspolitik, Heidelberg 1983, S. 23ff.

73. Vgl. *Johannes Hager*, Gesetzes- und sittenkonforme Auslegung und Aufrechterhaltung von Rechtsgeschäften, München 1983, S. 25 m.w.N.

74. *Harald Bogs*, Die verfassungskonforme Auslegung von Gesetzen, S. 24.

75. *W. Skouris*, Teilnichtigkeit von Gesetzen, S. 108ff.

76. Vgl. *Koch/Rüßmann*, Juristische Begründungslehre, München 1982, S. 268.

77. BVerfGE 86, 288 (320); 90, 263 (275); 110, 226 (267); *C.-W. Canaris*, in: FS für Kramer, 2004, S. 141 (149).

78. *A. Voßkuhle*, AöR 125 (2000), S. 177 (183 f.); *G. F. Schuppert*, Funktionell-rechtliche Grenzen der Verfassungsinterpretation, 1980, S. 7.

헌적 법률해석이 스스로 정당화될 때, 적합성이 인정될 수 있다.[79]

2. 합헌적 법률해석의 위험과 한계

(1) 합헌적 법률해석의 위험성

일반법원은 법률의 해석능력의 한계를 무시해서는 안된다. 법원은 법률해석권을 통해 입법자의 권한뿐만 아니라, 헌법재판소의 권한을 침해할 수 있다. 이는 헌법 제107조 제1항에 의거하여 헌법에 반하는 법률을 위헌선언할 권한이 헌법재판소에 유보되어 있기 때문이다.[80] 따라서 법원은 헌법 제107조 제1항에 의거하여 헌법에 반하는 법률이라고 판단될 경우, 헌법재판소에 제청할 의무가 있다. 또한 제청법원은 합헌적 법률해석이 불가능하다는 이유를 제시해야 한다.[81]

헌법재판소를 통한 합헌적 법률해석은 헌법합치적 규범을 직접적으로 초래하고 입법자가 입법한 규범에 대하여 헌법소송이 제기되고, 결과적으로 무효 또는 헌법불합치로 선언되는 것을 막아주는 판결과 동일한 효과를 낳는다. 합헌적 법률해석은 기본법의 존중과 관철의 보장방법이고 이를 통해 입법자를 보호한다.[82]

그러나 헌법재판소가 어느 법률을 헌법합치적으로 해석함으로써 위헌 또는 무효의 선언을 피한다면, 이른바 입법부의 존중은 2가지 관점에서 입법자의 규범제정특권을 약화시킬 수 있다. 첫째, 입법자는 자신의 법정치적 형성여지와 관련하여 위헌의 의심이 가는 규범을 포기할 가능성을 가질 수 있다.[83] 법률이 위헌 또는 무효로 선언되는 대신 헌법합치적으로 해석될 때, 한편으로는 규범의 포기와 다른 한편으로는 각 규범의 헌법합치적 새로운 형성 간에 선택가능성을 헌법재판소가 입법자에게서 빼앗는 결과가 된다. 둘째, 입법자는 헌법재판

---

79. *H. Bogs*, Die verfassungskonforme Auslegung von Gesetzen, S. 27.

80. BVerfGE 8, 28 (34f.); 54, 277 (299f.); 63, 131 (141); 71, 81 (105); 86, 71 (77); 90, 263 (274f.); 95, 64 (93); 99, 341 (358); vgl. *Christian Hillgruber*, Richterliche Rechtsfortbildung als Verfassungsproblem, JZ 1996, S. 118 (119).

81. BVerfGE 90, 145 (170); *U. Steiner*, Zum Entscheidungsausspruch und seinen Folgen bei der verfassungsgerichtlichen Normenkontrolle, in: J. Isensee/H. Lecheler (Hrsg.), Frieheit und Eigentum, FS für W. Leisner, 1999, S. 569 (574).

82. *Udo Steiner*, in: FS für W. Leisner, 1999, S. 568 (572); *A. Voßkuhle*, AöR 125 (2000), S. 177 (187).

83. Vgl. z.B. BVerfGE 19, 342 (347ff.).

소에 의해 무효로 선언된 법률의 헌법합치적인 새로운 규범을 결정할 때, 헌법에 의해 다양한 규율대안을 가질 수 있다. 또한 이러한 입법자의 법정치적 규율여지가 합헌적 법률해석을 지닌 헌법재판소에 의해 법률파기를 포기함으로써 위헌적으로 무시된다.[84]

(2) 합헌적 법률해석의 한계

합헌적 법률해석의 사상적 출발점은 입법자에 대한 사법적 자제에 있다. 사법적 자제를 통하여 법규범이 유지되는 것이다.[85] 이러한 합헌적 법률해석의 한계로는 어떠한 경우에도 법규범 유지를 위한다는 미명 아래 법규범의 해석을 왜곡해서는 안되며, 법규범의 변경을 통한 적극적인 입법은 법원뿐만 아니라, 헌법재판소에게도 금지된다.[86]

독일 연방헌법재판소는 전원합의체 판결을 통해 합헌적 법률해석의 한계를 다음과 같이 판시하였다.[87] 첫째, 합헌적 법률해석은 법규정에 대한 문구의 범위내에서 이루어져야 한다.[88] 우리나라 헌법재판소의 소수의견에서도 "일의적인 법문의 한계를 벗어나는 무리한 해석이자 법문에 드러난 입법자의 객관적 의사를 무시하고 실질적으로 헌법재판소가 임의로 새로운 입법을 하는 것과 다름없는 것이다. 헌법재판소가 입법권에 대한 존중이라는 이름아래 무리한 법률해석을 통하여 문제되는 법률의 효력을 유지시킨다면, 오히려 입법자의 형성권이 침해될 위험이 있다."고 판시하였다.[89]

둘째, 입법자의 기본적 결정, 평가 그리고 이를 통해 추구하는 법률의 목적에 저촉되어서는 안된다. 일의적인 법률에 상반된 의미를 부여하거나 입법목적의 본질적인 부분을 간과하거나 왜곡해서는 안된다.[90]

독일 연방헌법재판소는 1991년 10월에 긴급집회Eilversammlungen의 사전신고의

84. BVerfGE 86, 340 (351).

85. *Schlaich/Korioth*, Das Bundesverfassungsgericht, 7. Aufl., 2007, Rn. 449.

86. *Chr. Pestalozza*, Verfassungsprozeßrecht, 2. Aufl., 1982, S. 11 f.

87. BVerfGE 54, 277 (299); 71, 81 (105). *H. Heußner*, Folgen der Verfassungswidrigkeit eines Gesetzes ohne Nichtigerklärung, NJW 1982, S. 262.

88. *O. Depenheuer*, Der Wortlaut als Grenze, 1988 참조..

89. 헌재 2002. 8. 29, 2000헌가5, 판례집 제14권 2집, 재판관 주선회의 헌법불합치의견.

90. Vgl. BVerfGE 63, 131 (147 f.): 일의적인 법문은 합헌적 법률해석을 배제한다. BVerfGE 64, 229 (241): 법문과 그 의미.

무가 어느 범위까지 합헌인가에 관한 판결[91]에서 합헌적 법률해석의 법목적적 한계를 언급하였다. 옥외집회의 개최 48시간 전까지 신고의무를 규정한 독일 집회에 관한 법률VersG 제14조를 긴급집회에 대해서도 그대로 적용하는 것이 헌법상의 집회의 자유와 조화될 수 있는 것인가를 청구한 헌법소원심판사건에서 집회에 관한 법률VersG 제14조를 합헌적으로 해석함으로써 한정합헌결정을 하였다. 만약 사전신고 없이 집회를 개최하는 자는 동법 제26조 제2호에 의하여 형사처벌을 받도록 규정되어 있었다. 독일 연방헌법재판소는 긴급집회의 경우에는 긴급집회의 성질상 48시간 전 사전신고의무를 획일적으로 적용할 수는 없기 때문에 집회신고가 가능해진 때에 즉시 신고해야 한다는 내용으로 해석하는 한, 헌법상의 집회의 자유와 조화될 수 있다고 결정하였다. 입법권자가 옥외집회의 48시간 전 사전신고의무규정을 통해서 추구한 입법목적은 치안관청에서 옥외집회 개최에 대한 정보를 사전에 제공함으로써 집회의 평온한 진행을 보장하고 제3자 또는 사회공동체의 이익을 보호하기 위한 사전예방조치를 하는데 필요한 시간적 여유를 주려는데 있다고 본다면 옥외집회의 사전신고의무 자체는 이 목적달성을 위해서 반드시 필요하다고 말할 수 있지만, 사전신고의무의 시간적 규정은 긴급집회의 경우에 한해서 그「집회신고가 가능해진 때」에 즉시 신고하는 방향으로 융통성 있게 해석해도 이 규정의 입법목적이 완전히 변질되는 것이라고 볼 수는 없다는 것이다. 그리고 이것은 우발적 집회에 대해서는 우발적 집회의 성질상 사전신고의무규정을 적용할 수 없는 것과 맥을 같이 하는 것이라는 점을 강조하였다. 따라서 옥외집회의「48시간 전 신고의무」규정을 긴급집회의 경우에는「신고가 가능해진 때에 즉시 신고해야 할 의무」규정으로 제한적으로 해석하는 것은 헌법상의 집회의 자유와 조화시키기 위한 불가피한 합헌적 해석으로서 결코 합헌적 법률해석의 법목적적 한계를 벗어난 것이 아니라고 판시하였다.[92]

Ⅳ. 합헌적 법률해석과 구체적 규범통제

법치국가에서 어떠한 법률 이하의 법규범이 위헌성이 있다고 인정될 경우, 이러한 위헌성을 제거하려는 시도가 이루어진다. 이에는 2가지가 있다. 하나는

91. BVerfGE 85, 69 ff.

92. 허 영, 합헌적 법률해석의 본질과 한계, 헌법논총 제3집, 1992, 172-173면 참조.

위헌적인 법률이나 법률조항을 무효화하여 삭제하는 방법이고, 다른 하나는 법률이나 법률조항을 그대로 두고, 위헌적인 규범의 적용을 차단하는 방법이다. 전자를 규범통제라 하고, 후자를 합헌적 법률해석이라 할 수 있다.

일반법원판사는 어느 법률규정의 위헌성의 확신시, 헌법 제107조 제1항에 의한 법관제청을 통해 구체적 규범통제를 요청함으로써, 자신의 의무를 수행할 수 있다. 또한 일반법원의 판사는 헌법재판소에 위헌심판결정을 제청하기 전에, 합헌적 법률해석을 통한 적용을 시도해야 한다.[93] 헌법재판소와 같은 규범파기권을 지니지 않은 일반법원을 통한 합헌적 법률해석시, 일반법원의 합헌해석이 규범통제의 손상을 야기할 수 있는지가 문제된다. 왜냐하면 일반법원을 통한 법률의 합헌적 해석은 구체적 규범통제에 대한 회피수단으로 이해되어질 수 있기 때문이다.[94] 일반법원들은 합헌적 법률해석과 법률의 새로운 해석의 소명을 가지고 있다. 왜냐하면 헌법재판소는 확실히 합헌적 법률해석을 통하여 제청의 회피를 자극하기 때문이다. 따라서 합헌적 법률해석은 법률이 헌법과 불합치하는 범위내에서 부분적으로 부적용이 선언되어지는 결과를 지니는, 공인받지 않은 법관법Richterrecht의 한 종류로서 침입요지Einfallstor가 된다. 구체적 규범통제를 회피할 목적으로 일반법원이 법률을 위헌적으로 부적용하는 것은 법관법적으로 적지 않게 합헌적 법률해석의 방법으로 달성되어진다.[95]

규범통제의 권한이 어느 정도 상관관계를 가지고 해당규범을 해석하는 권한을 야기하는 바와 같이, 합헌적 법률해석은 헌법재판적 규범통제의 결과로서 일반적 언어습관과 일치한다.[96] 제청법원은 합헌적 법률해석의 문제에 대하여 심화된 생각을 했다는 것을 논리정연하게 설명해야 하고, 왜 합헌적 법률해석이 불가능한지를 납득할 수 있게 설명해야 한다. 헌법재판소는 제청법원이 왜 헌법합치적 해석이 불가능하다고 생각하는지에 대해 제청법원의 이유제시가 충분하다고 선언할 수 있다. 또한 헌법재판소는 제청법원에 의해 거부된 합헌적 법률해석을 새로이 실행할 수 있다.[97]

---

93. Vgl. *M. Sachs*, Normenkontrollverfahren bei primärem Gemeinschaftsrecht?, NJW 1982, S. 465 (466).

94. *V. Krey*, Rechtsfindung contra legem als Verfassungsproblem (III), JZ 1978, S. 465 (467).

95. *Horst Sendler*, Überlegungen zu Richterrecht und richterlicher Rechtsfortbildung, DVBl. 1988, S. 838.

96. *K. Hesse*, Grundzüge des Verfassungsrechts, 20. Aufl., Rn. 84 mit Fn. 54.

97. *Joachim Burmeister*, Das Bundesverfassungsgericht als Revisionsinstanz, DVBl. 1969, S. 605 ff. (607); *ders.*, Die Verfassungsorientierung der Gesetzesauslegung – Verfassungskonforme Auslegung oder

우리 헌법 제107조 제1항에 의하면 일반법원에 의해 위헌적으로 간주되는 법률을 무효로 취급하고 부적용할 수 있는 권한이 일반법원에게 인정되지 아니한다. 재판의 전제성이 있는 규범의 헌법합치적 해석의 가능성이 있을 때, 일반법원은 "헌법기속"에 의하여 적용되는 법률의 합헌성 심사를 하고, 가능한 한 헌법합치적으로 해석할 권리와 의무가 있다.[98]

일반법원도 원칙적으로 헌법합치적 해석을 할 권한이 있다. 왜냐하면 일반법원이 원심절차에서 재판의 전제성이 있는 규범이 헌법합치적 해석을 할 수 없다는 확신이 있을 때, 일반법원은 우선 헌법 제107조 제1항에 의거하여 헌법재판소에 제청해야만 한다. 일반법원의 판사는 위헌적 해석가능성을 적용하지 않을 수 있으나, 위헌적 해석가능성을 무효로 선언할 수 없다. 왜냐하면 일반법원판사는 헌법재판소와 같은 규범파기권Normverwerfungskompetenz을 지니고 있지 않기 때문이다. 따라서 어떠한 법원도 다른 법원에 의한 헌법합치적 해석 또는 위헌적 해석제거에 기속되지 않는다.[99]

헌법재판소는 일반법원의 법률해석의 결과에 대한 통제뿐만 아니라, 해석 과정 또한 심판한다. 일반법원이 지니는 법률해석의 권한은 헌법재판소의 독자적인 권한이 시작되는 지점, 즉 헌법재판소의 헌법해석시 종결된다. 왜냐하면 헌법에 대한 기속적인 해석은 헌법재판소의 고유한 권한이기 때문이다.[100] 헌법재판소는 일반법원이 헌법의 의미, 특히 일반법률의 해석과 적용을 위한 기본권의 의미를 전적으로 잘못 판단하거나 일반법원의 판결이 헌법과 기본권의 의미에 대해 '부적절한 헌법적 견해'에 근거하거나 법률해석시 '헌법적 선결문제'[101]의 해명에 좌우될 경우 일반법원의 해석에 기속되는 것이 아니라, 헌법에서 허락하는 해석에 의해 실행해야 하는 것이다.[102]

---

vertikale Normendurchdringung, Berlin u. Frankfurt/M., 1966, S. 76 ff.

98. BVerfGE 8, 28 (34f.); 90, 263 (275), vgl. *Chr. Hillgruber*, Richterliche Rechtsfortbildung als Verfassungsproblem, JZ 1996, S. 118 (119).

99. *H. P. Prümm*, Verfassung und Methodik, Berlin 1977, S. 130.

100. Vgl. *Benda/Klein*, Verfassungsprozeßrecht, Rn. 596.

101. 이에 관해서는 이부하, 헌법재판소의 수인의무, 헌법학연구 제10권 제3호, 2004. 9, 427면 이하 (438면) 참조.

102. Vgl. BVerfGE 30, 173 (220); 46, 268 (284); 48, 29 (38); 67, 26 (35); 69, 150 (159); *W. Roth*, Die Überprüfung fachgerichtlicher Urteile durch das Bundesverfassungsgericht und die Entscheidung über die Annahme einer Verfassungsbeschwerde, AöR Bd. 121 (1996), S. 545 (568 f.).

합헌적 법률해석은 민주적 정당성을 지닌 입법자가 제정한 법률의 효력을 되도록 존중하고, 비록 위헌성을 지닌 법률이라도 신중하게 규범통제하라는 헌법적 요청이다. 합헌적 법률해석의 의무는 사법부의 규범파기권의 제한, 일정한 조건하에서 권력분립의 원칙의 강화 그리고 법적 안정성의 보호기능을 한다. 그러나 합헌적 법률해석의 위험은 법제정자의 의사가 명확히 표현되어 있지 않고 법에 반하는 위장된 법관법에 의해 만들어진 법규범의 내용이 합헌적 법률해석이라는 미명아래 강요될 수 있다는 것이다. 합헌적 법률해석의 전제조건을 준수하여야 하며, 법규범 제정자의 명확한 규율의지를 왜곡해서는 안된다. 합헌적 법률해석이 사법부의 규범파기권을 회피하기 위한 또 다른 수단으로 사용되는 것은 지양되어야 한다.

제2절 헌법상 재산권의 사법私法적 효력

먼저 헌법과 사법에 있어서 재산권보장에 관한 내용과 재산권의 내용으로서 제도보장에 대해 개관해 보고(이하 I), 이를 바탕으로 재산권보장의 보호법익, 헌법상 지적 재산권 및 임차인의 점유권을 살펴보도록 한다(이하 II). 마지막으로 독일 기본법과 연방헌법재판소 판례에서 제시하는 사법私法에 있어서 임대차관계와 관련한 헌법상 재산권보호의 기능을 고찰해 본다(이하 III).

I. 헌법상 재산권과 사법私法

1. 헌법과 사법私法상 재산권보장

(1) 서

헌법과 사법질서에서 재산권은 중요한 지위를 차지하고 있다. 경제헌법상 개인적 권리로서 규정된 핵심적 보장이자 경제관련적 기본권의 중심으로서 그리고 특별히 중요한 기본권적 법익이자 중심적 제도로서 재산권보장은 그 범위와 강도가 결정되어진다. "헌법상 재산권보장 조항이 민법이나 상법의 구체적 윤곽을 형성하듯이"[103] 헌법상 재산권조항은 헌법상 재산권을 보장하고 있다.

103. BVerfGE 1, 264 (278); *W. Böhmer*, Grundfragen der verfassungsrechtlichen Gewährleistung des

재산권에 대한 사법적 법질서는 헌법적 보장규정없이는 불가능하며,[104] 헌법은 다시금 재산권보장의 내용을 사법私法으로부터 차용해온다. 이를 요약정리하면, 헌법은 재산권의 효력상 우위를 가지는 반면, 사법私法은 재산권의 인식상 우위를 가진다고 할 수 있다. 이러한 배경적 인식하에서 헌법과 사법私法의 오해가 풀리고, 헌법상 재산권개념과 사법私法상 재산권개념은 동일시된다.[105]

(2) 현행 헌법규정

우리나라 헌법 제23조의 규정과 헌법 제120조 내지 제126조의 규정간에는 갈등관계에 있다고 할 수 있다.[106] 우리 헌법 제119조 제2항에 의한 일반적 목적을 위한 규제 이외에 제120조 이하에서는 규제의 대상을 특정하여 개별적으로 국가규제를 규정하고 있다. 즉 ① 자연자원의 특허(이는 國有를 전제로 한다)(제120조 제1항), ② 국토와 자원의 국가적 보호와 개발·이용을 위한 계획(제120조 제2항), ③ 농지의 소작금지(제121조 제1항), ④ 국토에 대한 제한과 의무의 부과(제122조), ⑤ 농업과 어업의 보호·육성을 위한 계획(제123조 제1항), ⑥ 지역경제의 육성과 중소기업의 보호·육성(제123조 제2항, 제3항), ⑦ 대외무역의 육성·규제·조정(제125조), ⑧ 사영기업의 예외적인 국공유화·경영통제(제126조) 등이다.[107]

헌법 제119조 제2항은 "국가는 균형있는 국민경제의 성장 및 안정과 적정한 소득의 분배를 유지하고, …경제의 민주화를 위하여 경제에 관한 규제와 조정을 할 수 있다"라고 하여, 우리나라의 경제질서가 경제의 민주화를 지향하고 있음을 강조하고 있다.[108] 따라서 헌법 제119조의 구조는 제1항에서 경제적 '자유'를 기본으로 경제영역에서의 사회적·인위적 규제 그 중에서도 국가에 의한 규제를 배제하여 개인의 선택의 자유를 보장하고 있다. 그리고 제2항에서는 '평등'과 '효율'을 위한 국가의 규제와 조정을 허용하고 있다. 여기서 '평등'은 경제

Eigentums in der Rechtsprechung des Bundesverfassungsgerichts, NJW 1988, S. 2561 (2567); *O. Depenheuer*, in: von Mangoldt/Klein/Starck, GG, Art. 14, Rn. 32.

104. *O. Depenheuer*, in: von Mangoldt/Klein/Starck, GG, Art. 14, Rn. 17, 22.

105. 이와 같은 입장으로는 W. Böhmer, NJW 1988, S. 2561 (2563 Fn. 8).

106. 독일에서도 독일기본법 제14조와 제15조간의 갈등관계에 대해 설명하는 문헌으로는 *O. Depenheuer*, in: von Mangoldt/Klein/Starck, GG, Art. 14, Rn. 2 ff.; O. Depenheuer, FS für Leisner, S. 277.

107. 이부하, 헌법상 경제질서와 재산권보장, 공법학연구 제7권 제3호, 2006. 8, 38면.

108. 권영성, 헌법학원론, 169면.

생활조건의 평등을 의미하고, '효율'은 장기간에 걸친 자원배분의 효율과 경제재뿐만 아니라 자유재도 효율의 대상으로 본 균형있는 국민경제의 발전으로 이해한다.[109] 이렇게 볼 때 현행 헌법은 자유의 가치를 가장 기본적인 가치로 설정하고 이에 평등과 효율의 가치를 부가한 것이라고 할 수 있다.[110]

(3) 학설

이와 관련하여 일반적 법률유보조항이 제9장의 경제에 규정되고 있는 법률에도 적용될 수 있는지에 대해 학설상 이론이 존재한다. 이에 관해 일반적 법률유보와 다르게 해석해야 한다는 견해[111]와 경제조항의 법률유보에 근거한 기본권제한도 헌법 제37조 제2항의 적용대상이 된다고 보는 견해[112]로 나뉜다.

전자前者는 첫째, 헌법 제37조 제2항에 규정된 국가안전보장·질서유지·공공복리의 개념과 경제조항의 유보 목적이 반드시 일치하지 않을 뿐만 아니라, 경제정책은 복리증진이나 새로운 질서를 적극적으로 형성해 나간다는 점, 둘째, 사회적 시장경제질서에 의한 기본권제한의 경우에 헌법 제37조 제2항의 비례성원칙이 적용될 여지가 없고 당해 경제관련입법이 헌법규정상 정하는 여러 목적을 실현하기 위한 수단으로서의 적합성 여부만 문제된다는 점,[113] 셋째, 본질적 내용의 침해금지와의 관계에서 헌법 제120조의 천연자원 등의 사회화나 헌법 제126조의 사기업의 국·공유화를 가능케 한 헌법의 취지로 보아 본질적 내용침해금지의 원칙이 경제조항에는 타당하지 않다는 점을 그 근거로 든다.

반면 후자後者는 첫째, 헌법의 통일적 해석이라는 측면에서 경제조항과 관련한 기본권침해법률이 헌법 제37조 제2항에 근거하여 위헌적 침해여부가 가려지는 것이 아니고, 단지 경제조항과 무관한 기본권침해법률이 헌법 제37조 제2항의 적용을 받게 되고, 둘째, 모든 기본권침해를 전제로 한 헌법상 일반적 법률유보의 취지에 어긋난다는 점, 셋째, 경제적 목적에만 부합되면 관련된 기본권

---

109. 정순훈, 경제헌법, 225면.

110. 김기범, 신헌법상의 경제질서, 고시계 1963. 9, 49면 이하; 서주실, 헌법상 경제질서의 기본원칙, 고시계 1967. 9, 79면 이하 참조.

111. 장석권, "우리 헌법상 경제질서의 기본원칙과 그 법적 성격", 월간고시, 84. 9, 91면.

112. 김형성, "헌법상의 경제질서와 독점규제", 「헌법학연구」 제3집, 한국헌법학회, 1997. 10, 63면.

113. 정지승, 경제법과 헌법, 경제법의 제문제 (판례자료집 제87집), 법원도서관, 2000, 185면; 정극원, 현정부의 부동산정책에 대한 헌법적 검토, 한국공법학회 제126회 학술발표회, 2005. 12. 10, 12면.

의 본질적 침해까지도 가능하게 되는데, 이는 헌법의 통일적 해석과는 거리가 멀 뿐만 아니라 오늘날 경제적 자유와 경제적 능력이 다른 기본권을 실현시키는 결정적 전제가 된다는 점을 고려할 때 경제규제조항을 통해서 기본권보장의 공동화空洞化 현상이 초래될 위험이 있다[114]는 것을 그 근거로 든다.

(4) 소결

이러한 논의는 법률에 의하지 않고 헌법적 수권을 통해 행정부에 의해 직접 행해질 수 있는 경제규제의 경우나 대외무역을 규제할 경우에도 법률에 의한 제한을 전제로 해서 규정된 본질적 내용침해금지의 원칙이 적용될 수 있는가라는 문제와 관련된다. 헌법의 조문해석에 충실하게 되면 법률적 제한이 아닌 경우에는 이 원칙이 적용되지 않는다고 할 것이나, 이렇게 되면 경제적 영역에서의 기본권은 심각한 침해위협을 받게 될 것이다. 반대로 조문과는 달리 경제규제에 있어 헌법적 수권을 무시하게 되면 헌법해석의 한계를 넘는 결과를 초래하게 된다. 생각건대 입법에 의한 기본권제한의 경우에는 본질적 내용침해금지의 원칙을 적용하면서 행정에 의한 침해의 경우에는 이 원칙의 적용을 부인하게 되면, 헌법의 체계적 해석이나 기본권보장의 측면에서 바람직하지 못한 결과를 유발하기에 헌법 제37조 제2항의 일반적 법률유보조항이 제9장의 경제조항에 규정되어 있는 법률에도 적용된다고 보아야 한다.[115]

2. 재산권의 내용과 사법私法

사법상의 물권과 그 밖의 재산적 가치있는 권리로의 확장으로부터 헌법상 재산권개념을 도출하려면, 재산적 가치있는 권리들에 대한 국가적 침해, 특히 입법자의 침해를 제한하는 것이 선행되어야 한다.[116] 즉, 헌법상 재산권보장의 방어권적 측면을 활용해야 한다.[117] 특히 재산권을 중심으로 발전되었던 제도보장론이 이러한 논리방향과 유사하다. 이러한 방어권적 관점, 그리고 경우에 따라서는 강화된 제도보장적 관점에서 재산권개념을 광범위하게 이해하는 것은 의

---

114. 김형성, 경제헌법과 경제정책의 헌법적 한계, 헌법과 경제정책, 2004. 6. 15. 심포지엄, 한국법학원, 16면.

115. 이부하, 헌법상 경제질서와 재산권보장, 공법학연구 제7권 제3호, 2006. 8, 40면.

116. Vgl. *J. Wieland*, in: Dreier (Hrsg.), GG, Art. 14, Rn. 4.

117. Vgl. *B. Rüthers*, Ein Grundrecht auf Wohnung durch die Hintertür?, NJW 1993, S. 2587.

미가 있다. 헌법상 재산권보장조항으로부터 기본권보호의무를 도출하고 헌법상 재산권보장조항에 부합하는 기본권 도출은 기본권내용의 법규정으로 인하여 불가능하지 않다.[118] 재산권 개념의 확장은 재산권의 법적 지위의 편입에 중요한 문제이며, 재산권 개념의 확장은 다른 사람의 기본권 제한을 야기하기에 기본권충돌의 해결에 있어서 중요한 기능을 한다. 또한 재산권의 제도보장은 방어적 기능뿐만 아니라, 기본권 보호기능과도 특별한 방법으로 관련되어진다. 즉, 사법私法상 재산권의 불충분한 보호는 헌법상 과소보호금지원칙과 밀접한 관계가 있다.[119] 또한 재산권의 제도보장이 이루어지지 않는다면, 개개의 기본권 주체에 의해 재산권보장이 이루어질 수 없다.[120]

Ⅱ. 재산권보장의 보호법익과 사법私法

1. 개별 재산권의 보호대상

(1) 재산권의 범위

재산권의 범위에 대한 최종적 유권적 해석은 헌법재판소에 의해 이루어지고 있다. 우리나라 헌법재판소 판결에서 ㉠ 약사의 한약조제권,[121] ㉡ 강제집행권,[122] ㉢ 직장의료보험조합의 적립금,[123] ㉣ 고엽제후유증환자의 유족보상수급권,[124] ㉤ 농조총회에서의 의결권,[125] ㉥ 교원의 정년단축으로 기존 교원이 입는 경제적 불이익,[126] ㉦ 치과전문의제도를 실시하지 않아 급료를 정함에 있어

118. 이에 관해 상세한 설명은 *O. Depenheuer*, in: von Mangoldt/Klein/Starck, GG, Art. 14, Rn. 96.

119. Vgl. *K.-H. Friauf*, FS-Hämmerlein, S. 207 (223); B. Rüthers, NJW 1993, S. 2587 (2588).

120. *H. de Wall*, Der Staat 38 (1999), S. 377 (S. 397 Fn. 80).

121. 97헌바10

122. 96헌마44, 2008헌마733, 2007헌바139, 2006헌바5; "강제집행권은 국가가 보유하는 통치권의 한 작용으로서 민사법권에 속하는 것이고, 채권자인 청구인들은 국가에 대하여 강제집행권의 발동을 구하는 공법상의 권능인 강제집행청구권만을 보유하고 있을 따름"

123. 99헌마289

124. "보상수급권은 법률에 의하여 비로소 인정되는 권리로서 재산권적 성질을 갖는 것이긴 하지만, 그 발생에 필요한 요건이 법정되어 있는 이상 이러한 요건을 갖추기 전에는 헌법이 보장하는 재산권이라고 할 수 없다"(헌재 2001. 6. 28, 99헌마516).

125. 99헌마190

126. 99헌마112

서 불이익을 받는 것,[127] ⓞ 신고제에서 허가제로의 전환에 따른 재생처리업자의 영업권 침해,[128] ⓩ 자신의 토지를 장래에 건축이나 개발목적으로 사용할 수 있으리라는 기대가능성이나 신뢰 및 이에 따른 지가상승의 기회,[129] ⓒ 자신이 받은 교육이 장래에 경제적 결실을 맺으리라는 기대나 시설투자가 이윤을 가져오리라는 예상,[130] ⓚ 시혜적 입법의 시혜대상이 될 경우 얻을 수 있는 재산상 이익,[131] ⓣ 개발이익,[132] ⓟ 폐기물재생처리업자들의 영업권[133] 등을 재산권보장의 대상에서 제외하고 있다.

반면, 우리 헌법재판소 판결에서 ㉠ 관행어업권,[134] ㉡ 환매권,[135] ㉢ 상속권,[136] ㉣ 진료비청구권,[137] ㉤ 의료보험수급권,[138] ㉥ 수용청구권,[139] ㉦ 실용신안권,[140] ㉧ 퇴직연금 수급권[141] 등은 재산권보장의 대상으로 보았다.

(2) 소결

사법私法상 인정되는 재산권개념은 대부분의 사건에 있어서 문제가 발생하지 않지만, 세밀히 관찰하면 헌법상 재산권의 사법상 효과가 문제되는 것이 아니라, 오히려 공법상 입법자의 침입제한에 대한 개별적 법적 지위의 방어권적 보장이 문제된다. 독일의 문헌과 판례에서는 재산권보장의 대상으로서 저당권,[142]

---

127. 96헌마246
128. 99헌마452
129. 89헌마214
130. 99헌바76
131. 98헌바14, 2001헌바55, 2003헌바2, 2007헌가9, 2007헌마206, 2008헌마239
132. 2008헌바7, 98헌바19, 99헌바41, 2002헌가25, 2005헌마222, 2007헌바104, 96헌바22
133. 99헌마452
134. 97헌바76
135. 92헌가15, 95헌바22, 2004헌가10
136. 96헌가22
137. 2002헌바97
138. 2002헌바1
139. 2004헌바57
140. 2001헌마200
141. 92헌가9, 2005헌바68
142. R. Wendt, in: Sachs (Hrsg.), GG, Art. 14, Rn. 24.

토지채무,[143] 지상권 등 물권,[144] 대금청구권,[145] 선매권[146] 등 채권법상 청구권, 광산권,[147] 수렵권[148] 등 특수한 권리를 언급하고 있다. 헌법상 재산권규정에 의거한 사법私法상의 형성효는 독일 연방헌법재판소 판례와 학설이라는 2가지 영역에서 발현되고 있다. 독일 연방헌법재판소는 지적 재산권이라는 특별한 경우를 제외하고, 사법私法상 임차권을 독일 기본법 제14조 제1항과 관련하여 판례를 통해 양적으로 충분히 확장했을 뿐만 아니라, 질적으로 집중하여 판시하고 있다.

2. 지적 재산권

독일 연방헌법재판소는 사법상 특수영역에서 보장되는 '지적 재산권'을 기본법 제14조 제1항의 헌법상 보호법익으로 인정하였다.[149] 지적 재산권은 한편으로는 민법상 물권적 재산권과 동일시되지 못하지나,[150] 다른 한편으로는 정신적 창작물의 보호에 있어서 일반적 인격권(독일 기본법 제2조 제1항) 또는 예술의 자유와 학문의 자유(독일 기본법 제5조 제3항) 등 다른 기본권과 함께 유용하게 활용될 수 있다.[151] 연방헌법재판소 판례와 학설은 창작된 성과의 재산적 가치결과 보장에 중점을 두고 있다.[152] 즉, 지적 재산권을 독일 기본법 제14조 제1항에 편입시키는 중요한 이유는 시간이 경과함에 따라 작품에 대한 영향력이 감소하지만,[153]

---

143. *R. Wendt*, in: Sachs (Hrsg.), GG, Art. 14, Rn. 24.

144. BVerfGE 79, 174 (191).

145. BVerfGE 45, 142 (179).

146. BVerfGE 83, 201 (209 ff.).

147. BVerfGE 77, 130 (136).

148. BGHZ 84, 261 (264).

149. Vgl. *F. Fechner*, Geistiges Eigentum und Vefassung, S. 152 ff.; *P. Krause*, JZ 1984, S. 711 (715); *G. Krüger-Nieland*, FS-H. Simon, S. 695.

150. 이러한 경향의 판례는 BVerfGE 79, 29 (41 f.).

151. *F. Fechner*, Geistiges Eigentum und Vefassung, S. 256 ff., 288 ff.; *Th. Maunz*, GRUR 1973, S. 107 (107, 114).

152. BVerfGE 31, 229 (239); st. Rspr. Vgl. *P. Badura*, FS-Maunz, S. 1 (9); *H.-J. Papier*, in: Maunz/ Dürig/ Herzog/Scholz, GG, Art. 14, Rn. 195; *M. Rehbinder*, Urheberrecht, Rn. 108 ff.

153. *O. Depenheuer*, in: von Mangoldt/Klein/Starck, GG, Art. 14, Rn. 151; *J. Wieland*, in: Dreier (Hrsg.), GG, Art. 14, Rn. 51; *P. Kirchhof*, FS-Zeidler, S. 1639 (1659 ff.).

개별적 창작자의 고유한 성과인 지적 재산권이 그 원천이기 때문이다.[154] 이러한 기초하에서 저작권,[155] 일반적인 실용신안권實用新案權,[156] 상표권[157] 등을 헌법상 재산권으로 인정하는 데는 논란이 없다.

지적 재산권의 기본권 기능적 단서를 독일 기본법 제14조 제1항에 내재된 제도보장에서 찾을 수 있다.[158] 입법자는 창작된 성과의 재산권적 가치로의 편입을 통해 행사될 수 있는 헌법상 보호되는 저작권의 핵심을 고려하여 법률을 제정해야 한다.[159] 그러나 이러한 제도보장의 핵심적 보호효력과 관련하여, 각각의 지적 재산권의 사용가능성이 모두 헌법적 보호를 받는 것은 아니다.[160] 제도보장은 우선적으로 입법자에게 향하여 있는 것이고, 헌법재판소의 심사기준은 특히 저작권법 규정에 적용된다. 구체적인 사건에서 상충관계가 확인되지 않을 경우, 제도보장의 의미에서 저작권법 규정은 헌법합치적으로 해석되어야 할 의무가 사법부에 부여된다.[161]

지적 재산권의 제도보장은 주관적 공권으로서 방어권적 기본권기능과 결합하여 발현되고, 입법자에게 절대적인 한계를 부여한다.[162] 이러한 지적 재산권의 제도보장적 핵심을 넘어서서,[163] 입법자는 지적 재산권의 사법私法적 형성을 위해 비례성에 맞는 광범위한 형성여지를 부여받고 있다.[164] 형성여지의 범위 내에서 입법자는 기본권적 법익의 형성시 완전히 자유롭지 않다는 것을 인식하면서 비례성의 원칙을 고려해야 한다.[165] 지적 재산권의 제한을 위해 고려되며 이익형량에서 원용되어지는 공공복리라는 관점이 기본권적 관점과 연관되어

---

154. BVerfGE 49, 382 (394); *F. Fechner*, Geistiges Eigentum und Vefassung, S. 207.

155. BVerfGE 31, 275 (283); 81, 12 (16); 81, 208 (219 f.).

156. BVerfGE 36, 281 (290 f.).

157. BVerfGE 51, 193 (217 f.); *J. Wieland*, in: Dreier (Hrsg.), GG, Art. 14, Rn. 52; *P. Krause*, JZ 1984, S. 711 (715).

158. Vgl. *P. Badura*, FS-Maunz, S. 1 (13 ff.).

159. BVerfGE 31, 229 (243); 77, 263 (270 f.); 79, 29 (40).

160. BVerfGE 31, 229 (241); 31, 275 (286 f.); 77, 263 (271); 79, 1 (25); 79, 29 (46); 81, 208 (220).

161. BVerfGE 77, 263 (271 ff.); 81, 208 (226).

162. BVerfGE 31, 229 (240).

163. 제도보장의 핵심영역보호에 대해서는 BVerfGE 79, 29 (46).

164. BVerfGE 49, 382 (392); 79, 1 (25); 79, 29 (40).

165. Vgl. *A. Söllner*, FS-Traub, S. 367 (370).

질 때, 방어권으로서 기본권의 효력이 사법에 일반적으로 작용한다. 공공복리라는 목적이 헌법적으로 보호되는 지적 재산권의 제한을 위한 근거와 한계로 설명되려면,[166] 입법자는 일반적 법률에 의해 특정한 이익을 보호하고 특정한 이익에 공공복리적 성격을 부여할 수 있어야 한다. 연방헌법재판소는 재산권의 '처분권'과 '사용권'을 구별하여 적용하고 있다. 이 중 사용권에 있어서는 고양된 공익에 의해 제한될 수 있다.[167]

독일 연방헌법재판소는 지적 재산권보호를 위해 기본법 제14조 제1항의 기본권 보호의무의 적용을 위험하지 않은 것으로 보았다. 제3자인 사인의 가해에 대한 지적 재산권의 보호는 제도보장으로 인식되어지므로, 지적 재산권보호에 있어서도 기본권 보호의무의 활용은 가능하다.

3. 임차인의 점유권

점유권과 소유권의 구분은 민법상 물권법의 근본적인 기본원리가 되었다. 민법적 시각에서 주목을 받았던 1993년 5월 26일 독일 연방헌법재판소의 판결(임차인-소유권자-판결)의 주문 1에는 "임차한 주택에 대한 임차인의 점유권은 기본법 제14조 제1항 제1문의 의미에서 재산권이다."라고 판시하고 있다.[168] 주택의 점유권자인 임차인은 주택의 재산권자가 되어야 하며, 소유권자는 소유권자로 남아있다.[169] 이러한 민법의 근간을 와해시키는 연방헌법재판소의 판결은 격렬한 비판을 받게 되었다.[170] 이러한 비판은 계속된 판례에서 일관되게 재산권으로서 임차인의 지위에 대한 헌법적 보장이 미결인 채로 남았기 때문에 더욱 더 수긍이 가는 것이다.[171] 주택건축지원자로서 공적인 관리자인 국가와 함께 임차인은 소유권자에게 주택의 건축 또는 구입을 위한 자본을 마련해주기 때문에, 주택은 재산의 재분배 및 임차인의 일반적인 사회적 지위를 상징하는 것이

---

166. BVerfGE 31, 229 (243 f.); 49, 382 (400); 79, 29 (40 f.); 81, 208 (220).

167. BVerfGE 79, 29 (41). *F. Fechner*, Geistiges Eigentum und Verfassung, S. 165; P. Kirchhof, FS-Zeidler, S. 1639 (1647).

168. BVerfGE 89, 1.

169. 임대인이자 소유권자의 헌법적 재산권보장에 관해서는 *G. Roellecke*, NJW 1992, S. 1649 (1652).

170. Vgl. *V. Emmerich*, FS-Gitter, S. 241 (243 f.); *O. Depenheuer*, NJW 1993, S. 2561; *U. Diederichsen*, Jura 1997, S. 57 (62); *G. Roellecke*, JZ 1995, S. 74; *B. Rüthers*, NJW 1993, S. 2587; *H. Sendler*, NJW 1994, S. 709.

171. BVerfGE 10, 221 (228); 18, 121 (131); 83, 82 (88).

다.[172] 사법상 임차권에 있어서 재산권의 재분배기능은 헌법의 급부능력을 넘어서기 때문에, 사법私法에 의한 사회적 조절기능이 항상 기본권에 적합하게 일반화되지는 않는다. 따라서 구체적인 연방헌법재판소 판결에서 임차인의 헌법상 재산권은 직접적인 재판의 전제성이 없다고 판시되고 있다.[173]

한편, 임차인-소유권자-판결에 대한 근본적인 비판은 가라앉는 듯 보이는 반면, 이 판결의 실제적 효과가 경미하다는 비판이 있다.[174] 즉, 이 판결은 재산권의 재분배적 사고의 명확한 원용도 포기했을 뿐만 아니라, 임차인보호에 대한 기본권적 확인도 포기한 것이라는 점이다.[175]

독일 연방헌법재판소는 임차인-소유권자-판결에서 헌법적 및 민사법적 관점에서 체계불일치로서 점유와 소유를 동일시함으로써 법해석학적 모순을 유발하였다.[176] 또한 연방헌법재판소의 판결[177]이 간과한 것은 임차인의 점유권은 임대인과의 계약에 좌우된다는 것이다.[178] 임차인은 임대인으로부터 자신의 법적 지위를 도출할 수 있고, 임차인은 자신의 법적 지위의 해소를 위해서 임대차계약을 해지할 수 있다.[179]

Ⅲ. 사법에 있어서 헌법상 재산권보호의 기능

1. 독일 기본법 제14조 제1항에 의한 임차권 입법형성시 한계

독일 연방헌법재판소는 판례상 일관되게 기본법 제14조를 임차권적 규범인 민법이나 그 밖의 부속법령의 판단시에 그 심사기준으로 사용하였다. 연방헌법재판소는 예외적인 사건에 있어서 심사시에 해당 법률의 위헌성을 확인했을

---

172. *P. Derleder*, in: AK-BGB, vor § 535 ff., Rn. 55 f.; *ders.*, WuM 1993, S. 514 (518).

173. *O. Depenheuer*, NJW 1993, S. 2561; *C. Möller*, AcP 197 (1997), S. 537 (555 f.).

174. *K.-H. Friauf*, FS-Hämmerlein, S. 207 (208); *H. Jäde*, UPR 1993, S. 330.

175. BVerfGE 89, 1 (5); *K.-H. Friauf*, FS-Hämmerlein, S. 207 (211 f.).

176. Vgl. *J. P. Meincke*, FS-Hämmerlein, S. 131 (139).

177. BVerfGE 89, 1 (7 과 8).

178. *O. Depenheuer*, NJW 1993, S. 2561 (2563); *ders.*, in: von Mangoldt/Klein/Starck, GG, Art. 14, Rn. 158 ff.; *K.-H. Friauf*, FS-Hämmerlein, S. 207 (214); *G. Glos*, Der Schutz obligatorischer Rechte durch die Eigentumsgarantie, S. 139; *B. Rüthers*, NJW 1993, S. 2587 (2588).

179. *O. Depenheuer*, NJW 1993, S. 2561 (2563); *G. Roellecke*, JZ 1995, S. 74 (75); *M. Schmidt-Preuß*, AG 1996, S. 1 (2 f.); *V. Emmerich*, FS-Gitter, S. 241 (246 f.).

때, 임대차에 관한 재산권의 내용과 한계를 형성할 때, 입법자는 광범위한 형성여지를 지니고 있다고 판시하고 있다.[180] 주관적 공권으로서 방어권이 부수적으로 연관된 재산권의 제도보장은 재산권 형성의 한계로서 설정된다. 소유권자에게서 주택에 대한 사용권을 완전히 또는 중대한 정도로 박탈하게 되면 비로소 재산권 형성의 한계를 넘는 것이다.[181]

또한 임대차에 관한 재산권의 내용 형성시 입법자는 기본법 제14조 제1항 제2문의 합헌적 내용규정 및 한계규정의 요청을 준수해야 한다. 입법자의 형성여지의 정도는 제일 먼저 재산권 보호법익의 규정에 근거한다. 입법자는 재산권에 실제로 규정된 보호법익을 발견하는 것이 아니라, 내용규정 및 한계규정에 대한 입법자의 활동에 의해서 재산권의 보호법익을 형성하는 것이다. 또한 입법자의 형성영역에 있어서 입법자의 활동에 대한 비례성 원칙의 적용은 상대화된다.[182] 독일 연방헌법재판소 판례에 의하면, 입법자의 기속은 제도보장과 밀접하게 관련되며, 주택이란 임대인의 개인적인 생활양식에 속하는 것이기에 고도의 인격 관련성을 지니는 기본법 제14조 제1항 제1문의 원칙적인 존속보장에 기인한다.[183] 다른 측면에서는 입법자의 기속은 임차주택에 대한 재산권의 사회적 관련성에 있다.[184] 재산권의 사회적 기속성은 주거자의 상당한 부분이 임차주택에 의존하여 도출된다.[185] 또한 이러한 사회적 기속성은 기본법 제14조 제1항 제2문과 기본법 제14조 제2항에 근거하여 임차인 보호적 법규정을 입법화할 수 있다. 이러한 점에서 기본권의 방어권적 기능과 비례성 원칙은 사법私法 규정에 대한 통제를 통해 많은 성과를 낳았다는 것이 명백해진다. 공익상 임차인의 이익은 임차인보호라는 것으로 인식되고,[186] 기본법 제14조 제2항의 사회국가적 관점은 임대인의 이익에 반하는 반면, 임대인의 이익은 기본권에 있어서 재산권보장으로 대표된다. 따라서 개별적인 임대인과 임차인간의 이익형량

---

180. *J. Hager*, Verkehrsschutz durch redlichen Erwerb, S. 44; *M. Ibler*, AcP 197 (1997), S. 565 (587).

181. BVerfGE 52, 1 (29 ff.).

182. *M. Ruffert*, Vorrang der Verfassung und Eigenständigkeit des Privatrechts, 2001, S. 117 f.

183. BVerfGE 79, 292 (304); 81, 29 (33). Vgl. *J. Isensee*, JZ 1996, S. 1084 (1089 Fn. 29).

184. BVerfGE 68, 361 (367 f.); 71, 230 (246 f.).

185. BVerfGE 38, 348 (370); 68, 361 (370); 79, 292 (302).

186. BVerfGE 25, 112 (118): "공공복리는 지향점이지만, 소유권자의 제한을 위한 한계이기도 하다"; BVerfGE 37, 132 (141).

은 법률적 차원에서 이루어진다.

2. 임차권에 있어서 민사법원을 위한 방어권적 한계

독일 연방헌법재판소는 임대차법과 관련하여 빈번히 위헌 판결을 해 왔다. 종종 "연방헌법재판소를 위한 임대차법"이라고 말해지곤 한다.[187] 여러 가지 상반되는 견해에도 불구하고 연방헌법재판소는 임대차에 있어서 초상고심으로 변화하였고,[188] "연방임대차재판소"[189]가 되었다. 1993년 통계에 의하면, 연방헌법재판소는 임대차에 관하여 85개의 판결을 하였으며 이 중 대다수가 재판소원에 관한 것이었다.[190] 특히 임대차에 관한 판결은 기본법 제14조 제1항의 주관적 공권으로서 방어권적 내용으로서 발현되었으나, 사법에 기본권의 객관법적 방사효의 발현은 사용하지 않았다.[191]

연방헌법재판소가 "연방임대차재판소"[192]로서 역할을 담당함으로써 일반법원의 업무를 연방헌법재판소가 인수받는 것은 헌법재판소의 업무부담의 관점에서 불쾌한 것이다. "특수한 헌법spezifisches Verfassungsrecht"[193]이라는 기준으로 연방헌법재판소의 통제를 축소하는 공식은 임대차에 있어서 법원에 과도한 제소를 억제시킬 수 없었다.[194] 연방헌법재판소와 일반법원간 사법업무의 기능적 배분이 이루어져야 한다는 것이 대세이다. 연방헌법재판소가 설명한 의도와는 달리, 연방헌법재판소는 일반법률의 해석을 더 심도있게 간섭하고 있고, 특히 임대차법의 세밀한 규정까지 간섭하고 있다.[195]

연방헌법재판소의 잘못된 행위의 전개 원인은 일반법원의 개별 재판에 대한

---

187. *G. Roellecke*, NJW 1992, S. 1649.

188. Vgl. *J. Sonnenschein*, NJW 1993, S. 161.

189. *B. Rüthers*, NJW 1993, S. 2587; *R. Voelskow*, in: MünchKomm, BGB, § 546b, Rn. 50; *F. Weyreuther*, DVBl. 1997, S. 925.

190. *J. Sonnenschein*, NJW 1993, S. 161; *J. F. Henschel*, NJW 1989, S. 937 (939).

191. Vgl. BVerfGE 68, 361 (372).

192. *U. Diederichsen*, AcP 198 (1998), S. 171 (218 ff.); *V. Schmidt*, Konstitutionalisierung des Zivilrechts?, S. 45 ff.

193. Vgl. BVerfGE 68, 361 (372).

194. *J. Berkemann*, DVBl. 1996, S. 1028 (1031).

195. 이에 관한 극단적인 사례로는 BVerfG, NJW 1995, S. 1480 (1481); BVerfG, NJW 1994, S. 995 (996).

연방헌법재판소의 통제행위의 방식에 있다.[196] 연방헌법재판소는 각각의 임대차법규범이 기본법 제14조에 부합하는지를 확인하는 것에 만족하지 않고, 오히려 연방헌법재판소는 일반법원들이 임대차법규범의 해석과 적용시 기본법 제14조 제1항과 기본법 제14조 제2항의 한계를 준수하는지를, 즉 재산권의 내용과 한계를 합헌적으로 준수하는지를 통제하기에 이르렀다.[197] 다른 기본권에서와 같이 기본법 제14조에의 민사법원의 기속은 민사법원의 법형성행위의 근거를 제시해 주기 때문에, 방어권의 법해석학적 관점에서 재산권의 내용과 한계의 원칙적인 준수의무는 전혀 이행되지 않았다.[198]

일반법원들에게 법률상 상충에 대한 판단이라는 추가적인 과제가 요구됨으로써, 기본권의 상충 상황의 독자적인 해결을 해야 할 필요성이 있다.[199] 일반법원들이 이러한 과제를 수행할 경우 당해 법률은 더 이상 판단기준으로서 역할을 담당하지 못한다. 그런데 일반법원들은 이러한 법률로 해결할 수 없는 상충해결의 과제를 해결할 권한이 없다. 일반법원들이 법률상 이익형량을 실행하는 경우에는 직접적으로 기본법 제14조가 아닌 당해 법률을 적용해야 한다. 일반법원들이 재판의 오류를 범하면 일반법원들은 항상 헌법에 위반하는 것이 아니라, 원칙적으로 법률에 위반하는 것이며, 일반법원들의 권한 범위내에서 법위반 상황을 제거해야 한다. 일반법원들이 헌법에 의거하여 권한을 행사하게 되면, 이는 기본권의 방어권적 규정을 위반하는 것이 된다. 또한 헌법과 법률인 사법私法간의 관계는 다시 불분명한 방사효로 돌아오게 된다.

3. 사법私法상 재산권제약과 헌법적 재산권보장

방어권의 문제는 채권법상 임차권과 관련된 것이 아니라, 물권법상에서 발생하는 것이다. 사법상 물권의 형성과 제한에 관한 문제는 기본법 제14조 제1항의 보호법익에 해당되기에, 임차권에서와는 달리, 보호법익의 영역과 기본권적 주제를 편입하는 것에는 전혀 문제가 발생하지 않는다.[200]

---

196. Vgl. *S. Oeter*, AöR 119 (1994), S. 529 (554); *J. P. Meincke*, FS-Hämmerlein, S. 131 (142); *M. Ibler*, AcP 197 (1997), S. 565 (588).

197. BVerfGE 68, 361 (372).

198. *M. Ruffert*, Vorrang der Verfassung und Eigenständigkeit des Privatrechts, S. 124 ff.

199. 예시적으로 BVerfG, NJW 1988, S. 1075 (1076); BVerfG, NJW 1988, S. 2233.

200. Vgl. *F. Peters*, Der Entzug des Eigentums an beweglichen Sachen durch gutgläubigen Erwerb, S. 19.

민법상 문제되는 규범으로 동산의 선의취득(§ 932 ff. BGB)과 부동산의 선의취득(§ 892 f. BGB)이 있다. 정당한 권원자의 사법상 소유권을 상실시키는 것은 헌법상 난관에 부딪힐 수 있지만, 물권법 학설의 대다수는 잠재적으로 동산과 부동산의 선의취득을 긍정하고 있다.[201] 소유권의 상실을 기본법 제14조의 방어권적 기능으로 편입시키는 것은 입법자의 책무이고, 또한 통치권의 책무이다. 여기서 문제의 핵심은 무권원자 또는 선의취득자에 대한 정당한 권원자를 보호하는 것이 아니고, 기본법 제14조상 기본권보호의무의 기능도 아니며 오히려 정당한 권원자의 동의없이 소유권 양도의 승인을 통해 사법상 거래에서 국가적·입법적 위험상태의 야기에 대한 방어문제이다.[202]

다수의 논문에서 선의취득 규정이 기본법상 재산권에 부합하는지 여부에 관해 언급하고 있다.[203] 기존의 여러 논문의 견해들은 개별적 사건에서 헌법의 수용개념을 사용하는 것이 아니라, 권원자의 측면에서 소유권상실의 과정으로 이해하는 수용개념을 사용하기에 동산의 선의취득(§ 932 ff. BGB)과 부동산의 선의취득(§ 892 f. BGB)에 수용적 효과를 부여하고 있다.[204] 선의취득을 수용으로 특징짓고 민법상 법규범에 기본법 제14조 제3항의 엄격한 전제조건을 충족하여 수용으로 인정하려면, "공공복리"(기본법 제14조 제3항 제1문) 및 공용침해의 근거법률과 이에 대한 손실보상의 근거법률이 하나의 법률속에 동시에 규정되어야 한다는 요청인 "불가분조항Junktimklausel"(기본법 제14조 제3항 제2문)이라는 결정적인 요건충족이 되어야 한다. 더욱이 법에 근거한 수용은 더욱 엄격한 전제조건을 충족해야 한다.[205]

기본법 제14조에 부합하는 법체계의 구조와 기능에 의하면, 수용은 공적 과제

---

201. 이에 대한 개관에 관해서는 *J. Hager*, Verkehrsschutz durch redlichen Erwerb, S. 9.

202. *F. Peters*, Der Entzug des Eigentums an beweglichen Sachen durch gutgläubigen Erwerb, S. 18.

203. *J. Hager*, Verkehrsschutz durch redlichen Erwerb, S. 9 ff.; *F. Peters*, Der Entzug des Eigentums an beweglichen Sachen durch gutgläubigen Erwerb, S. 17 ff.; *C. Wolf*, JZ 1997, S. 1087 (1089 ff.).

204. Vgl. *C.-W. Canaris*, AcP 188 (1988), S. 201 (229, Fn. 69a); *B. von Hoffmann*, Das Recht des Grundstückskaufs, S. 37; *H. Hübner*, Der Rechtsverlust im Mobiliarsachenrecht, S. 13 Fn. 7; *D. Medicus*, FS-Hübner, S. 611 (612); *H. Ostendorf*, NJW 1974, S. 117 (220); *E. Picker*, AcP 188 (1988), S. 511 (513, 521, 522, 543).

205. Vgl. *J. Hager*, Verkehrsschutz durch redlichen Erwerb, S. 56 ff.

의 이행을 위한 구체적인 재산권상 공용침해의 '특별한 법제도'[206]이다.[207] 사적 소유권의 상실에 관한 사법상의 법규율은 공권의 구체적이고 직접적인 침입제한이 나타나지 않으며,[208] 오히려 사적 주체간의 분쟁에 대한 국가의 해결책으로서 기여한다.[209] 입법자가 그렇게 의도되지 않는 한, 법률상의 규율이 손실보상의 의무가 발생하는 법적 수용으로 전환되지 않는다.[210] 오히려 민법상 선의취득규정은 재산권의 내용과 한계규정(기본법 제14조 제1항 제2문)으로 이해할 수 있다.[211] 민법상 선의취득규정은 별도의 공공복리라는 목적을 도출하지 않고서도, 사법 주체간의 추상적·일반적으로 소유권의 상실과 취득을 위한 구성요건과 법적 효과를 규정해 놓고 있다.[212] 정당한 권원자는 사적 재산을 상실할 수 있지만, 사법을 형성하는 입법자가 선의취득에 관한 입법형성시 지침적 규정인 기본법 제14조 제1항에 의해 정당한 권원자는 헌법상 방어권을 상실하지 않는다.

4. 임차인을 보호하는 기본권 기능으로서의 기본권보호의무

방어권적 관점에서 해지보호조항이 임차인을 기존의 임대차계약에 과도하게 기속시키는 것이 아닌지 여부가 논란이 될 수 있다.[213] 주택의 점유자를 위한 책무적인 법이라는 관점에서 임차인의 헌법적 재산으로 인정함과 동시에, 국가 공권력에 대한 방어권으로서 활용할 수 있다.[214] 독일 연방헌법재판소는 임차인의 재산권에 관한 판결에 있어서 이러한 방법을 회피하지만, 이는 사법관계에 기본권 적용시 올바른 방법이 아니다.[215] 이에 관하여 원칙적으로 임차인은 국가 공권력과의 관계에서 보호가 필요한 것이 아니라, 입법자의 조치 내지 보충적으로 사법적 조치를 통해 임대인과의 관계에서의 보호에 관심이 집중되어야 한다.

---

206. *R. Wendt*, in: Sachs (Hrsg.), GG, Art. 14, Rn. 77.

207. BVerfGE 70, 191 (199 f.).

208. BVerfGE 14, 263 (277); *R. Wendt*, Eigentum und Gesetzgebung, S. 335.

209. *F. Peters*, Der Entzug des Eigentums an beweglichen Sachen durch gutgläubigen Erwerb, S. 33.

210. *R. Wendt*, in: Sachs (Hrsg.), GG, Art. 14, Rn. 76.

211. *F. Peters*, Der Entzug des Eigentums an beweglichen Sachen durch gutgläubigen Erwerb, S. 39.

212. Vgl. *P. Krause*, JZ 1984, S. 711 (715).

213. *D. Looschelders/W. Roth*, JZ 1995, S. 1034 (1035).

214. *H.-J. Papier*, in: Maunz/Dürig/Herzog/Scholz, GG, Art. 14, Rn. 200.

215. *J. P. Meincke*, FS-Friauf, S. 427 (431).

특히 방어권으로서 기본법 제14조 제1항의 구조는 임차인과 임대인간의 기본권상충에 있어서 기본권해석에 맞는 일관된 해결책을 만들어내기에는 부적합하다. 임차권은 기본권의 내용을 형성하는 영역(기본법 제14조 제1항 제2문)에 머물러 있고, 수용에 의한 기본권의 침입제한의 문제(기본법 제14조 제3항)가 아니다. 임차인의 재산이 임대인을 위해서 사회적 의무를 진다는 것은 큰 의미가 없다. 임대인에 대한 임차인의 사회적 의무는 민법상 사회적 임차권에 대한 규율에 의거하는 것이 아니라, 연방헌법재판소의 방어권적 구성에 의하여 사회적 의무라는 재산권지위에 위치하기 때문이다. 또한 임차인과 임대인간에 사회적 의무를 지는지 아니면 양자가 함께 일반 공공公共에 대해 의무를 지는지 여부가 불분명하며, 임차인의 재산이 사회집단에 대해 어떠한 의무를 지는지도 불분명하다.[216]

독일 연방헌법재판소 판결은 기본권기능적 접근을 간과하였고, 임차인에게 유리한 기본법 제14조 제1항에서 도출되는 기본권보호의무의 발생 여부와 기본권보호의무의 발생을 위한 전제조건이 무엇인지에 대한 문제제기 및 해답을 주지 못하고 있다. 연방헌법재판소는 수많은 판결에서 임차인의 이익을 고려하여 임대인의 재산권과 임차인의 재산권을 헌법적으로 동등하게 취급하였다. 연방헌법재판소는 기본법 제14조 제1항 제2문 및 기본법 제14조 제2항의 입법자의 형성여지에 입각하여 기본법 제14조 제1항 제1문의 방어권을 적용하지 않음으로써, 임대인의 이익과 임차인의 이익간 비전문적인 이익형량을 하였다. 임차인에게 사회적 기속의 반사효가 적용되었어야 하므로,[217] 임차인의 헌법상 재산권적 지위와 이러한 기본권적 지위로부터 기본권 보호의무의 도출을 동등하게 헌법적 위상에서 인정하였어야 했다.

기본법 제14조 제1항에서 도출되는 임차인을 위한 기본권보호의무의 내용과 한계를 고찰하여 본다. 기본권보호의무의 보호법익은 임차인의 점유권과 함께, 임대차관계의 존속과 주택에 대한 사용가능성에 대한 이익이다. 기본권보호의무의 기초로서 기본법 제14조를 이해하는 전제하에서 기본권보호의무의 대상이 인정된다. 기본권보호의무는 실현가능하고 임차인에 의해 예상되는 법적 보호의 '전체'가 아니라, 헌법적 보호의 '최소한' 이상만을 보장하려는 것이다. 따

---

216. *O. Depenheuer*, NJW 1993, S. 2561 (2564).

217. *G. Roellecke*, NJW 1992, S. 1649; *P. Finger*, ZMR 1993, S. 545 (548); *A. Kühl*, VBlBW 1993, S. 416 (417).

라서 전체적인 임차인보호는 헌법에 의하여 고정불변한 것이 아니다.[218] 기본권보호의무를 실행할 경우 준수해야 하는 과소보호금지의 원칙은 기본권보호의무를 수행하는 국가공권력에게 자유여지를 부여해 준다. 임차권에 있어서 과잉금지의 원칙과 과소보호금지의 원칙이 요구하는 것은 최적의 하나의 해답이 아니라, 임차인에게 유리한 과소보호금지로서 필수불가결한 수준이자 임대인의 지위를 제한하는데 필수적이고 적절한 수준 사이에서 존재하게 된다.

Ⅳ. 소결

독일 민법상 선의취득 규정과 관련하여 기존의 여러 논문들은 권원자의 측면에서 소유권상실의 과정을 설명하는 수용개념을 사용하여 동산의 선의취득(§ 932 ff. BGB)과 부동산의 선의취득(§ 892 f. BGB)에 수용적 효과를 부여해 왔다. 그러나 민법상 선의취득에 기본법 제14조 제3항의 엄격한 전제조건을 적용하여 수용하려면, "공공복리"(기본법 제14조 제3항 제1문) 및 "불가분조항Junktimklausel"(기본법 제14조 제3항 제2문)이라는 엄격한 요건을 충족해야 한다. 기본법 제14조에 부합하는 법체계의 구조와 기능에 의하면, 수용은 공적 과제의 이행을 위한 재산권상 공용침해의 '특별한 법제도'이다. 따라서 민법상 선의취득규정은 재산권의 내용과 한계규정(기본법 제14조 제1항 제2문)으로 이해해야 한다. 그러면 민법상 선의취득규정은 별도의 공공복리라는 목적을 도출함 없이도 사법 주체간의 추상적·일반적으로 소유권의 상실과 취득을 위한 구성요건과 법적 효과를 창출할 수 있다.

방어권으로서 기본법 제14조 제1항은 임차인과 임대인간의 기본권상충에 있어서 기본권해석에 맞는 일관된 해결책을 제시해주지 못한다. 따라서 임차인에게 유리한 기본법 제14조 제1항에서 도출되는 기본권보호의무에 대한 논거와 전제조건을 충족하는지를 살펴보아야 한다. 기본권보호의무를 실행할 경우 준수해야 하는 과소보호금지의 원칙은 기본권보호의무를 수행하는 국가 공권력에게 헌법적으로 '최소한' 이상의 보호를 하라는 요청이다.

---

218. *G. Roellecke*, JZ 1995, S. 74 (75).

제6장

헌법상 토지재산권의 보장과 제한

제1절 서론

제2절 헌법상 재산권 보장의 의미와 그 내용

제3절 헌법상 토지재산권의 보장과 제한

제4절 토지재산권 제한 법률에 대한 헌법재판소 결정 및 평가

제5절 소결

제6장

헌법상 토지재산권의 보장과 제한

제1절 서론

토지라는 재화의 공급 비탄력성 및 초수요성이 국가의 토지정책 실현을 필요로 하게 한다. 그러나 헌법상 보장된 토지재산권에 대한 국가의 행위는 정책적인 판단만으로 좌우될 수는 없다. 토지재산권의 제한 범위와 그 제한의 한계가 분명히 헌법이 허용하는 테두리 안에서만 가능하기 때문이다.

우리 헌법에 재산권보장을 규정하고 있는 헌법 제23조[1]를 해석하는 것이 가장 기본적인 임무일 것이다. 우리 헌법상 토지재산권에 대한 보장이라는 의미를 어떻게 해석할 수 있는가? 그리고 토지재산권을 제한하는 경우 어떠한 기준에 의거해야 하는가? 또한 구체적인 헌법재판소 결정에서 토지재산권을 규율하는 법률에 대하여 어떠한 심사기준을 사용하고 어떻게 판결하고 있는가? 등

1. 현행 헌법 제23조 제1항은 "모든 국민의 재산권은 보장된다. 그 내용과 한계는 법률로 정한다."고 규정하고 있으며, 제2항에서 "재산권의 행사는 공공복리에 적합하도록 하여야 한다.", 제3항은 "공공필요에 의한 재산권의 수용·사용 또는 제한 및 그에 대한 보상은 법률로써 하되, 정당한 보상을 지급하여야 한다."고 규정하고 있다. 현행 헌법 제23조 제3항은 제5공화국 헌법상 재산권의 손실보상의 체계에서 구조적 변화를 가져왔다고 볼 수는 없다(정하중, 독일 Bonn 기본법 14조상의 부대조항(Junktimklausel)의 의미와 한국헌법 23조 3항의 해석(하), 사법행정 92. 10, 27 (34)면).

을 살펴보고자 한다. 토지재산권에 관한 헌법적 고찰은 합리적인 사고과정에 의한 헌법해석을 통해 이루어져야 하며, 토지재산권에 대한 공법적 윤곽 및 체계를 잡는 측면에서 구체적인 설명을 하도록 한다.

연구의 주요 내용으로는 헌법상 재산권보장의 의의를 살펴보고(제2절), 헌법상 토지재산권의 보장과 제한에 대한 고찰(제3절) 및 토지재산권에 대한 제한 법률에 대해 구체적으로 헌법재판소가 내린 결정에 대한 분석 및 평가를 하기로 한다(제4절).

제2절 헌법상 재산권 보장의 의미와 그 내용

I. 헌법상 재산권 보장의 의미

우리 헌법은 제헌헌법 이래 재산권을 보장함으로써 헌법상 경제질서가 전통적인 私有財産制에 입각하고 있음을 천명하고 있다. 이는 재산권의 단순한 법적 보장만을 의미하는 것이 아니라, 우리 헌법의 전체적 성격을 규정하는 '가치결단Wert entscheidung'을 의미하는 것이고,[2] 자유시장경제의 근간을 이루는 것이다.[3] 우리 "헌법이 재산권을 보장하는 것은 모든 국민이 자유롭고 자기 스스로 책임을 지는 삶을 영위하기 위한 전제로서의 재산권의 보장"을 말하고,[4] "개인이 현재 누리고 있는 재산권을 개인의 기본권으로 보장한다는 의미"이다.[5] 이는 헌법 제119조 제1항의 자유경제의 원칙과 헌법 제23조 제1항의 재산권보장이 그 내용상 일맥상통한다고 평가할 수 있다.

우리나라 헌법재판소는 여러 판결에서 "헌법상 보장된 재산권은 사적 유용성 및 그에 대한 원칙적인 처분권을 내포하는 재산가치있는 구체적인 권리이므로, 구체적 권리가 아닌 단순한 이익이나 영리획득의 단순한 기회 또는 기업활동의 사실적·법적 여건은 기업에게는 중요한 의미를 갖는다고 하더라도 재산권보장의 대상이 아니다"라고 판시하였다.[6] 즉, 헌법 제23조 제1항에

2. 한태연, 헌법학, 1955, 1035면.

3. 정순훈, 경제헌법, 222면.

4. 헌재 1992. 6. 26. 90헌바26, 판례집 4, 372면

5. 헌재 1993. 7. 29. 92헌바20, 판례집 5-2, 44-45면.

6. 헌재 1996. 8. 29. 95헌바36, 90, 103; 1997. 11. 27. 97헌바10, 651, 664; 1998. 7. 16. 96헌마246, 283, 309-

서 규정하고 있는 '재산권보장'이란 재산권주체에게 재산권에 대한 사적 유용성 Privatnützigkeit 과 처분권능 Verfügungsbefügnis 을 보장한다는 의미이다.[7] 사적 유용성을 보장한다는 것은 재산권주체의 재산에 대한 배타적인 사용·이용·수익을 가능케 한다는 의미이며, 처분권능을 보장한다는 것은 법률에 의거하여 재산에 대한 자유로운 처분을 가능케 한다는 의미이다.[8] 그렇지만 헌법상 재산권은 절대적 보장이 아니라, 토지이용자가 이용가능한 모든 용도로 토지를 자유로이 최대한 사용할 권리나 가장 경제적 또는 효율적으로 사용할 수 있는 권리를 보장하는 것을 의미하지는 않는다.[9]

헌법 제23조 제1항 제1문에서 '모든 국민의 재산권은 보장된다'라고 하여 재산권의 보장을 선언하고, 제2문에서 '그 내용과 한계는 법률로 정한다'라고 하여 재산권은 다른 기본권 규정과는 달리 그 내용과 한계가 법률에 의해 구체적으로 형성되는 기본권 형성적 법률유보의 형태를 취하고 있다. 그리하여 헌법이 보장하는 재산권의 내용과 한계는 국회에서 제정되는 형식적 의미의 법률에 의하여 정해지므로 이 헌법상의 재산권 보장은 재산권 형성적 법률유보에 의하여 실현되고 구체화하게 된다.[10] 재산권의 내용과 한계를 구체적으로 형성함에 있어서 입법자는 일반적으로 광범위한 입법형성권을 가진다. 그렇지만 재산권의 본질적 내용을 침해하여서는 아니되고 사회적 기속성을 함께 고려하여 균형을 이루도록 해야 한다는 등 입법형성권의 한계를 일탈해서는 안된다.[11]

310; 2002. 7. 18. 99헌마574, 29, 44; 2003. 10. 30, 2001헌마700, 2003헌바11(병합).

7. BVerfGE 53, 290 (339); 53, 257 (291); 68, 361 (367); 91, 294 (308); 100, 289 (301). 우리 헌법재판소도 "재산권의 본질적 내용인 사적유용성(私的有用性)과 원칙적인 처분권(處分權)을 부인해서는 안된다"고 판시하여 독일 연방헌법재판소의 입장을 따르고 있다(헌재 2003. 4. 24, 99헌바110, 396면).

8. 정극원, 현정부의 부동산정책에 대한 헌법적 검토, 공법연구 제34권 제3호, 2006. 2, 124면(125면 - "재산권제한적 법률유보에 의한 방어권의 제한형식은 일반적으로 재산에 대한 사적 유용성 또는 처분권능 중 어느 하나를 제한하는 형태를 취하게 된다. 예를 들면 국토의계획및이용에관한법률에 의하여 그린벨트구역으로 지정되면 그 토지에 대하여 사적 유용성은 제한하지만 처분권능은 아직 자유롭게 보장되며, 토지거래허가제로 지정되는 경우 토지에 대한 사적 유용성은 보장되는 것이지만 그 처분권능에 대해서는 제한이 가하여지게 되는 것이다").

9. 헌재 1998. 12. 24, 89헌바214, 90헌바16, 97헌바78(병합).

10. 헌재 1993. 7. 29. 92헌바20, 판례집 5-2, 44-45면; 헌재 2000. 2. 24. 97헌바41, 판례집 12-1, 163면.

11. 헌재 2000. 2. 24. 97헌바41, 판례집 12-1, 164면.

Ⅱ. 헌법상 재산권 보장의 내용

1. 주관적 공권으로서 재산권

헌법은 재산권을 개인의 주관적 공권으로서 보장함과 동시에 공동체 질서에서 요구되는 공공복리적합성 및 경제질서에 따른 공법적 제한을 가하고 있다. 일반적으로 헌법상 규정되어 있는 다른 기본권이 국가안전보장과 질서유지라는 공공의 목적에 의하여 제한되어 지는데 반하여, 재산권의 경우에는 주로 공공복리와 공공필요의 개념에 의하여 제한되어 지는 특성이 있다. 그러므로 입법권자가 입법형성권을 통하여 재산권의 내용과 한계를 설정하는 경우에 있어서는 구체적으로 공공복리와 공공필요를 고려해야 한다. 헌법상의 재산권보장은 재산권적 영역에서 재산권자가 갖는 자유보장적 기능을 부당하게 침해하는 국가권력에 대한 주관적 공권으로서의 방어권을 우선적으로 부여하고 있다. 헌법체계상 제도보장에 가장 친한 관계를 유지하고 있는 재산권보장에 있어서의 사유재산제는 재산객체에 대한 '사적유용성'과 '처분권'이라는 두 가지 내용을 그 본질적 속성으로 하고 있다. 그러므로 토지재산권자가 토지라는 재산객체에 대하여 전체적으로 고유한 결정권을 행사하지 못하거나 또는 타율적 이용목적을 위한 국가적 결정에 의하여 자기고유의 지배권을 상실하게 되면 재산권의 본질적 내용이 침해되는 것이다. 재산권의 본질적 내용은 인간의 존엄성을 실현하는 기본권의 최소내용으로서 국가권력의 침해에 대한 방어기능과 보호청구권을 갖게 하는 재산에 대한 주관적이고 자유권적인 권리를 의미한다.[12] 이와 같은 재산권의 자유보장적 기능에 비추어 볼 때, 입법권자는 토지재산권의 구체적인 내용결정과 개별재산권자의 법적 지위에 관한 한계설정의 경우에도 가능한 한 재산권보장의 범위를 넓게 정하여 재산권자가 갖는 기본권보장적 기능을 강화해야 한다.

2. 존속보장의 대상으로서 재산권

헌법상 보장하는 우선적인 재산권 보장의 내용은 재산권주체가 국가에 대한

---

12. 이러한 '자유권적 기본권사상'에 관하여는 *Böckenförde*, NJW 1974, S. 1530 ff.; *Ossenbühl*, NJW 1976, S. 2100 f.

'주관적 방어권'을 지니는 법적 지위를 부여하는 것이다.[13] 존속보장은 '주관적 방어권'을 통해 여러 헌법조항과 협력하여 그 효력을 발휘하고 있다. 헌법상 재산권보장의 내용으로는 '존속보장'과 '가치보장'의 2원적 체계로 되어 있다. 재산권 보장은 원칙적으로 당해 재산권의 실체적 대상 그 자체를 보장하여 재산권에 대한 모든 침해행위로부터의 보장을 의미하는 "존속보장Bestandsgarantie"과 예외적으로 공용침해의 경우 헌법상의 조건을 충족시킨 경우에 필수불가결하게 인정해야 하는 손실보상으로서의 "가치보장Wertgarantie"으로 나누어진다.[14]

우리 헌법 제23조 제1항의 재산권보장의 본질은 재산권의 보상없는 박탈을 방지하는데 우선적 본질이 있는 것이 아니라, 재산권의 실체적 존속을 보장하는데 그 우선적 본질이 있다.[15] 즉, 재산권보장의 본질은 우선적으로 재산권주체가 소유하고 있는 구체적인 재산적 권리나 구체적인 법적 지위의 존립을 공권력에 의한 박탈이나 여타의 침해행위로부터 보호하는 재산권의 존속을 보장('존속보장')하는 데에 있다.[16] 그리고 예외적인 경우 즉, 공공필요에 의해 재산권의 침해가 불가피한 경우에 '가치보장'이 인정된다.[17] 이러한 사고는 금전적 가치로의 보상이 존속보장에 대해 보충적이어야 한다는 '보충성 원칙'[18]의 결과라는 인식에서 연유하며, 재산권의 존속보장이 '기본권의 보장'이라는 우리 헌법 제23조의 내용에 합치되기 때문이다. 우리 헌법 제23조 제3항의 엄격한 요건하에 수용의 목적물이 공용수용된 후에 수용의 요건을 충족하지 못하는 경우 환매권

---

13. *W. Böhmer*, Grundfragen der verfassungsrechtlicher Gewährleistung des Eigentums in der Rechtsprechung des Bundesverfassungsgerichts, in: NJW 1988, S. 2563 f.; *Leibholz/Rinck/ Hesselberger*, GG, 2001, Art. 14 Rn. 73. 독일 연방헌법재판소도 "공권력의 처분에 대해 법질서를 통해 인정된 개개의 재산권의 존속을 보장하는 데" 재산권보장의 기능을 두고 있다(BVerfGE 72, 175 (195); 75, 108 (154); 83, 201 (208)). 이를 "방어권적 보호기능"이라고도 한다.
14. 김남진, 재산권의 가치보장과 존속보장, 월간고시 1989.5, 31 (32)면; BVerfGE 24, 367 (389); 31, 229 (239); 42, 263 (293); 68, 193 (222); 69, 272 (300).
15. 송희성, 재산권의 존속보장과 공공필요의 요건, 고시연구 94. 12, 84(85)면. Vgl. *Nüßgens/Boujong*, Eigentum, Sozialbindung, Enteignung, 1987, Rn. 6.
16. *O. Depenheuer*, 공법연구 제29집 3호, 2001. 5, 22면; *P. Badura*, Eigentum, in: Handbuch des Verfassungsrechts, Bd. I, 2. Aufl., 1995, Rn. 32; *H.-J. Papier*, in: Maunz/Dürig, GG, Art. 14, Rn. 8 ff.; *Pieroth/Schlink*, Grundrechte, Staatsrecht II, 2004, § 23 Ⅱ 2, Rn. 912; *R. Wendt*, in: M. Sachs (Hrsg.), GG, 2003, Art. 14, Rn. 41 f.; F. Schoch, Die Eigentumsgarantie des Art. 14 GG, Jura 1989, S. 11.
17. 김해룡, 헌법상 재산권보장과 행정상 손실보상의 근거법리들에 관한 고찰, 고시계 2003. 9, 22면 이하.
18. BGHZ 90, 17 (32).

자피수용자의 "환매권"[19]을 인정하는 것은 재산권의 '존속보장'의 사고로부터 연유한 것이다.[20] 현대 민주주의 입헌국가시대에서조차 "수인하고 그러나 보상을 요구하라"는 사고는 경찰국가시대의 전철을 밟는 것이며,[21] 또한 공용침해와 보상의 '법률유보원칙'에도 반하는 것이다. 주관적 공권으로서 자유권적 기본권인 재산권을 중시하여 국가의 공권력에 의한 침해로부터 재산권 그 자체를 보장하는 의미가 바로 헌법상 존속보장의 취지이다.

제3절 헌법상 토지재산권의 보장과 제한

I. 토지재산권의 특수성

토지는 다른 재화와는 다른 특성[22]을 지니고 있는데,[23] 원칙적으로 생산이나 대체가 불가능하여 공급이 제한되어 있다. 이렇게 토지 공급은 비탄력적이며, 수요가 공급을 초과하는 경향을 가지고 있다. 이러한 비탄력적인 토지에 대한 국민들의 수요증가는 토지가격을 급등시키는 요인이 된다. 이러한 토지에 대한 투기를 근절하고 왜곡된 자금의 흐름을 방지하기 위해 국가의 토지정책실현의 한 수단으로 활용되는 것이 조세이다.[24] 또한 토지는 강한 공공성을 가지고 있다. 토지는 인간의 생존에 필수적인 각종 산물의 생산원천이자, 경제활동의 원천인 자본으로서의 기능을 가지고 있다. 그런데 토지는 부증성비생산성, 비대체

19. 환매제도에 관한 최근의 논문으로는 함인선, 환매제도에 관한 법적 검토, 한국토지공법학회 제42회 학술대회, 2004. 10, 111면 이하.

20. 정하중, 헌법재판소의 판례에 있어서 재산권보장, 헌법논총 제9집, 1998. 12, 277 (286)면.

21. Vgl. BVerfGE 58, 300 (324).

22. 독일연방헌법재판소는 토지재산권에 있어서 토지라고 하는 재화의 특수성으로 인하여 다른 재산권보다 많은 사회적 기속성(Sozialbindung des Eigentums)을 받는다고 판시하였다(BVerfGE 21, 73 (83); 31, 229 (243); 37, 132 (140).

23. 김상용·정우형 교수는 토지의 성질상 특수성으로 ① 자연적 재화성 ② 재생산이 불가능한 유한성(부증성) ③ 불이동성(고정성)으로 인한 비대체성 ④ 인접 토지 상호간의 강한 상린성 ⑤ 항구성(영속성) ⑥ 생산성을 들고, 토지의 기능상 특수성으로 ① 본원적인 생산수단 ② 부의 축적이나 가치의 저장수단 ③ 사회적 및 정치적 힘의 원천 ④ 경제적 신분의 상징 ⑤ 인간의 생활조건인 환경자원으로서의 기능을 든다(김상용·정우형, 토지법, 법원사, 2004, 3-4면).

24. 석종현·윤종수, 종합토지세의 과세표준과 세율상의 문제점, 토지공법연구 제2집, 1996. 2, 18면.

성 등 때문에, 토지소유권을 남용하거나 소수인이 독점하게 되면, 부의 분배의 왜곡을 초래할 뿐 아니라, 국가경제 전체에도 커다란 지장을 초래할 수 있다. 그리하여 헌법은 토지 등 재산권의 공공복리적합의무를 선언하고, 필요한 범위내에서 토지의 취득, 이용 등에 대한 규제를 허용하고 있는 것이다.[25]

우리나라의 가용토지 면적은 인구에 비하여 절대적으로 부족한 반면에, 모든 국민이 생산 및 생활의 기반으로서 토지의 합리적인 이용에 의존하고 있으므로, 그 사회적 기능에 있어서나 국민경제의 측면에서 다른 재산권과 같게 다룰 수 있는 성질의 것이 아니므로 공동체의 이익이 보다 더 강하게 관철될 것이 요구된다고 할 것이다.[26] 따라서 헌법 제122조는 토지가 지닌 이와 같은 특성을 감안하여 "국가는 국민 모두의 생산 및 생활의 기반이 되는 국토의 효율적이고 균형있는 이용·개발과 보전을 위하여 법률이 정하는 바에 의하여 그에 관한 필요한 제한과 의무를 과할 수 있다."고 규정함으로써, 토지재산권에 대한 광범위한 입법형성권을 부여하고 있는 것이다.[27]

Ⅱ. 헌법상 토지재산권의 제한

토지재산권의 제한과 관련하여서는 헌법 제23조 제2항[28]과 제3항[29] 및 헌법 제37조 제2항[30] 그리고 헌법 제122조[31]에 근거하여 법률로 제한할 수 있다.[32] 토

---

25. 須田政勝, 槪說 土地法, 東京, 2004, 24면 참조; 김희곤, 외국·외국인 토지소유의 공법적 문제, 토지공법연구 제39집, 한국토지공법학회, 2008. 2, 648면.

26. 헌재 1989. 12. 22. 88헌가13, 357, 372; 헌재 1998. 12. 24. 89헌마214등, 927, 945-946 참조.

27. 헌재 1999. 4. 29, 94헌바37, 289, 303-304면.

28. 헌법 제23조 제2항 "재산권의 행사는 공공복리에 적합하도록 하여야 한다."

29. 헌법 제23조 제3항 "공공필요에 의한 재산권의 수용 · 사용 또는 제한 및 그에 대한 보상은 법률로써 하되, 정당한 보상을 지급하여야 한다."

30. 헌법 제37조 제2항 "국민의 모든 자유와 권리는 국가안전보장 · 질서유지 또는 공공복리를 위하여 필요한 경우에 한하여 법률로써 제한할 수 있으며, 제한하는 경우에도 자유와 권리의 본질적인 내용을 침해할 수 없다."

31. 헌법 제122조 "국가는 국민 모두의 생산 및 생활의 기반이 되는 국토의 효율적이고 균형있는 이용·개발과 보전을 위하여 법률이 정하는 바에 의하여 그에 관한 필요한 제한과 의무를 과할 수 있다."

32. 헌법재판소는 "토지의 개발이나 건축은 합헌적 법률로 정한 재산권의 내용과 한계내에서만 가능한 것일 뿐만 아니라 토지재산권의 강한 사회성 내지 공공성으로 말미암아 이에 대하여는 다른 재산권에 비하여 보다 강한 제한과 의무가 부과된다"(헌재 1998. 12. 24, 89헌바214, 90헌바16, 97헌바78(병

지재산권의 내용과 한계는 원칙적으로 헌법 제23조에서 규율하고 있으며, 헌법 제122조는 예외적 조항으로 해석해야 한다. 왜냐하면 우리헌법상 경제질서는 원칙적으로 '사회적 시장경제질서'를 채택하고 있기에, 우리 헌법 제119조 제1항과 제2항의 관계는 "원칙과 예외의 형식Grundsatz/Ausnahme-Formel"으로 보아야 한다. 그러므로 헌법 제120조 이하의 조항은 예외를 구체화한 것이라 볼 수 있다.

토지재산권에 관한 내용과 한계를 정하는 법률도 일반적인 기본권을 제한하는 법률에 대한 심사기준을 적용할 수 있다. 규율형식으로서의 요청은 법률의 명확성원칙, 포괄적 입법위임금지의 원칙이고, 규율내용으로서의 요청은 비례성원칙, 평등원칙자의금지원칙, 신뢰보호원칙소급입법에 의한 재산권 박탈금지, 적법절차원칙 등이다.[33]

토지재산권을 제한을 정당화하는 중요한 헌법적 근거이론은 재산권의 사회적 기속성이다. 재산권의 사회적 기속성이란 재산권보장의 절대성, 즉 소유권절대성으로부터 나오는 역기능의 배제 및 사유재산제도의 기본이념의 보호와 유지존속을 위한 최소한의 자기희생 내지 양보로서,[34] 헌법에 의거하여 재산권주체가 공공필요 등에 의해 일정한 무보상의 제한 등을 받을 수 있음을 예정한 것이다. 이러한 토지재산권에 대한 사회적 기속성은 토지에 대한 일정한 행위를 제한하거나 금지하는 형태로 구체화될 수 있는데, 이는 토지재산의 종류, 성질, 형태, 조건, 상황, 위치 등에 따라 입법자가 상이하게 규율할 수 있다.

토지를 종래의 목적으로도 사용할 수 없거나 더 이상 법적으로 허용된 토지이용방법이 없어서 실질적으로 사용·수익을 할 수 없는 경우에 해당하지 않는 제약은 토지소유자가 수인하여야 하는 사회적 제약의 범주 내에 있는 것이고, 그러하지 아니한 제약은 손실을 완화하는 보상적 조치가 있어야 비로소 허용되는 범주 내에 있다.[35] 따라서 토지재산권에 대한 제한에 있어서는 헌법 제37조 제2항의 비례성원칙에 따른 심사를 받게 된다.[36]

합))고 설시하고 있다.

33. 한수웅, 한국 헌법재판의 현황과 발전방향, 창립50주년기념 학술대회, 2006. 6. 22, 한국법학원, 5면.

34. 헌재 1989. 12. 22, 88헌가13.

35. 헌재 2005. 9. 29. 2002헌바84·89, 2003헌마678·943(병합).

36. 비례성 원칙에 관한 내용으로는, 이부하, 비례성원칙과 과소보호금지원칙, 헌법학연구 제13권 제2호, 2007. 6, 275면 이하 참조. 헌법재판소는 "재산권에 대한 제약이 비례원칙에 합치하는 것이라면 그 제약은 재산권자가 수인하여야 하는 사회적 제약의 범위 내에 있는 것이고, 반대로 재산권에 대한

Ⅲ. 토지재산권에 대한 제한의 한계

헌법 제23조 제1항 2문의 재산권의 "내용과 한계는 법률로 정한다"고 할 때, 내용과 한계가 무엇인지가 문제된다. 재산권의 내용과 한계는 서로 상반된 개념일 수 있지만, 양자의 구별은 시간적 차원과 관련된 것이다.[37] 법률로 재산권의 내용과 한계를 정하게 되면, 그러한 재산권 규정은 재산권주체의 권리를 확장시키거나 축소시킬 수 있으며, 재산권 이용가능성을 제공하거나 방지할 수도 있다.[38] 재산권의 '내용'은 재산권자의 지위를 장래를 향하여 규정하지만, 재산권의 '한계'는 법규범에 따라서는 존속하고 있는 기존의 재산권에 대한 제한을 의미하기도 한다.[39]

그런데 이러한 재산권에 대한 제한의 한계를 설정하는 원리로서 법치국가의 원리에서 당연히 파생되는 헌법상의 기본원리 중 하나는 '비례성 원칙'이다. 우리헌법은 제37조 제2항에서 입법권의 한계로서 과잉입법금지의 원칙을 명문으로 인정하고 있다.[40] 이와 관련하여 과잉금지의 원칙 중 침해의 최소성이나 법익의 균형성을 그대로 적용하면 토지소유권에 대하여 입법형성권이 넓게 인정되는 의미가 없어진다는 이유로 토지소유권제한입법에 있어서는 미국연방대법원의 이른바 '이중기준의 원칙'에 기초하여 최소한의 합리성심사기준을 적용해야 한다는 견해가 있다.[41]

그러나 우리 헌법의 해석과 헌법재판소 결정을 살펴보더라도 이러한 견해는 수용하기 어렵다고 본다. 첫째, 미국연방대법원의 이중심사기준을 적용하도록 하는 헌법적 근거조항이 없을 뿐 아니라, 둘째, 구체적으로 침해된 기본권의 의미와 중요성에 따라 상충하는 법익간에 구체적 형량이 필요하며, 셋째, 이중심사기준을 따를 경우 정신적 기본권과 경제적 기본권으로 구분하여야 하는데, 그 구분의 불명확성과 기본권형식에 따른 경직된 판단위험성이 있다. 넷째, 미

제약이 비례원칙에 반하여 과잉된 것이라면 그 제약은 재산권자가 수인하여야 하는 사회적 제약의 한계를 넘는 것이다"고 판시한다(헌재 2005. 9. 29. 2002헌바84·89(병합)).

37. *Sachs*, Verfassungsrecht Ⅱ - Grundrechte, 2. Aufl., B 14 Rn. 25.

38. *Pieroth/Schlink*, Staatsrecht Ⅱ - Grundrecht, 20. Aufl., Rn. 920.

39. 이부하, 재산권의 존속보장과 재산권에 관한 법이론, 공법학연구 제9권 3호, 2008. 8, 333면.

40. 헌재 1992. 12. 24, 92헌가8.

41. 김문현, 헌법상 토지소유권 보장과 공익에 의한 제한, 부동산법학 제7집, 2003. 2, 20면, 27면.

국 연방헌법재판소도 이중심사기준을 평등보호와 관련하여 적용하는데, 재산권에 관하여 적용할 수 있을지는 의문이 든다. 다섯째, 입법형성권이 인정되는 범위는 개인의 기본권 침해정도와 중대한 공익간의 관계를 비교형량하여 얻어지는 것이므로, 개별 기본권 유형마다 확정된 영역은 존재하기 어렵다.

따라서 토지재산권과 관련된 법률조항은 재산권에 대한 사회적 제약을 구체화하는 규율로서 헌법상 비례성 원칙을 준수하여야 한다. 그러므로 비례성 원칙의 심사요건인 피해의 최소성 및 법익균형성도 갖추어야만 그 관련 법률조항은 헌법에 위반되지 않게 된다.[42]

제4절 토지재산권 제한 법률에 대한 헌법재판소 결정 및 평가

토지재산권을 제한하는 법률과 관련하여 우리나라 토지관련입법에 있어서 중요한 이념적 토대로서 토지공개념이 그 중심에 있었다. 토지공개념의 의미는 일반적으로 '소유를 위한 토지소유'로부터 '이용을 위한 토지소유'로의 토지재산권에 대한 관념의 변천을 그 이념적 기초로 하여, 인간이 생활 및 생산활동의 기반이 되는 토지가 가장 효율적으로 이용될 수 있게 하기 위한 공법적 규제, 즉 토지의 특성으로 말미암은 토지재산권에 대한 가중된 공법적 기속을 의미한다고 할 수 있다.[43]

이하에서는 토지공개념과 관련이 있는 토지재산권의 소유권 및 이용·수익권, 처분권에 관한 제한 법률에 대해 헌법재판소 판결의 주요 결정을 간단히 소개하고, 그에 대한 평가를 하기로 한다.

I. 토지의 소유권에 대한 제한

1. 택지소유상한제 택지소유상한에관한법률 제2조 제1호 나목 등 위헌결정

택지소유상한에관한법률 제2조 제1호 나목 등 위헌결정에서 택지의 소유상

---

42. 헌재 2005. 9. 29. 2002헌바84·89(병합) 참고.

43. 석종현, 손실보상법론, 제2판, 삼영사, 2005, 2면 이하; 김성수, 토지공개념과 종합부동산세 등의 도입에 대한 공법적 검토, 지방자치법연구, 제4권 제1호, 2004. 6, 75면; 김남철, 8·31 부동산 종합대책에 대한 공법적 검토, 공법연구 제34집 제3호, 2006. 2, 186면.

한을 일률적으로 200평으로 정하고 있었는데, 당해 법률의 목적이 투기억제와 지가상승의 방지를 통한 택지의 적정한 공급에 있고, 그 규율대상으로 투기 또는 재산증식을 목적으로 한 토지 등에 제한되어야 할 것인데, 주거용 택지까지도 이와 동일한 방법으로 규율하는 것은 입법목적을 달성하기 위하여 필요한 정도를 넘는 과도한 제한이라고 헌법재판소는 판시하였다. 또한 "택지를 자신의 주거용으로 사용하는 자"와 "자신의 주거와 관계없이 과다한 택지를 소유하면서 이를 투기용 등으로 보유하고 있는 자"를 일률적으로 동일하게 취급하기에 평등원칙에도 위반된다고 판시하였다.[44]

택지소유상한에관한법률에 의해 이미 법 제정 이전에 택지를 소유해 온 자들에게 택지소유로 인한 이득의 발생 여부를 불문하고 조세적 성격을 띠는 고율의 부담금을 부과하는 것이므로 헌법 제13조 제2항에서 금지하는 소급입법에 의한 재산권박탈 금지에 위반된다고 할 수 있다.[45] 또한 택지소유상한에관한법률은 입법기술상 택지의 소유상한을 일률적으로 200평으로 정하고 이를 위반하여 택지 소유시 10년만 지나면 그 부과율이 100%에 달할 수 있도록, 아무런 기간의 제한도 없이, 매년 택지가격의 4% 내지 11%에 해당하는 부담금을 계속적으로 부과할 수 있도록 하는 것은, 점진적으로 토지재산권을 무상으로 몰수하는 결과를 가져올 수 있어 헌법 제37조 제2항의 비례성 원칙 중 피해의 최소성 원칙에 위반되어 위헌이 된다.[46]

2. 토지초과이득세와 종합부동산세

1989년 이른바 "토지공개념"에 관한 논의가 본격적으로 진행되던 중, 토지초과이득세법이 토지공개념을 실현하기 위한 법제도로서 마련되었다. 1994년 7월 29일 토지초과이득세법은 과세표준조항(동법 제11조)과 유휴토지 등의 범위조항(동법 제8조)에 대하여 개정촉구와 헌법위반이라고 하면서 동법 전체에 대하여 '헌법불합치결정'을 하였다.[47] 그 후 동법은 1994년 12월 22일 전면 개정되어 시행되었고, 1996년에 청구된 토지초과이득세법 제8조 제4항 등에 대한 위헌소원

---

44. 헌재 1999. 4. 29, 94헌바37 등 (병합).

45. 김해룡, 토지관련법제의 법적 문제와 개선방안, 토지공법연구 제7집, 한국토지공법학회, 2001, 81면.

46. 헌재 1999. 4. 29, 94헌바37, 290-291면; 석종현, 택지소유상한부담금제의 위헌성 여부에 관한 연구, 토지공법연구 제5집, 136면.

47. 헌재 1994. 7. 29, 92헌바49 등 (병합).

에서 '합헌결정'을 받았다.[48] 그러나 1998년 12월 28일(법률 제5586호) 토지초과이득세법폐지법률에 의하여 폐지되었다.

토지초과이득세는 그 목적에도 불구하고 위헌적인 내용이나 법적용상의 불합리가 있다.[49] 토지초과이득세로 인하여 임의적인 처분권당해 토지를 계속 보유함으로써 처분하지 아니하거나 원하는 시기에 처분하고자 하는 권리, 임의적인 수익권당해 토지를 이용하여 장래 원하는 시기에 원하는 방법으로 수익을 획득하고자 하는 권리, 임의적인 사용권당해 토지를 원하는 방법으로 자신이 직접 또는 제3자를 통해 간접적으로 사용할 권리이 제한받기 때문에 헌법 제119조 제1항과 조화되기 어렵다.[50] 또한 임대용토지의 경우 유휴지로 간주하여 과세하도록 규정한 토지초과이득세법 제8조 제1항 제13호는 토지의 효율적 이용을 기함을 목적으로 한 토지초과이득세법의 입법취지에 반하며, 헌법 제23조 제1항에도 위반될 수 있다.[51]

종합부동산세는 2005년 12월 1일부터 신고와 납부가 시작되었는데, 기존의 건물에 대한 지방세와 토지에 대한 종합토지세를 통합한 것이며, 전국에 걸쳐 일정한 금액 이상의 부동산을 과다하게 보유하고 있는 사람들을 대상으로 한 국세이다.[52] 종합부동산세는 일정액 이상의 부동산소유자에 대하여 이를 합산하여 누진세율을 부과하는 것이며, 그 과세대상은 합산된 부동산가격이기에 지가의 상승분이라는 미실현이득에 대한 수득세로서의 성격이 없다.[53] 그러나 종합부동산세는 국가와 지방자체단체가 동일한 납세의무자가 소유한 동일한 과세대상에 대하여 중복과세하는 것이므로 위법성이 높다.[54]

---

48. 헌재 1999. 4. 29, 96헌바10 등 (병합).
49. 석종현, 헌법재판소의 토지초과이득세법 제10조 등의 헌법불합치결정, 토지공법연구 제1집, 1995. 4, 22면.
50. 정연주, 재산권보장과 이익형량, 공법연구 제29집 제3호, 2001. 5, 44-45면.
51. 정연주, 재산권보장과 이익형량, 45면.
52. 종합부동산세는 주택의 지방세법상 과세표준의 합계액이 4억 5천만 원을 초과하는 자를 납세의무자로 한다(법 제7조 제1항). 지방세법상 과세표준의 합계액이 4억 5천만 원인 경우 국세청의 기준시가는 이의 2배에 해당하므로, 주택의 경우에는 1주택을 소유한 사람도 그 가액이 9억원을 초과하면 종합부동산세의 납세의무자가 된다. 또한 토지의 경우는 현행 지방세법상 종합토지세의 부과대상인 나대지와 사업용 토지로 구분된다. 토지에 대한 종합부동산세의 납세의무자는 종합합산과세(나대지)인 경우 당해 토지에 대한 지방세법상 과세표준의 합계액이 3억원, 별도합산과세대상(사업용 토지)인 경우 당해 토지에 대한 지방세법상 과세표준의 합계액이 20억원을 초과하는 자이다.
53. 김성수, 부동산 보유과세 개편에 대한 입법과제, 공법연구 제33집 제2호, 2005. 2, 358면.
54. 김성수, 공법연구 제33집 제2호, 360면.

Ⅱ. 토지의 이용·수익권에 대한 제한

1. 개발부담금제

개발부담금제의 목적은 "토지로부터 발생되는 개발이익[55]을 환수하여 이를 적정하게 분배함으로써 토지에 대한 투기를 방지하고 토지의 효율적인 이용을 촉진하여 국민경제의 건전한 발전에 이바지함"이다(개발이익환수에관한법률 제1조). 여기서 개발부담금이란 국가나 지방자치단체로부터 개발권을 부여받은 사업시행자가 개발사업의 시행 또는 토지이용계획의 변경 기타 사회·경제적 요인에 의하여 개발사업대상토지의 지가가 상승하여 정상지가상승분을 초과하는 불로소득적 개발이익이 생긴 경우 이를 사업시행자나 토지소유자에게 독점시키지 아니하고 국가나 지방자치단체가 그 일부[56]를 환수하는 금액을 말한다.[57]

불로소득적 개발이익을 환수하는 방법으로 하나는 '과세적 방법'과 다른 하나는 '비과세적 방법'이 있다. 현행법상 과세적 방법으로는 재산세, 종합토지세, 토지초과이득세 등의 보유세와 양도소득세인 처분세가 있고, 비과세적 방법으로는 개발부담금이 있다.[58] 이 중 개발부담금의 부과는 특정토지개발사업에 한하며, 부과대상사업으로는 택지개발, 공업단지조성, 관광단지조성, 도시환경정비, 유통단지조성, 온천개발, 여객·화물터미널, 골프장건설 등 사업이 해당된다(동법 제5조). 개발부담금의 부과기준은 부과종료시점의 부과대상토지의 가액종료시점지가에서 부과개시시점의 부과대상토지의 가액개시시점지가, 부과기간동안의 정상지가상승분, 개발비용 등을 뺀 금액이다(동법 제8조).

우리 헌법재판소는 1990년 결정에서 구 토지수용법상 개발이익을 보상액에

---

55. 여기서 개발이익이란 1989년「개발이익환수에관한법률」에서는 "토지소유자 자신의 노력없이 토지이용계획의 변경, 기타 사회·경제적 요인에 의해 상승한 모든 증가 중 정상적인 지가상승을 초과한 상승분"이라고 규정한 바 있다. 그러나 현형법률인「개발이익환수에관한법률」에서 개발이익이란 "개발사업의 시행 또는 토지이용계획의 변경 기타 사회·경제적 요인에 의하여 정상지가상승분을 초과하여 개발사업을 시행하는 자(이하 "사업시행자"라 한다) 또는 토지소유자에게 귀속되는 토지가액의 증가분"이라고 규정하고 있다(동법 제2조 제1호).

56. 현행 납부의무자가 부담하여야 할 개발부담금은 개발이익의 25%이며, 다만, 국토의계획및이용에관한법률 제38조의 규정에 의한 개발제한구역에서 개발사업을 시행하는 경우로서 납부의무가 동 구역의 지정당시로부터 토지소유자인 경우에는 20%로 한다(동법 제13조).

57. 헌재 1998. 6. 25, 95헌바35, 97헌바81, 98헌바15·10 (병합).

58. 정극원, 현정부의 부동산정책에 대한 헌법적 검토, 공법연구 제34집 제3호, 2006. 2, 132면.

서 배제하는 규정을 합헌이라 하였고,[59] 개발부담금의 부과개시시점에 대하여 2002년 결정에서 합헌으로 결정하였다.[60] 그러나 개발이익의 환수로서의 개발부담금은 일정한 면적미만에 대해서는 전혀 부과되지 않으면서, 일정한 면적이상의 토지에 대해서는 일률적으로 부과하는 문제점과 다른 일반세율에 비하여 25%라는 높은 부과율의 문제점에서 조세법상 형평성 원칙을 침해하게 된다. 또한 개발부담금은 실질적으로 토지의 미실현이익에 대한 부과라는 점에서 향후에 있을 수 있는 토지양도시에 기대되는 양도소득의 선납 내지 예납의 성격을 가진다는 점에서 이중과세의 문제가 발생할 수 있다.[61]

2. 재건축부담금제

2006년 3.30 대책을 실현하기 위한 후속법안으로서 지난 5월 2일 국회의장의 직권상정으로 강행처리된 '재건축 초과이익의 환수에 관한 법률'은 불로이득을 사회적으로 유해한 현상으로 보고, 이를 국가가 부담금이라는 명목으로 환수하여 재분배한다는 목적을 지니고 있다.

재건축부담금을 현행 '개발이익환수에 관한 법률'에 의한 개발부담금의 일종으로 보기에는 문제가 있는 것은 동법 제5조에 의한 개발사업의 경우 부담금 비율이 최고 25%이므로, 재건축으로 인한 초과이익에 최고 50%의 고율을 적용할 수 없으므로 별도의 입법이 필요한 개발부담금의 일종이기 때문이다. 그런데 재건축부담금이 개발부담금의 일종이라면 원칙적으로 모든 부담금에 대한 기본법의 성격을 가지는 '부담금관리기본법'[62]에 의한 적용을 받는다. 결국 '재건축 초과이익의 환수에 관한 법률'을 제정하여 재건축부담금을 부과하고자 하는

59. 헌재 1990. 6. 25, 89헌마107.

60. 헌재 2002. 5. 30, 99헌바41 : 헌법재판소는 "개발부담금의 부과개시시점을 착공시가 아니라 사업시행의 인가를 받은 날로 정하고 있는 것에 대하여, 인가시점과 착공시점 사이에 시간차가 있더라도 가격인상의 요인이 발생하였다고 보는 것이 경험칙에 부합한다"고 하면서, "'인가 등' 시점을 부과개시시점으로 정한 이러한 입법수단은 개발이익환수제도의 입법목적을 달성하기 위한 적법하고 합리적인 수단으로서 재산권과 평등권을 침해하지 아니한다고 하였다."고 판시하였다.

61. 김해룡, 토지관련법제의 법적 문제와 개선방안, 토지공법연구 제7집, 한국토지공법학회, 2001, 84면.

62. 동법에 의하면 '부담금'이란 중앙행정기관의 장, 지방자치단체의 장, 행정권한을 위탁받은 공공단체 또는 법인의 장 등 법률에 의하여 금전적 부담의 부과권한이 부여된 자가 분담금, 부과금, 예치금, 기여금 그 밖의 명칭에 불구하고 재화 또는 영역의 제공과 관계없이 특정 공익사업과 관련하여 법률이 정하는 바에 따라 부과하는 조세외의 금전지급의무를 말한다.

입법자의 의도는 건설교통부장관에게 주택재건축사업으로 인한 초과이익을 환수하게 하는 것이므로 재건축부담금을 조세가 아닌 '부담금관리기본법'에 의한 부담금으로 그 성격을 규정한 것으로 볼 수 있다.[63]

양도소득세와 재건축 부담금간에도 이중과세의 문제가 발생할 수 있다. 이미 재건축단지에는 고율의 양도소득세를 비롯하여 소형평형주택과 임대주택 건설을 의무화하는 간접적 환수장치도 남아있으며, 각종 부담금과 기부채납제도도 있다.[64] 또한 현재 재건축에 대한 개발이익환수 수단으로 임대주택의무건립, 기반시설부담금 등의 제도가 있는데, 이러한 제도와 병과하여 개발부담금제를 도입하는 것은 비례성 원칙에 위배되는 제도라 할 수 있다.[65] 즉, 개발부담금제는 불로소득의 환수 및 재분배라는 입법목적을 달성하기 위한 방법으로 효과적이고 적절한 것이어야 하며 방법의 적절성, 그 조치가 입법목적 달성을 위하여 설사 적절하다 할지라도 가능한 한 보다 완화된 형태나 방법을 모색함으로써 기본권의 제한은 필요최소한도에 그치도록 하여야 하는 피해의 최소성 비례성의 원칙에 위배될 가능성이 높다.

Ⅲ. 토지의 처분권에 대한 제한

구 국토이용관리법 제21조의3 제1항의 '토지거래허가제'에 대하여 헌법재판소는 1989년[66]과 1997년[67]에 합헌으로 판시하였다. 1989년 헌법재판소 결정에서는 합헌의견(5인)과 위헌의견(4인)이 나뉘어졌으나, 양 의견 모두 토지거래허가제는 사유재산제도 또는 재산권의 본질적 내용을 침해하지 않는다고 판시하였다. 또한 1997년 헌법재판소 결정에서는 토지거래허가제에 관하여 다음과 같이 합헌의견을 제시하였다. "국토이용관리법 제21조의3 제1항의 토지거래허가

63. 김성수, 재건축부담금에 대한 헌법적 검토, 토지공법학회 제49회 학술대회, 「정부의 3.30 부동산대책 관련 법제에 관한 공법적 검토」, 2006. 6. 10, 95-96면.

64. 성소미, 재건축 초과이익환수법안의 내용과 법적 쟁점, 토지공법학회 제49회 학술대회, 「정부의 3.30 부동산대책 관련 법제에 관한 공법적 검토」, 2006. 6. 10, 78면.

65. 서울신문, 2006. 2. 7. 7면. 그러나 정부는 재건축 임대주택 의무건설에 따른 비용, 즉 대지지분 감소분을 공제한다면 과잉금지 원칙에 위배되지 않는다고 입장을 밝히고 있다.

66. 헌재 1989. 12. 22, 88헌가13.

67. 헌재 1997. 6. 26, 92헌바5.

제는 사유재산제도나 사적자치원칙의 부정이 아니라 헌법의 명문(제122조)에 의거한 재산권 제한의 한 형태이고 토지의 투기적 거래를 억제하기 위하여 이 법이 정한 방법과 내용에 따라 그 처분을 일정한 범위내에서 제한함은 부득이하고도 적절한 것이므로, 그것이 재산권의 본질적 내용을 침해한다거나 과잉금지의 원칙에 위배된다 할 수 없고 또 헌법상의 경제질서의 기본원칙에 위배되지도 아니한다."하여 합헌임을 선언하였다.

헌법재판소는 "토지거래허가제의 본질적 내용에 비추어 볼 때, 비록 허가를 받지 아니한 토지거래행위에 대하여 처벌하는 처벌규정을 따로 두고 있다고 하더라도, 허가를 받지 아니한 토지거래행위의 사법적 효력을 인정하게 되면 처벌을 감수하더라도 투기적 토지거래를 할 자가 흔히 있어 이 법의 입법목적을 달성하기 어렵게 되므로, 허가를 받지 아니하고 체결한 토지거래계약의 사법적 효력을 부인하는 이 법 제21조의3 제7항은 토지거래허가제의 입법목적을 달성하기 위하여 필요하고도 적절한 것이라 인정된다."[68]고 판시하였다.

헌법재판소 판결의 취지에 의하면, 토지거래허가제 자체가 위헌이라는 것은 아니다. 허가제 자체는 토지의 투기에 대한 자율적 규제를 기대할 수 없는 상황이기 때문에 토지에 대한 거래허가는 필요하고, 허가제 자체는 비례성 원칙(과잉금지원칙)에 반하지 않는다는 것이다.[69] 그러나 허가제는 계약자유를 제한하고 처분권마저 제한함으로써 소유권을 유명무실하게 한다는 점, 허가제가 투기를 억제하고 지가를 안정시키는 장점을 지니나 토지시장의 침체로 말미암아 토지수급 불균형이 초래되어 다른 지역의 지가상승에 영향을 미친다는 점, 허가제의 과다한 운용으로 토지의 장기보유를 촉진하는 결과를 가져올 우려가 있다는 점, 거래규제를 회피하기 위한 탈법행위의 하나로 위장전입이 자행되고 있다는 점 및 허가제의 미비로 인해 투기억제적 효과가 반감되고 있다는 점 등의 역작용이 있다는 것이다.[70]

또한, 토지거래허가제와 불가분에 관계에 있는 매수청구권과 관련하여 헌법상 문제가 있다. 국토이용관리법 제21조의15에 따라 토지거래허가처분을 받은 토지 등의 소유자에 의한 당해 토지 등에 관한 권리의 매수청구가 도지사와의

---

68. 헌재 1997. 6. 26. 92헌바5.

69. 김해룡, 토지관련법제의 법적 문제와 개선방안, 토지공법연구 제7집, 79면.

70. 신봉기, 신정부하에서의 토지정책 검토, 토지공법연구 제6집, 1998. 6, 37-38면.

사이에 매매관계를 성립시키는 것도 아니고, 도지사로부터 당해 토지를 매수할 자로 지정을 받은 국가·공공단체 등을 매수에 응하게 하는 강제수단이 존재하는 것도 아니다. 따라서 토지소유자의 매수청구권은 도지사에게 매수의 의무를 강제한 형성권이 아닌, 단순한 매매의 알선을 촉구하게 하는 내용의 것에 불과하다.[71] 결국 당해 토지를 매수할 자로 지정을 받은 국가 또는 공공단체 등이 예산상의 이유로 매수에 불응하게 되면, 토지 등의 소유자는 그 소유의 토지에 대한 처분권을 봉쇄당하게 되고, 이로 인하여 재산권자는 재산권의 처분권 제한으로 거주·이전의 자유와 직업선택의 자유까지도 제한받는 결과를 초래할 수 있다.[72] 결국, 국토이용관리법은 폐지되고 2002년 2월 4일 제정(법률 제6655호)된 '국토의 계획 및 이용에 관한 법률'(법률 제9313호, 2008.12.31, 타법개정) 제118조 제1항[73]에서 동일한 내용의 '토지거래허가제'를 규정하고 있다.

제5절 소결

우리 헌법상 경제질서는 '사회적 시장경제질서'를 취하고 있다고 본다. 이는 시장경제질서가 원칙이며, 예외적으로 국가의 개입과 제한이 가능하다는 의미이다. 헌법 제119조 제1항에 의거하여 국가는 개인과 기업의 자유와 창의를 존중함으로써 최대한 개인의 자유와 활동이 보장되도록 하여야 하는데, 이는 국가가 최대한 개인의 재산권을 보장해야 한다는 의미이고, 이론적으로는 '존속보장'을 원칙적으로 인정한다는 의미라고 할 수 있다. 우리 헌법상 재산권보장의 본질로서 재산권의 실체적 존속보장이란 우선적으로 재산권주체가 소유하고 있는 구체적인 재산적 권리나 구체적인 법적 지위의 존립을 공권력에 의한 박탈이나 여타의 침해행위로부터 보호하는 재산권의 존속을 보장하는 데에 있다.

71. 헌재 1997. 6. 26. 92헌바5 재판관 한병채, 최광률, 김문희의 위헌의견 402면 이하.

72. 허 영, 토지거래허가제의 헌법상 문제점, 고시연구 1989. 8, 182면 이하.

73. 국토의 계획 및 이용에 관한 법률 제118조 (토지거래계약에 관한 허가) ① 허가구역안에 있는 토지에 관한 소유권·지상권(소유권·지상권의 취득을 목적으로 하는 권리를 포함한다)을 이전 또는 설정(대가를 받고 이전 또는 설정하는 경우에 한한다)하는 계약(예약을 포함한다. 이하 "토지거래계약"이라 한다)을 체결하고자 하는 당사자는 공동으로 대통령령이 정하는 바에 따라 시장·군수 또는 구청장의 허가를 받아야 한다. 허가받은 사항을 변경하고자 하는 때에도 또한 같다.

과거에 토지공개념에 근거하여 제정된 많은 법률들이 그 자체가 헌법적 근거가 없어 위헌이 된 것은 아니다. 토지공개념의 헌법적 근거는 헌법 제119조 제2항 및 헌법 제120조 제2항 등에서 찾을 수 있다. 그러나 법체계나 원리상 문제가 되는 부분이 존재하여 결국 위법 또는 위헌이 되는 경우가 발생한 것이다. 토지공개념이라는 의미는 토지의 공공성 실현을 강조하는 것이지만, 이는 토지재산권의 사회적 기속성과는 다른 개념이고 사유재산권 보장의 헌법 제23조 제1항과는 갈등관계에 서 있다. 토지재산권이 모두 '공적 개념의 공공재'라는 전제보다는 개인의 재산권에 대한 최소한의 양보라는 측면에서의 국가적 제한이라는 시각에서 접근해야 한다. 그래야만 재산권의 본질적 내용에 대한 침해금지, 비례성 원칙의 적용에 있어서 그 기준과 한계가 국민의 재산권 보장이라는 측면에서 설정될 수 있게 된다. 따라서 국가가 우월적 지위에서 전 토지가 공공재임을 강조하기 보다는 국가나 지방자치단체가 동등한 주체로서 토지시장에 개입하여 주택시장의 분양가 안정화와 토지사전매입을 통한 도시개발비용의 최소화를 위한 토지비축 등을 강화하는 법정책을 시행해야 할 것이다.

토지재산권에 대한 법적 규율은 기본적으로 토지소유권에 대한 규율뿐만 아니라, 토지이용권이나 토지개발권 등에 대한 규율이 다른 차원에서 별도로 다루어져야 한다. 종래의 우리의 토지정책에 대한 입법이 주로 토지의 소유권 차원의 규율에 국한되었다면, 이제는 더 실용적인 문제인 토지이용권의 원활한 확보, 즉 토지의 최적 활용이라는 문제를 법률로 구체화시킬 필요가 있다. 재산권 관련적 법률유보에 의한 제한형식은 재산에 대한 사적 유용성 또는 처분권능 중 어느 하나를 제한하는 형태를 취하게 된다. 만약 토지재산권에 대하여 사적 유용성 및 처분권능 양자 모두가 제한되게 되면 위헌이 될 가능성이 크다. 따라서 이러한 기준하에서 헌법적 및 법률적 차원에서 일정한 질서를 제시해 주어야 우리의 토지정책이 안정적인 착륙을 하리라고 보며, 그러한 측면에서 법규범적인 근본적인 질서가 요구된다 할 것이다. 토지의 과도한 투기나 불로소득을 방지하는 공공정책을 사용할 때도 그 정책에만 국한된 임시방편적인 정책에 치우칠 것이 아니라, 토지에 관한 전반적인 규율을 하는 법제·개정이 필요하다고 본다.

1. 국내문헌

【단행본】

권영성, 헌법학원론, 법문사, 2010
김성수, 일반행정법, 2004
김철수, 헌법학개론, 박영사, 2010
성낙인, 헌법학, 법문사, 2011
전광석, 한국헌법론, 법문사, 2008
한태연, 헌법학, 법문사, 1985
홍성방, 헌법학 (상), (중), (하), 박영사, 2010
허 영, 한국헌법론, 박영사, 2011
허 영, 헌법이론과 헌법, 박영사, 2011

【논 문】

강태수, 분리이론에 의한 재산권체계 및 그 비판에 대한 고찰, 헌법학연구 제10권 제2호, 2004. 6, 117면 이하.
강태수, 재산권의 내용과 한계 및 보상, 법학논집 제16집, 청주대법학연구소, 1999, 1면 이하.
강현호, 한국헌법 제23조와 독일 기본법 제14조의 해석, 토지공법연구 제18집, 2003. 6, 75면 이하.
김광수, 재산권 보장의 구조와 사회적 의무, 공법연구 제28집 3호, 2003. 3, 49면 이하.
김남진, 재산권의 가치보장과 존속보장, 월간고시 1989.5, 31면 이하.
김남철, 8·31 부동산 종합대책에 대한 공법적 검토, 공법연구 제34집 제3호, 2006. 2, 177

면 이하.
김문현, 헌법상 토지소유권 보장과 공익에 의한 제한, 부동산법학 제7집, 2003. 2, 20면, 1면 이하.
김문현, 재산권의 사회적 기속성과 공용수용의 체계에 대한 검토, 공법연구 제32집 제4호, 2004. 3, 1면 이하.
김성수, 부동산 보유과세 개편에 대한 입법과제, 공법연구 제33집 제2호, 2005. 2, 358면 이하.
김성수, 재건축부담금에 대한 헌법적 검토, 토지공법학회 제49회 학술대회, 「정부의 3.30 부동산대책 관련 법제에 관한 공법적 검토」, 2006. 6. 10, 85면 이하.
김해룡, 헌법상 재산권보장과 행정상 손실보상의 근거법리들에 관한 고찰, 고시계 2003/9, 16면 이하.
김해룡, 토지관련법제의 법적 문제와 개선방안, 토지공법연구 제7집, 한국토지공법학회, 2001, 59면 이하.
김형성, 경제헌법과 경제정책의 헌법적 한계, 헌법과 경제정책, 2004. 6. 15. 심포지엄, 한국법학원, 1면 이하.
김형성, "헌법상의 경제질서와 독점규제", 「헌법학연구」 제3집, 한국헌법학회, 1997. 10, 63면 이하.
남복현, 헌법재판소의 결정의 효력에 관한 쟁점 및 해결방안, 헌법재판연구 제7권, 1996, 151면 이하.
류지태, "보상없는 재산권제한의 한계와 국가기관과 지방자치단체간의 권한쟁의", 헌법재판연구 제9권, 1997. 11.
석종현, 헌법재판소의 토지초과이득세법 제10조 등의 헌법불합치결정, 토지공법연구 제1집, 1995. 4, 22면 이하.
성소미, 재건축 초과이익환수법안의 내용과 법적 쟁점, 토지공법학회 제49회 학술대회, 「정부의 3.30 부동산대책 관련 법제에 관한 공법적 검토」, 2006. 6. 10, 49면 이하.
송희성, 재산권의 존속보장과 공공필요의 요건, 고시연구 94. 12, 84면 이하.
송희성, 재산권의 존속보장과 공용침해의 근거, 사법행정, 99. 12, 10면 이하.
신봉기, 신정부하에서의 토지정책 검토, 토지공법연구 제6집, 1998. 6, 33면 이하.
이덕연, 한국헌법의 경제적 좌표, 국가경제와 공법질서, 한국공법학회 제119회 학술발표회, 2004. 12. 18, 11면 이하.
이부하, 재산권의 존속보장과 재산권에 관한 법이론, 공법학연구 제9권 3호, 2008. 8, 331면 이하.
이부하, 비례성원칙과 과소보호금지원칙, 헌법학연구 제13권 제2호, 2007. 6, 275면 이하.
이부하, 헌법유보와 법률유보, 공법연구 제36집 제3호, 2008. 2, 201면 이하.

이부하, 헌법재판소의 수인의무, 헌법학연구 제10권 제3호, 2004. 9, 427면 이하.
이부하, 헌법영역에서 기본권보호의무, 「공법학연구」 제8권 제3호, 2007. 8, 121면 이하.
이부하, 헌법상 경제질서와 재산권보장, 공법학연구 제7권 제3호, 2006. 8, 38면 이하.
이석연, 헌법합치적 경제, 사회정책의 방향, 헌법과 경제정책, 2004. 6. 15. 심포지엄, 한국법학원, 25면 이하.
이승우, 합헌적 법률해석(한정합헌과 한정위헌), 사법행정, 1992. 8, 4면 이하.
이영우, 합헌적 법률해석에 관한 연구, 법학논총, 목원대학교 법학연구소, 1994. 12, 101면 이하.
정극원, 현정부의 부동산정책에 대한 헌법적 검토, 공법연구 제34집 제3호, 2006. 2, 113면 이하.
정남철, 재산권의 사회적 구속과 수용의 구별에 관한 독일과 한국의 비교법적 고찰, 공법연구 제32집 제3호, 2004. 2, 363면 이하.
정순훈, 우리 헌법상의 경제질서와 경제규제의 한계, 공법연구 제16집, 1988. 6, 163면 이하.
정연주, 공용침해의 헌법상 허용조건, 연세법학연구 제3집, 1995, 455면 이하.
정연주, 재산권보장과 이익형량, 공법연구 제29집 제3호, 2001. 5, 44면 이하.
정연주, 토지재산권의 범위와 손실보상, 민주, 법치국가의 발전과 사회통합, 한국공법학회, 2008. 6. 28, 201면 이하.
정하중, 독일 Bonn 기본법 14조상의 부대조항(Junktimklausel)의 의미와 한국헌법 23조 3항의 해석(하), 사법행정 92. 10, 27면 이하.
정하중, 헌법재판소의 판례에 있어서 재산권보장, 헌법논총 제9집, 1998. 12, 277면 이하.
정혜영, 재산권이론의 발전에 따른 독일토지구획정리제도의 법적 성질 - 연방헌법재판소 판결(BVerfGE 104, 1)을 중심으로-, 서강법학연구 제7권, 2005, 159면 이하.
조홍석, 재산권 제한의 체계적 구조, 법과 정책연구 제3집 제2호, 2003, 35면 이하.
표명환, 독일기본법상의 재산권의 내용규정과 수용, 공법연구 제31집 제3호, 2003. 3, 385면 이하.
한수웅, 재산권의 내용을 새로이 형성하는 법규정의 헌법적 문제, 저스티스 제32권 제2호, 1999. 6, 29면 이하.
한수웅, 한국헌법상의 경제질서, 공법학의 현대적 지평 - 심천 계희열박사 화갑기념논문집, 1995, 190면 이하.
한수웅, 한국 헌법재판의 현황과 발전방향, 창립50주년기념 학술대회, 2006. 6. 22, 한국법학원, 1면 이하.
허 영, 합헌적 법률해석의 본질과 한계, 헌법논총 제3집, 1992, 157면 이하.
허 영, 토지거래허가제의 헌법상 문제점, 고시연구 1989. 8, 182면 이하.

2. 외국문헌

P. Badura, Eigentum, in: Handbuch des Verfassungsrechts, Bd. I, 2. Aufl., 1995

K. Ballerstedt, Wirtschaftsverfassungsrechts, in: Bettermann/Nipperdey/Scheuner, Die Grundrechte, Bd. Ⅲ/1, 1958, S. 17-18.

K.-A. Bettermann, Die verfassungskonforme Auslegung, 1986.

H. Bogs, Die verfassungskonforme Auslegung von Gesetzen, 1966.

W. Böhmer, Die rechtsgeschichtlichen Grundlagen der Abgrenzungsproblematik von Sozialbindung und Enteignung, Der Staat 24 (1985), S. 157 ff.

W. Böhmer, Grundfragen der verfassungsrechtlichen Gewährleistung des Eigentums in der Rechtsprechung des BVerfG, NJW 1988, S. 2561 ff.

M. Bullinger, Die Enteignung zugunsten Privater, Der Staat 1 (1962), S. 449 ff.

M. Bullinger, Die Enteignung zugunsten Privater, Der Staat 1 (1962), S. 449 ff.

J. Burmeister, Die Verfassungsorientierung der Gesetzesauslegung –Verfassungskonforme Auslegung oder vertikale Normendurchdringung?, 1966.H. Bethge, Der Grundrechtseingriff, in: VVDStRL 57 (1998), S. 7 ff.

C.-W. Canaris, Die verfassungskonforme Auslegung und Rechtsfortbildung im System der juristischen Methodenlehre, in: FS für Kramer, 2004, S. 141 ff.

Chr. Engel, Die soziale Funktion des Eigentums, in: Danwitz/Depenheuer/Engel (Hrsg.), Bericht zur Lage des Eigentums, 2002, S. 38 ff.

O. Depenheuer, Interessenabwägung im Schutz des Eigentums, 공법연구 제29집 3호, 2001. 5, 1면 이하.

O. Depenheuer, in: von Mangoldt/Klein/Starck, GG, Art. 14.

O. Depenheuer, Der Mieter als Eigentümer? - Anmerkungen zum Beschluß des BVerfG vom 26.5.1993, NJW 1993, S. 2561-2564.

O. Depenheuer, Der Wortlaut als Grenze, 1988.

U. Di Fabio, Grundrechte als Werteordnung, JZ 2004, S. 1 ff.

U. Diederichsen, Die Selbstbehauptung des Privatrechts gegenüber dem Grundgesetz, Jura 1997, S. 57-64.

V. Emmerich, Der Mieter als Eigentümer von Gerichts wegen - Das Bundesverfassungsgericht, das Mietrecht und das Eigentum-, in:Meinhard Heinze/Jochem Schmitt (Hrsg.), Festschrirft für Wolfgang Gitter, zum 65. Geburtstag am 30. Mai 1995, Wiesbaden 1995, S. 241-251.

F. Fechner, Geistiges Eigentum und Vefassung - Schöpferische Leistungen unter dem Schutz des Grundgesetzes, Tübingen 1999 (Tübinger rechtswissenschaftliche Abhandlungen, Band 87).

K.-H. Friauf, Das Nutzungsrecht des Wohnungsmieters als Gegenstand der Eigentumsgarantie, in:Klaus Mackscheidt(Hrsg.), Entwichlungen in der Wohnungspolitik: Festgabe für Hans Hämmerlein zum 70. Geburtstag, Baden-Baden 1994, S. 207-227.

G. Glos, Der Schutz obligatorischer Rechte durch die Eigentumsgarantie-Ein Beitrag zur Geschichte und dogmatischen Struktur des Eigentumsgrundrechts, Berlin 1988 (Berliner Juristische Universitätsschriften, Öffentliches Recht, Band11)

J. Hager, Verkehrsschutz durch redlichen Erwerb, München 1990 (Münchener Universitätsschriften, Band 77).

W. Hoffmann-Riem, Gesetz und Gesetzesvorbehalt im Umbruch, AöR 130 (2005), S. 5 ff.

W. Höfling, Grundrechtstatbestand-Grundrechtsschranken-Grundrechtsschranken-schranken, Jura 1994, S. 170 ff.

C. Höpfner, Die systemkonforme Auslegung, 2008.

U. Hösch, Eigentum und Freiheit, 2000

M. Ibler, Die Eigentumsdogmatik und die Inhalts- und Schrankenbestimmungen i .S. v. Art.14 Abs.1 S.2 GG im Mietrecht, AcP 197 (1997), S. 565-588.

J. Isensee, Vorbehalt der Verfassung, ders/H. Lecheler (Hrsg.), Freiheit und Eigentum, FS für W. Leisner, 1999, S. 361 ff.

P. Kirchhof, Der verfassungsrechtliche Gehalt des geistigen Eigentums, in: Walther Fürst/ Roman Herzog/Dieter C. Umbach(Hrsg.), Festschrift für Wolfgang Zeidler, Band 2, Berlin, 1987, S. 1639-1661.

P. Krause, Die Rechtsprechung des Bundesverfassungsgerichts zum Privatrecht, JZ 1984, S. 656-663, S. 711-719, S. 828-835.

G. Krüger-Nieland, Der verfassungsrechtlich verbürgte Eigentumsschutz ruheberrechtlich geschützter Werke und von Leistungsschutzrechten, in: Willy Brandt/Hellmut Gollwitzer/ Johann Friedrich Henschel (Hrsg.), Ein Richter, ein Bürger, ein Christ, Festschrift für Helmut Simon, Baden-Baden 1987, S. 695-709.

L. Kuhlen, Die verfassungskonforme Auslegung von Strafgesetzen, 2006.

Leibholz/Rinck/Hesselberger, GG, 2001, Art. 14

W. Leisner, Bestandsgarantie des Eigentums, DVBl. 1988, S. 555 ff.

W. Leisner, Sozialbindung des Eigentums, 1972, S. 141 ff.

W. Leisner, Von der Verfassungsmäßigkeit der Gesetze zur Gesetzmäßigkeit der Verfassung,

1964, S. 6 ff.

D. Looschelders/W. Roth, Grundrechte und Vertragsrecht: Die verfassungskonforme Reduktion des §565 Abs. 2 S. 2 BGB, JZ 1995, S. 1034-1046.

H. Maurer, Allgemeines Verwaltungsrecht, 15. Aufl., 2004

C. Möller, Die Rechtsstellung des Mieters in Rom und Karlsruhe, AcP 197 (1997), S. 537-564.

Nüßgens/Boujong, Eigentum, Sozialbindung, Enteignung, 1987

Chr. Ohler, Der institutionelle Vorbehalt des Gesetzes, AöR Bd. 131 (2006), S. 336 ff.

H.-J. Papier, in: Maunz/Dürig/Herzog/Scholz, GG, Art. 14.

F. Peters, Der Entzug des Eigentums an beweglichen Sachen durch gutgläubigen Erwerb, Tübingen 1991 (Jus Privatum, Band 1).

Pieroth/Schlink, Grundrechte - Staatsrecht II, 24. Aufl., 2008

R. Rheinhardt, Wo liegen für den Gesetzgeber die Grenzen gemäß Art. 14 des Bonner Grundgesetzes über Inhalt und Schranken des Eigentums zu bestimmen?, in: Rheinhardt/Scheuner, Verfassungsschutz des Eigentums, 1954, S. 10 ff.

G. Roellecke, Mietwohnungsbesitz als Eigentum, JZ 1995, S. 74-77.

M. Ruffert, Vorrang der Verfassung und Eigenständigkeit des Privatrechts, S. 124 ff.

W. Rüfner, Grundrechtskonflikte, in: Chr. Starck (Hrsg.), Bundesverfassungsgericht und Grundgesetz, Festgabe aus Anlaß des 25jährigen Bestehens des Bundesverfassungsgerichts, Bd. Ⅱ, 1976, S. 456 ff.

B. Rüthers, Ein Grundrecht auf Wohnung durch die Hintertür?, NJW 1993, S. 2587 ff.

Schlaich/Korioth, Das Bundesverfassungsgericht, 7. Aufl., 2007.

J. Rozek, Die Unterscheidung von Eigentumsbindung und Enteignung, 1998

E. Schmidt-Aßmann, Der Rechtsstaat, in: Josef Isensee/Paul Kirchhof (Hrsg.), HdbStR Bd. I, 1995, § 24

F. Schoch, Die Eigentumsgarantie des Art. 14 GG, Jura 1989, S. 11 ff.

H. Simon, Die verfassungskonforme Gesetzesauslegung, EuGRZ 1974, S. 85 ff.

W. Skouris, Teilnichtigkeit von Gesetzen, 1973.

A. Söllner, Zum verfassungsrechtlichen Schutz geistigen Eigentums, in: Ulich Loewenheim/Thomas Raiser(Hrsg.), Festschrift für Fritz Traub zum 65. Geburtstag, Frankfurt 1994, S. 367-374.

Chr. Starck, Vorrang der Verfassung und Verfassungsgerichtsbarkeit, in: ders./Albrecht Weber (Hrsg.), Verfassungsgerichtsbarkeit in Westeuropa, Teilband I, 1986, S. 24 ff.

U. Steiner, Zum Entscheidungsausspruch und seinen Folgen bei der verfassungsgerichtlichen

Normenkontrolle, in: J. Isensee/H. Lecheler (Hrsg.), Frieheit und Eigentum, FS für W. Leisner, 1999, S. 569

R. Stödter, Öffentlich-rechtliche Entschädigung, 1933, S. 190 ff.

R. Stödter, Über den Eigentumseingriff, DÖV 1953, S. 91 ff.H. Sendler, Unmittelbare Drittwirkung der Grundrechte durch die Hintertür?, NJW 1994, S. 709-710.A. Voßkuhle, Theorie und Praxis der verfassungskonformen Auslegung von Gesetzen durch Fachgerichte, AöR 125 (2000), S. 177 ff.

H. de Wall, Die Einrichtungsgarantien des Grundgesetzes als Grundlage subjekriver Rechte, Der Staat 38 (1999), S. 377-398.

R. Wendt, in: M. Sachs (Hrsg.), GG, 2003, Art. 14.

J. Wieland, in: Dreier (Hrsg.), GG, Art. 14.

R. Zippelius, Verfassungskonforme Auslegung von Gesetzen, in: Chr. Starck (Hrsg.), Bundesverfassungsgericht und Grundgesetz, 1976, S. 108 ff.